Educar para ser personas

Colección «Educación»

7

Ross W. Greene

EDUCAR
PARA SER PERSONAS

Una tarea compartida
entre padres e hijos

Mensajero

Título original:

Raising Human Beings.
Creating a Collaborative Partnership with Your Child

Publicado originalmente en los Estados Unidos, en 2016,
por Scribner, un sello de Simon&Schuster, Inc.,
1230 Avenue of the Americas,
New York, NY, 10020

Traducción:
Fernando Montesinos Pons

© Ediciones Mensajero, 2018
Grupo de Comunicación Loyola
Padre Lojendio, 2
48008 Bilbao – España
Tfno.: +34 94 447 0358 / Fax: +34 94 447 2630
info@gcloyola.com / www.gcloyola.com

Fotocomposición:
Marín Creación, S.C.

Diseño de la cubierta:
Magui Casanova

Impreso en España. *Printed in Spain*
ISBN: 978-84-271-4174-2
Depósito legal: BI-54-2018

Impresión y encuadernación:
Ulzama, S.L. – Huarte (Navarra) / www.ulzama.com

Para Talia y Jacob… el futuro es vuestro.

«¿Quieres ayudar a alguien? ¡Calla y escucha!».

ERNESTO SIROLLI

Nunca entenderás a una persona de verdad hasta que veas
las cosas desde su punto de vista… hasta que te metas
en su piel y camines dentro de ella.

HARPER LEE, *Matar a un ruiseñor*

Los hombres adultos pueden aprender de los niños
muy pequeños, pues los corazones de los niños pequeños
son puros. Por lo tanto, el Gran Espíritu puede mostrar
a los niños muchas cosas que los mayores no ven.

ALCE NEGRO

Dime y lo olvido. Enséñame y lo recuerdo. Involúcrame
y lo aprendo.

BENJAMIN FRANKLIN

Índice

Introducción: El lugar adonde nos dirigimos 11

   1. Confusión de roles 15

   2. Incompatibilidad 21

   3. Todo sigue igual 41

   4. Tus opciones 59

   5. Solucionar problemas juntos 89

   6. Asistencia técnica 131

   7. La angustia parental 159

   8. Una asociación duradera 181

   9. El panorama general 233

  10. Educar para ser personas 261

Agradecimientos 265

Índice analítico y de nombres 269

El lugar adonde nos dirigimos

Bienvenido a *Educar para ser personas*. Me alegra mucho que estés leyendo este libro. El mero hecho de hacerlo sugiere que te tomas en serio la crianza de tus hijos y que quieres hacerlo bien. Eso es bueno: tu hijo necesita que pienses en lo que estás tratando de lograr como padre[1] y que dispongas de las herramientas para cumplir la misión. Si te has estado sintiendo confundido con respecto a todo esto, es comprensible. Hoy en día, las orientaciones sobre el modo de criar a los hijos están tan extendidas y son tan incongruentes que resulta difícil saber lo que está bien y lo que está mal, lo que es importante y lo que no lo es, lo que hay que priorizar y lo que hay que dejar pasar, así como el mejor modo de responder cuando tu hijo no está cumpliendo con las expectativas.

Comencemos reflexionando sobre la tarea más crucial del desarrollo de tu hijo: necesita averiguar quién es —sus habilidades, sus preferencias, sus creencias, sus valores, los rasgos de su personalidad, sus metas y su rumbo—, sentirse cómodo con ello y, a continuación, perseguir y vivir una vida congruente con ello. Como padre, te corresponde una tarea similar: también tú necesitas averiguar quién es tu hijo, sentirte cómodo con ello y ayudarle a vivir una vida congruente

---

[1] La palabra «padre» traduce normalmente el término *«parent»* que en inglés significa «progenitor», designa tanto al padre como a la madre, y así debe ser entendida a lo largo de toda la obra, salvo indicación en contrario (NdR).

con eso mismo. Naturalmente, también quieres tener influencia. Deseas que tu hijo se beneficie de tu experiencia, de tu sabiduría y de tus valores, y que maneje de forma eficaz las expectativas académicas, sociales y conductuales del «mundo real».

Ese equilibrio —entre tener influencia y ayudar a que tu hijo viva una vida congruente con quién es— es difícil de lograr. La mayor parte de conflictos entre padres e hijos se producen cuando ese equilibrio está fuera de control. El enfoque colaborativo, no punitivo y no conflictivo de la crianza descrito en este libro contribuirá a que mantengas el equilibrio y a que dejes abiertas las líneas de comunicación.

Pero, como sugiere el título, este libro tiene un programa doble. En efecto, sin duda quieres que las cosas vayan bien en tu relación con tu hijo, y también quieres que sea capaz de hacer frente a las exigencias y a las expectativas que le presentará el mundo real. Sin embargo, también deseas criarlo de modos que fomenten las cualidades que forman parte del lado más positivo de la naturaleza humana. Los humanos somos capaces de emprender acciones tanto altruistas como innobles. Nuestros instintos pueden llevarnos a actos de cooperación y de compasión notables, pero también a una insensibilidad, a un conflicto y a una destrucción lamentables. Contamos con características tales como la empatía, la honestidad, la colaboración, la cooperación, la comprensión de cómo las acciones de uno afectan a los demás, la toma de perspectiva y la resolución de desacuerdos de modos que no generen conflictos. Esas son características que el mundo real va a exigir. Sin embargo, necesitan cultivarse y fomentarse. El enfoque de la crianza descrito en este libro también te ayudará a cumplir esa misión.

Al igual que muchos padres, podrías tener dificultades para no perder de vista la clase de padre que quieres ser cuando te ves atrapado en las minucias de la vida cotidiana. Es fácil perder de vista el panorama general cuando estás consumido por la higiene, los deberes, las tareas de la casa, los deportes, las actividades, las citas, los amigos, el transporte en vehículo compartido, las pruebas de acceso a la universidad y las solicitudes para la universidad de tu hijo. No obstante, mantener la perspectiva merece la pena, no solo por tu relación con él, sino porque los desafíos a los que hacen frente nuestra especie y nuestro mundo van a requerir sus –y tus– mejores instintos y acciones. Necesitamos redoblar nuestros esfuerzos, comenzando por el modo en que criamos a nuestros hijos.

Ahora, unas breves palabras sobre mí. Soy padre de dos chicos, ambos actualmente en la adolescencia, así que tengo algo de experiencia con los altibajos de la crianza. Esta ha sido la experiencia más divertida y la mayor lección de humildad de mi vida. También he ejercido como psicólogo clínico durante más de veinticinco años, y me he especializado en niños con problemas sociales, emocionales y conductuales. He trabajado con miles de niños en contextos muy diferentes: familias, escuelas, unidades de hospitalización psiquiátrica, centros residenciales y prisiones. ¿Acaso me proporcionaron una ventaja mi formación y mis experiencias psicológicas a la hora de criar a mis dos hijos? Supongo que sí. Pero, al igual que todo el mundo, tuve que llegar a conocer a mis hijos, averiguar quiénes son y partir de ahí. Y tuve que adaptarme en diferentes puntos a lo largo del camino, ya que mis hijos seguían creciendo y cambiando.

En mi primer libro, *El niño explosivo*, formulé un enfoque de la crianza de los niños con problemas conductuales –este enfoque se denomina hoy «Soluciones Colaborativas y Proactivas» (CPS, *Collaborative & Proactive Solutions*)– que ayuda a los cuidadores a centrarse menos en modificar la conducta de los niños y más en asociarse con ellos para resolver los problemas que están ocasionando esos comportamientos. En este libro leerás mucho acerca de ese enfoque, ya que es igual de aplicable a los niños cuyos problemas y comportamientos son más normales. Verás, en realidad no hay una gran diferencia entre los niños «normales» y aquellos que podrían calificarse como más desafiantes. Sí, algunos son más violentos y volátiles que otros. Algunos son habladores; otros son callados o completamente no verbales. Algunos provienen de circunstancias afortunadas; otros siguen un camino mucho más duro. Algunos viven con sus padres biológicos, otros con un padre, o padrastros, o padres adoptivos, o padres de acogida, o abuelos. Algunos de ellos tienen problemas académicos; otros tienen dificultades para hacer amigos; y otros se enfrentan al uso excesivo de sustancias, de videojuegos o de medios de comunicación social. Algunos tienen nobles aspiraciones; otros no piensan demasiado en lo que les deparará el futuro.

Sin embargo, todos ellos necesitan lo mismo: padres y otros cuidadores que sepan cómo mantener el equilibrio entre las expectativas, por un lado; y las habilidades, las preferencias, las creencias, los valores, los rasgos de la personalidad, las metas y el rumbo del niño, por otro; que sean capaces de llevar ese equilibrio a la vida cotidiana; que les ayuden a participar en la solución de los problemas que afectan a sus vidas; y que se ocupen de ello de maneras que fomenten los instintos humanos más deseables.

Puesto que este libro es relevante para los niños de ambos géneros y dado que resulta pesado leer *él o ella* [*he or she, him or her, and his or her*] a lo largo del libro y que no he querido escribir el libro en un solo género… los capítulos se han escrito alternando los géneros. He recurrido a multitud de niños y padres reales que he conocido y con los que he trabajado para crear los personajes de este libro, pero estos son seres compuestos. También hay unas pocas historias que se van desarrollando a lo largo del libro para ilustrar muchos de los temas y de las estrategias. Por supuesto, espero sinceramente que te veas a ti mismo y a tu hijo en esos personajes y en esas historias.

A algunos lectores pueden resultarles familiares las ideas de este libro. Otros podrían descubrir que las ideas les resultan relativamente novedosas. Tal vez leas ciertas cosas que no cuadren con tu forma de pensar actual, y las estrategias podrían resultarte un tanto extrañas. Con todo, deja que las ideas se filtren un poco y dales una oportunidad a las estrategias en más de una y de dos ocasiones –es muy probable que te gusten con el tiempo.

Ross Greene
Portland, Maine

CAPÍTULO 1

Confusión de roles

Parece que siempre ha sido así. Los adultos les dicen a los niños lo que tienen que hacer y les obligan a hacerlo. «La ley del más fuerte». «Papá [*father* en el original] lo sabe todo». «La letra con sangre entra». «Haz lo que yo te diga, no lo que yo haga». «A los niños se los ve, pero no se los oye».

Y, sin embargo, al igual que otros grupos históricamente subyugados –las mujeres, las personas de color– la situación de los niños ha cambiado mucho. No hace mucho tiempo, los niños se traían al mundo para asegurar la supervivencia de la especie, para ayudar en la granja, para generar ciertos ingresos, o simplemente porque el control de la natalidad todavía no estaba de moda ni era fiable. Hoy en día, con la población más alta de la historia y con la mayoría de los niños liberados (en el mundo occidental, al menos) de atender el rebaño o de aportar ingresos, los niños tienen alternativas. Son personas reales. Son importantes. Y ellos lo saben.

Algunos observadores de la sociedad occidental no están especialmente entusiasmados con el auge del estatus de los niños, y señalan con inquietud lo que consideran el carácter irrespetuoso e irreverente del niño moderno (Aristóteles, por supuesto, se quejaba de lo mismo). Lamentan la «adultificación» de los niños y miran con desdén a los padres que no son lo suficientemente responsables. Ansían los buenos tiempos pasados, cuando los roles estaban claros, cuando los niños sabían el lugar que les correspondía, y cuando el hecho de dar un azote bien merecido no hacía que te denunciaran a las autoridades.

Por otra parte, están los que no se muestran muy convencidos de que los buenos tiempos pasados fuesen tan maravillosos como se decía. Se han dado cuenta de que la fuerza y el derecho no se superponen a la perfección, y que el padre [*father*] no siempre lo sabía todo. Reconocen ahora que la vara era una herramienta de enseñanza innecesaria, e incluso contraproducente, que los azotes eran un modo bastante extremo de decir algo importante, y que criar a un niño conlleva mucho más que las zanahorias y los palos. Creen que el hecho de permitir que los niños tengan voz en sus propios asuntos podría ser en realidad una buena preparación para el mundo real.

Así pues, en lo relativo al modo de criar a los niños, muchos padres están un poco confundidos sobre el modo de proceder hoy en día. Están sumidos en ese territorio fangoso que existe entre la permisividad y el autoritarismo. Quieren que sus hijos sean independientes, pero no si van a tomar malas decisiones. Quieren evitar ser duros y rígidos, pero no si el resultado es un niño desobediente e irrespetuoso. Quieren evitar ser demasiado avasalladores y autoritarios, pero no si lo que obtienen es un niño desmotivado y apático. Quieren tener una buena relación con su hijo, pero no si ello significa ser un pusilánime. No quieren gritar, pero quieren que se les escuche.

Todo es cuestión de equilibrio, pero en ocasiones el equilibrio parece muy precario, muy difícil de alcanzar.

Por fortuna, hay una tercera posibilidad entre el «Reino Dictatorial» y las «Provincias Pusilánimes»: se trata de una asociación, una en la que la colaboración, y no el poder, es el ingrediente clave. Una asociación que contribuirá a que tu hijo y tú trabajéis juntos como aliados —como compañeros de equipo— y no como adversarios. Una asociación que te ayudará a forjar una relación que funcione para ambos, que os permita crecer a los dos, que le proporcione a tu hijo los cimientos sólidos que necesita para, algún día, extender sus alas y volar.

1. Confusión de roles

Parece que avanzamos bastante rápido aquí. ¿Una «asociación colaborativa»? ¿Con mi hijo? ¿De verdad?

De verdad. Quizá no seas consciente de ello, pero comenzaste a colaborar con tu hijo en el instante en que vino a este mundo. Cuando lloraba, tratabas de averiguar qué sucedía. Después, tratabas de hacer algo al respecto. A continuación, basándote en sus reacciones, si quedaba patente que tu intuición o tu intervención no habían dado en el blanco, hacías reajustes. Así pues, has tenido una asociación colaborativa con tu hijo durante bastante tiempo.

¿Seguiré siendo una figura de autoridad en una asociación colaborativa?

Sí, y mucho. No una figura de autoridad de la «vieja escuela», pero una figura de autoridad, al fin y al cabo.

Resulta que lo que has estado buscando habitualmente como padre es la *influencia*. No el control. Y existe más de un modo de lograr esa influencia. Un camino incluye el poder y la coerción, pero existe otro camino, uno que refuerza la comunicación, que mejora las relaciones y que prepara mejor a los niños para muchas de las cosas que están por venir en el mundo real. Este libro, como habrás adivinado, tiene que ver con el segundo camino.

La buena noticia es que, en virtud de tu posición como padre, ya tienes influencia. La mala noticia es que no tienes tanta influencia como pensabas y que, si la empleas del modo equivocado, tendrás todavía menos.

Ahora, más buenas noticias: tu hijo también quiere influencia.

¿Eso son buenas noticias?

Sí, son muy buenas noticias. Para que tu hijo lo haga bien en el mundo real, necesitará saber lo que quiere. Naturalmente, lo ideal no sería que le dieses todo lo que quiere simplemente porque lo quiere. Así que tu hijo también necesitará saber cómo perseguir lo que quiere de un modo adecuado y de una manera que tenga en cuenta las necesidades y las preocupaciones de los demás. Como un hombre bastante influyente llamado Hilel escribió en una ocasión: «Si yo no estoy para mí, ¿quién estará para mí? Y si solo estoy para mí, ¿qué soy?». El problema, por supuesto, es que Hilel no nos dio la receta para equilibrar esas dos consideraciones. Sin embargo, tú eres el responsable de ayudar a que tu hijo lo consiga.

La creación de una asociación colaborativa con un hijo es territorio desconocido para muchos padres, y a nosotros los adultos no suele entusiasmarnos la idea de caminar por un territorio desconocido. Si vamos a equivocarnos, a menudo será en la línea del autoritarismo y de la rigidez, y es fácil que encontremos apoyo, tal vez en expertos en crianza (dependiendo de a cuál de ellos sigamos), o tal vez en escrituras sagradas (si seleccionamos bien la cita que miramos). Sin embargo, el hecho de trabajar para lograr una asociación colaborativa tiene el potencial de hacer que la crianza sea mucho más gratificante y de que algún día mires por el espejo retrovisor con gran satisfacción.

Los humanos hemos llegado muy lejos en ámbitos muy diferentes. Tenemos la electricidad, los iPods, los teléfonos inteligentes e internet. Podemos comunicarnos de manera instantánea con gente de cualquier parte del mundo. Hemos dominado el vuelo. Hemos enviado personas a la Luna y hemos explorado planetas. Podemos trasplantar corazones, hígados y caras, así como reemplazar extremidades. Podemos prevenir y curar enfermedades. Podemos tener hijos sin necesidad del coito... y ayudarles a sobrevivir si nacen varios meses antes de término.

No obstante, seguimos dependiendo en exceso del poder y del control para solucionar los problemas. En ese aspecto tan importante todavía no hemos avanzado lo suficiente. Y todo comienza con el modo en que criamos a nuestros hijos.

Completando la frase de Hilel: «Y, si no es ahora, ¿cuándo?».

* * *

Como has leído en la introducción, a lo largo del libro se cuentan varias historias. Cada una de ellas se centra en una familia diferente. Las situaciones de estas familias te ayudarán a dilucidar los temas y las estrategias que aprenderás. Conozcamos ahora a nuestra primera familia.

Ya de buena mañana, Denise sufría el agotamiento propio de una madre soltera. Tres niños que tienen que llegar al colegio, un trabajo al que ir (a ser posible a tiempo) y un jefe que trataba de ser comprensivo pero que no veía con buenos ojos a los empleados que llegaban tarde.

«¡Hank, siéntate y tómate el desayuno! Nick, deja de hacer tus deberes y ve a vestirte para ir a clase –además, ¡deberías haberlos acabado ayer por la noche!–. *Por favor*, Charlotte, apaga la televisión y prepara la mochila. ¡Vas a perder el autobús! ¡Te he dicho un millón de veces que no veas la televisión por la mañana antes de ir al colegio! ¡Y el perro *todavía* está sin comer!».

Charlotte, la más pequeña de los hijos de Denise, vagaba por la cocina. «¿No puede ser otro el que dé de comer al perro por la mañana? Tengo demasiadas cosas que hacer».

«Bueno, yo daré de comer al perro», dijo Denise mientras vertía leche en un bol de cereales para Hank. «¡Sal de aquí para no perder el autobús! ¡No tengo tiempo para llevarte al colegio otra vez!».

«Me gusta cuando me llevas al colegio», dijo Charlotte, sentándose en una silla en la cocina.

«¡Charlotte, no te sientes!», dijo Denise. «A mí también me gusta llevarte al colegio, pero no cuando llego tan tarde. ¡Vete!».

Charlotte se levantó de la silla justo en el momento en que su hermano mayor, Hank, le golpeaba la oreja mientras se sentaba para desayunar.

«¡Mamá!».

«¡Hank, déjala estar!», murmuró Denise. «¿Qué te dije que le iba a pasar a tu Xbox si seguías metiéndote con tu hermana?».

«¿Qué hay para desayunar?», balbució Hank, todavía medio dormido.

Denise puso el bol de cereales frente a Hank.

«No quiero cereales», refunfuñó Hank.

«Es todo lo que he tenido tiempo de preparar hoy».

«Entonces, no desayunaré».

«Hay algunos gofres en el congelador», le ofreció Denise. «¿Te parece bien?».

«No quiero desayunar».

«No quiero que vayas al colegio sin desayunar», dijo Denise, abriendo una lata de comida para perro.

«Sí, bueno, no tengo hambre. Nunca tienes tiempo para hacer tortitas más que los fines de semana».

Hank se levantó de la mesa y salió de la cocina.

«¡No puedo hacer tortitas todos los días!», dijo Denise. «Además, a nadie más le gustan las tortitas. Nick, deja de hacer los deberes. ¿Quieres los cereales que Hank no se ha comido?».

«Probablemente Hank haya escupido en ellos», dijo Nick.

«Es cierto, perdedor», dijo Hank desde el pasillo. «Porque los perdedores se comen mi saliva».

«No me la estoy comiendo», declaró Nick.

Denise suspiró, tiró los cereales en la pila y le puso un nuevo bol de cereales a Nick.

«¡No voy a usar el mismo bol en el que ha escupido!».

«De acuerdo. Te daré un nuevo bol». Denise vertió la leche y los cereales en un bol diferente y puso la comida del perro enfrente de Nick.

«¡Esto es asqueroso!», protestó Nick antes de que Denise advirtiese su error.

«¡Vaya!». Denise cambió la comida del perro por el bol de cereales.

«¡No lo derrames sobre mis deberes!», advirtió Nick.

«Adiós», dijo Charlotte desde el vestíbulo.

«Adiós, cariño; ¡te quiero!», dijo Denise.

Un minuto más tarde, Denise escuchó cómo Hank salía sin decir adiós. A continuación, se dio cuenta de que Nick no había tocado sus cereales.

«Nick, ¡vale ya con los malditos deberes!».

Cuando Nick se marchó y Denise iba finalmente de camino a su trabajo, con unos pocos minutos de retraso, como de costumbre, se preguntó por qué todas las mañanas tenían que ser como esa última. ¿Sería más fácil alguna vez?

CAPÍTULO 2

Incompatibilidad

Como acabas de leer, cada niña tiene la misma tarea: averiguar quién es –sus habilidades, sus preferencias, sus creencias, sus valores, los rasgos de su personalidad, sus metas y su rumbo–, sentirse cómoda con ello y, a continuación, perseguir y vivir una vida que sea congruente con ello. Esto es lo que el renombrado psicólogo Carl Rogers denominó *autoactualización*.

Como también habrás leído, tienes una tarea importante como padre: también tú tienes que averiguar quién es tu hija, sentirte cómodo con ello y, a continuación, ayudarla a vivir una vida congruente con eso mismo. Date cuenta de que tu tarea no consiste en moldear el trozo de arcilla (tu hija) de la forma que imaginaste: ni ella es un trozo de arcilla ni tú tienes esa clase de poder.

Sin embargo, también querrás que tu hija se beneficie de tu experiencia, de tu sabiduría y de tus valores. En otras palabras, quieres tener influencia. Esa influencia se ejerce a través de tus *expectativas*, que incluyen muchos ámbitos: *miembro de la familia* (p. e., quehaceres, cómo debería tratarse a los miembros de la familia), *cuidado de la salud* (higiene, sueño, hábitos alimenticios), *estudios* (notas, esfuerzo, hábitos de trabajo), *miembro de la sociedad* (cómo tratar a otras personas, cumplimiento de las leyes, responsabilidad con la comunidad en general), y *resultados* (ser capaz de ganarse la vida, de actuar de manera independiente). Sin embargo, tus expectativas no pueden ser ciegas; deben corresponderse con las habilidades, las preferencias, las creencias, los valores, los rasgos de la personalidad, las metas y el rumbo de tu hija (resumidos de aquí en adelante como *características*). Y no eres la única persona con expectativas en relación con tu hija; el mundo también tiene expectativas académicas, sociales y conductuales.

Durante todo el desarrollo de tu hija, existe una interacción continua entre sus características y las demandas y expectativas tuyas y del mundo. El listón se sube continuamente; las demandas y las expectativas se vuelven más intensas y complejas a medida que tu hija crece. Y las características de tu hija evolucionan también con el tiempo.

La mayoría de niñas son capaces de cumplir con las expectativas que se esperan de ellas la mayor parte del tiempo. No obstante, todas las niñas tienen dificultades para satisfacer las expectativas en algunas ocasiones, unas más que otras. En otras palabras, hay veces en que existe una *incompatibilidad* entre las características de tu hija y las demandas y las expectativas que se tienen de ella.

Por ejemplo, si el profesor de una clase insiste en que tu hija preste atención y se quede quieta durante largos períodos de tiempo y tu hija se distrae y es hiperactiva, o gran parte del contenido que estudia no le resulta atractivo, entonces existe una incompatibilidad entre las expectativas del maestro y las características de tu hija. Ahora bien, si tu hija está motivada para tener éxito contra todo pronóstico; si está ansiosa por complacer; si tiene la capacidad de reunir la energía psíquica necesaria para centrarse incluso cuando está aburrida; o si tiene miedo de tu ira en respuesta a las malas notas, quizá pueda superar la tendencia a distraerse, la hiperactividad y/o el aburrimiento, al menos durante parte del tiempo. Sin embargo, si tu hija no cuenta con alguna o con varias de estas características, la incompatibilidad permanecerá.

Si los compañeros del autobús escolar son ruidosos y provocadores y tu hija es muy tranquila, tímida y sensible, podría haber una incompatibilidad entre las demandas sociales en el autobús escolar y la capacidad de tu hija para responder de una manera eficaz. Si tu hija tiene la capacidad de impedir que las cosas le afecten, o si es capaz de juntarse con otras niñas igualmente introvertidas, quizás pueda reducir, o incluso superar, la incompatibilidad en el autobús escolar. Pero si no posee estas características protectoras ni es capaz de superar la incompatibilidad en el autobús escolar, esta seguirá estando presente.

También existe incompatibilidad cuando el profesor de tu hija pone cantidades masivas de deberes de matemáticas y ella solo comprende parte del material y, por consiguiente, tiene dificultades para completar sus deberes. Si tu hija es tenaz en respuesta a la adversidad, o si cuenta con los recursos para solicitar asistencia cuando la necesita y la perseverancia para buscar ayuda en otro lugar si la ayuda inicial no le ha resultado útil –o si el profesor está muy en sintonía con sus alumnos o alumnas, si es bueno advirtiendo cuándo los niños están teniendo dificultades, o si está altamente cualificado para prestar ayuda–, tu hija será capaz de superar la incompatibilidad. De lo contrario, la incompatibilidad permanecerá.

Observa que, en el último ejemplo, hacer frente a la incompatibilidad no es responsabilidad exclusiva de tu hija. En ocasiones, una niña necesita un compañero de equipo, un «socio» [*partner*], que la ayude. Y uno de tus roles más importantes como compañero de equipo es el de *ayudador*.

Tendemos a limitar nuestro uso de la palabra *ayudador* a los profesionales de la ayuda –médicos, profesionales de salud mental, educadores–, pero como padre también formas parte de una profesión que brinda ayuda. Por ese motivo, probablemente existan ciertas cosas que deberías conocer sobre el hecho de ser un ayudador:

1. *Los ayudadores ayudan.* En otras palabras, los ayudadores respetan el juramento hipocrático, que dice algo así: *no empeores las cosas.*
2. *Los ayudadores tienen la piel curtida.* En otras palabras, se esfuerzan en no tomarse las cosas demasiado a pecho. De

esa manera, pueden ser lo más objetivos posible y mantener su perspectiva. Aunque los ayudadores tienen derecho a tener sus propios sentimientos, no están gobernados por ellos. En otras palabras, los ayudadores se esfuerzan mucho en asegurarse de que sus propios sentimientos no interfieren con la ayuda prestada.

3. *Los ayudadores solo ayudan cuando su ayuda es realmente necesaria*. De esta forma, los ayudadores también promueven la independencia.

Mantener estas posturas puede ser duro. No hay ningún amor como el que los padres sienten por sus hijas. Has cuidado de esa hija y te has preocupado por ella durante mucho tiempo. Estabas ahí cuando ella dependía totalmente de ti durante su infancia, y has estado ahí contra viento y marea desde entonces. La crianza te ha proporcionado algunos de los mejores momentos de tu vida.

Y también algunos de los peores, lo que puede aumentar las dificultades para permanecer en el «modo ayuda», o provocar que trates de ayudar de modos incongruentes con tu rol de compañero. Sin embargo, estás luchando por mantener ese rol. Incluso cuando tu hija no satisface tus expectativas. Incluso cuando dice cosas hirientes. Incluso cuando, quizás durante la adolescencia, tu hija actúa como si ya no quisiera tener nada que ver contigo. Incluso cuando se hace evidente que ya no resulta tan atractivo pasar el rato contigo como con sus amigas. Todavía eres un compañero.

La vida es mucho menos estresante –y tu hija no tiene tanta necesidad de un compañero– cuando existe una compatibilidad entre sus características y las demandas y las expectativas del mundo. Es la incompatibilidad –*tener problemas*– la que estresa a las niñas y a los padres, y la que sienta las bases para una variedad de respuestas desfavorables tanto en las niñas como en sus cuidadores.

Sin embargo, es también la incompatibilidad la que impulsa el crecimiento y la resiliencia.

En otras palabras, la incompatibilidad no es del todo mala. De hecho, puede ser muy buena. Y es bueno que sea así, ya que la incompatibilidad es inevitable. Ahora bien, el conflicto que a menudo acompaña a la incompatibilidad no es bueno. Ni necesario.

Ver cómo tu hija tiene problemas no es divertido. El truco consiste en prestar mucha atención para ver si necesita tu ayuda para superar la incompatibilidad o si puede arreglárselas por sí sola. Y la magia está en cómo, si es que necesita tu ayuda, manejas las cosas desde ahí.

Al principio

Rebobinemos la cinta un poco. La interacción entre las características de tu hija y las expectativas del mundo comenzó en el instante en que ella nació. ¿Qué demandas recaen en los bebés? Sin ser exhaustivo –y reconociendo que las expectativas varían según las familias y los hijos–, existen demandas de que se tranquilicen solos, de regular y modular las emociones, de ingerir y digerir la comida, de establecer un ciclo de sueño regular, de adaptarse al mundo sensorial (calor, frío, luces, ruidos, cambios, etc.), quizás de dormir en una cama separada, y de interactuar con las personas (de maneras bastante rudimentarias al principio, con una sofisticación cada vez mayor a medida que van creciendo). Si, durante la infancia, una niña tiene las habilidades necesarias para hacer frente a estas demandas sin mayor dificultad, entonces, y si no intervienen otros factores, existe compatibilidad y es probable que las cosas se desarrollen sin contratiempos. Sin embargo, si una niña carece de las habilidades para hacer frente a estas expectativas –si tiene lo que a menudo se conoce como un temperamento difícil– o si las expectativas del entorno están fuera de lugar, entonces existe una incompatibilidad y un mayor riesgo de que las cosas vayan mal.

¿De qué manera comunican los bebés que existe una incompatibilidad? Dado que las palabras no son una opción, lo hacen llorando, gritando, ruborizándose, revolcándose, vomitando, hiperventilando, durmiendo muy poco o demasiado, etc. Si los cuidadores tienen dificultades para interpretar y para responder a estas señales, es probable que aumente la incompatibilidad.

Por supuesto, la infancia es solo el principio del viaje de la compatibilidad/incompatibilidad, de la interacción interminable entre las expectativas y las características de una niña. Hay muchos momentos en su desarrollo –podríamos denominarlos *puntos de vulnerabilidad*– en los que puede surgir la incompatibilidad. Por ejemplo, durante los años en que las niñas empiezan a caminar el mundo comienza a requerir que expresen sus necesidades, sus pensamientos y sus preocupaciones con *palabras*. Cuando las niñas empiezan a «usar sus palabras» de manera conforme con las expectativas depositadas en ellas, existe compatibilidad. Cuando las niñas no desarrollan el procesamiento del lenguaje y las habilidades comunicativas de acuerdo con las expectativas, o si las demandas y las expectativas están fuera de lugar, entonces existe incompatibilidad.

Además del lenguaje, otra habilidad emergente entra en acción entre los doce y los dieciocho meses: la *locomoción*. El lenguaje y la locomoción son acontecimientos emocionantes, pero también pueden contribuir a la incompatibilidad. Verás, mucho antes de que estas habilidades emerjan, las niñas ya tienen algunas ideas bastante claras sobre lo que quieren y sobre cuándo lo quieren (por lo general, ¡*ahora mismo!*), pero el lenguaje y la locomoción sientan las bases para que ellas *vayan a por ello*. En cierto sentido –especialmente en lo relativo a una niña que empieza a averiguar quién es, a sentirse cómoda con ello y a perseguir una vida que es congruente con eso mismo–, saber lo que la niña quiere e ir a por ello es algo bueno. Ahora bien, como lo que quiere y el momento en que lo quiere podrían no ser factibles o seguros, la influencia parental es realmente importante.

¿Cómo comunican las niñas en edad de caminar que existe una incompatibilidad? A menudo con la señal universal de la incompatibilidad: el berrinche. Por desgracia, los berrinches han dado una mala reputación –los «terribles dos años»– a este momento excitante en el desarrollo de una niña. Sin embargo, lo último que querrías hacer es ver las primeras expresiones de las habilidades, las preferencias, las creencias, los valores, los rasgos de la personalidad, las metas y el rumbo de tu hija como algo terrible. Los berrinches son solamente una señal de que hay incompatibilidad, no un signo de que tu hija está desafiando tu deseo de tener influencia. Los berrinches te hacen saber que tu hija necesita cierta ayuda para solucionar las cosas y que es el momento de encarrilar la enseñanza y modelar algunas habilidades importantes para el desarrollo tales como retrasar la gratificación; expresar las preocupaciones de un modo adaptativo; tener en cuenta las preocupaciones y las necesidades de las demás personas; tolerar la frustración; ser flexible y ser capaz de resolver los problemas. Los berrinches no indican que tu hija necesita dosis masivas de marcar *quién es el jefe*. Si juegas bien tus cartas, los terribles dos años pueden ser una época de enorme crecimiento, de aprendizaje y de exploración. Lo mismo puede decirse de los tumultuosos tres años. Y de los aterradores cuatro. Y de todo lo que venga después.

Hablando de lo que viene después, cuando las niñas alcanzan la edad de tres o cuatro años, el mundo comienza a exigirles que se queden quietas y que presten atención durante períodos bastante prolongados de tiempo, que demuestren una flexibilidad y una adaptabilidad mayores y que exhiban habilidades sociales cada vez más sofisticadas y matizadas. La atención constante y la autorregulación figuran entre la amplia constelación de habilidades conocidas como *funciones ejecutivas*, que están íntegramente relacionadas con la capacidad de una niña para solucionar problemas, para hacer frente a la frustración de forma efectiva, para adaptarse, para tomar decisiones, para planear, para controlar los impulsos, y para reflexionar sobre la experiencia pasada y hacer uso de ella en el presente. Las *habilidades sociales* representan una categoría igualmente amplia que incluye otras habilidades tales como compartir, entrar en un grupo, entablar una conversación y hacerse valer de un modo adecuado, junto con habilidades más sofisticadas y cruciales como la empatía, la comprensión de cómo el comportamiento de uno afecta a los demás, y la toma en consideración de la perspectiva del otro. Las innumerables expectativas adicionales –algunas más prosaicas que otras– se imponen a las niñas a lo largo de su infancia: enseñarles a ir al baño; a ir a la cama y a permanecer en ella por la noche; prepararse para ir a la escuela a tiempo; vestirse de manera independiente; separarse de los cuidadores; dominar la ortografía, la escritura, las matemáticas, la lectura y hacer los deberes; practicar deporte; hacer amigos y mantenerlos; y resolver los desacuerdos de manera adaptativa. Naturalmente, esa lista apenas es la punta del iceberg. Sin embargo, el estribillo es el mismo: cuando una niña es capaz de cumplir esas expectativas, existe compatibilidad; cuando una niña tiene dificultades para satisfacer esas expectativas, existe incompatibilidad.

¿Cómo comunican las niñas más mayores esta incompatibilidad? Del mismo modo que cuando eran más pequeñas, a través de su comportamiento: poniendo mala cara, enfurruñándose, alejándose, gritando, diciendo palabrotas, lanzando cosas, dando portazos, mintiendo o faltando a clase. En el extremo del espectro, las niñas pueden comunicar que existe incompatibilidad exhibiendo comportamientos perjudiciales para consigo mismas o para con las demás, como golpear, romper cosas, cortarse, autoinducirse vómitos, consumir alcohol o drogas en exceso, o incluso cosas peores. Y existen muchos otros posibles indicadores de incompatibilidad, tales como las malas notas, la falta de interés en el colegio, tener pocos amigos o ninguno, un uso excesivo de los videojuegos, etc.

Los adultos tienen tendencia a concentrarse excesivamente en los *signos* de la incompatibilidad, por lo general en el *comportamiento* de una niña. Muchos profesionales de la salud mental tienen la misma inclinación. Sin embargo, *el comportamiento es solo el medio por el que tu hija comunica que existe incompatibilidad*. Es la fiebre –la señal–. Para tener influencia,

*necesitarás ver más allá del comportamiento y centrarte en iden-
tificar y en resolver los problemas que lo están ocasionando.* El
comportamiento es lo que sucede *río abajo.* Tú debes centrarte
en lo que ocurre *río arriba*, en resolver las incompatibilidades
que están causando el comportamiento.

Si una niña muestra comportamientos lo suficientemente in-
adaptados la mayoría de las veces, entonces existe la posibilidad
de que cumpla los criterios para ser insertada en una o más de
las categorías en que muchos profesionales de la salud mental se
basan para emitir un diagnóstico psiquiátrico que, por lo general,
incluye largas listas de comportamientos no deseados. Podríamos
debatir los pros y los contras de los diagnósticos psiquiátricos en
la infancia –en interés de una información completa, considero
que, en ocasiones, causan más mal que bien–, pero una cosa es
cierta: aunque un diagnóstico certifica que existe incompatibilidad, también implica que la fuente de la incompatibilidad es
la *niña* y, por consiguiente, aumenta la probabilidad de que los
adultos se centren más en *arreglar a la niña problemática* que en
mejorar la compatibilidad.

A propósito, existen muchas niñas que tienen dificultades,
pero que no cumplen los criterios diagnósticos para ningún trastorno psiquiátrico particular. Así que no necesitas esperar a que
se dicte un diagnóstico psiquiátrico antes de llegar a la conclusión
de que existe incompatibilidad.

Incluso cuando no se aplican los diagnósticos, muchos de
los adjetivos que se invocan con frecuencia para caracterizar a
las niñas que no están cumpliendo las expectativas también implican que el problema reside dentro de la niña: desmotivada,
perezosa, débil, manipuladora, intransigente, obstinada, niña
que busca llamar la atención, poner a prueba los límites, irrespetuosa, por citar unos pocos. Estas caracterizaciones dan lugar
a menudo a muchos de los veredictos erróneos que emitimos
sobre las niñas que no están cumpliendo las expectativas. He
aquí una lista parcial:

«Disfruta haciéndolo mal».

«Disfruta provocándome».

«Piensa que puede engañarme».

«A ella no le importa».

«Tan solo es la oveja negra».

«No está dando todo su potencial».

«Sé que puede hacerlo… simplemente no se esfuerza».

«Necesita despertar».

«Alguien tiene que animar a esa niña».

«Parece que va a tener que tocar fondo antes de flotar».

Estos términos y expresiones también provocan que los padres se centren más en *arreglar a la niña problemática* que en *mejorar la compatibilidad*.

Tú

Hablemos un poco de ti. Presumiblemente experimentas una amplia variedad de emociones fuertes ligadas a tu hija. Quieres ser un buen padre. Quieres hacerlo bien. Quieres que tu hija se sienta amada, cuidada y protegida. Quieres asegurarte de que está bien. Quieres estar seguro de que está preparada para el mundo real. Tal vez quieras criarla de la misma manera que te criaron a ti. O quizá estés decidido a hacer las cosas de un modo diferente.

Cada padre aporta una variedad de tendencias y características a la ecuación de la compatibilidad/incompatibilidad. Estas son algunas de las más importantes:

- La sensibilidad que le manifiestas y lo mucho que estás en sintonía con tu hija y con sus necesidades.
- El modo en que manejas el estrés y la frustración.
- Tu nivel de resiliencia.
- Tu nivel de paciencia.
- Lo que necesitas de tu relación con tu hija.

- El tipo de relación que imaginaste que tendrías con tu hija.
- Lo que imaginaste que sería ser padre.
- El modo en que te relacionas e interaccionas con tu hija.
- Cuánto tiempo quieres pasar junto a ella.
- Hasta qué punto disfrutas realmente al estar con tu hija.
- La medida en que el trabajo u otras distracciones te alejan de la crianza.
- Tu conciencia de cómo *tu* comportamiento está afectando al suyo.
- Tu sensibilidad al hecho de si las expectativas que estás depositando en tu hija son razonables y realistas.

Como ya sabrás por propia experiencia, las niñas no son las únicas que corren el riesgo de ser duramente caracterizadas cuando existe una incompatibilidad. La sociedad se reserva sus juicios más severos para sus padres: son inconsecuentes, pasivos, laxos, permisivos, rígidos, no lo bastante rígidos, ñoños, consentidores, demasiado comprometidos, poco comprometidos, sobreprotectores, merodeadores, indiferentes, irresponsables. Sin embargo, ver a los padres como «el problema» es tan contraproducente como ver a la niña como «el problema», y solo nos lleva a *arreglar al padre problemático* más que a *mejorar la compatibilidad*.

La confluencia

Ahora podemos comenzar a unir las diferentes fuerzas: tu *hija*, con sus características; *tú*, con tus expectativas; y el *mundo*, con sus propias demandas y expectativas. Sabemos que esas fuerzas producen compatibilidad en ciertas ocasiones y, en otras, incompatibilidad. También hemos determinado que la manera en que respondes cuando existe una incompatibilidad es lo que determinará si tus hijos y tú sois compañeros, si estás siendo un ayudador efectivo, y si tu influencia es realmente influyente.

Preguntas y respuestas

Pregunta: ¿Cómo consiguió mi hija sus características? ¿Se debe principalmente a la naturaleza o a la educación?

Respuesta: Se debe fundamentalmente, y siempre, a ambas. Sus habilidades —y también las tuyas— están influenciadas al 100% por la naturaleza y al 100% por la educación.

Existe la tentación de pensar que algunas características, como las causadas por los trastornos genéticos, están determinadas únicamente por la naturaleza. Sin embargo, el campo de la epigenética nos dice que, pese a que un niño podría estar genéticamente predispuesto a un trastorno particular, existen una variedad de factores no genéticos que determinan si el gen se activará. En efecto, la educación —por ejemplo, el nivel de estrés de la madre y las sustancias, buenas y malas, que introduce en su cuerpo durante el embarazo— está ejerciendo influencia en el útero, incluso antes de que la niña sea concebida. Y el ambiente continúa afectando al devenir de la niña a lo largo de su vida.

También existe la tentación de pensar que algunas características están determinadas exclusivamente por los factores ambientales. No hay duda de que el trauma, la negligencia, la pobreza, la disfunción familiar y otros factores ambientales de riesgo pueden *contribuir* o *exacerbar* ciertas características, pero no las *causan*. Esa es la razón por la que niñas de un mismo barrio difícil o con una misma situación familiar tienen características completamente diferentes. A eso se debe que las niñas que superan experiencias traumáticas similares tengan reacciones muy diferentes frente a esas experiencias y resultados distintos.

La realidad es que tu hija es un compuesto de miles de características, y que esas características están influenciadas por una *sinfonía* de factores ambientales y genéticos. No puede explicarse de manera sencilla cómo es una niña, aunque parezca más eficiente fingir que sí se puede. Decir: «Es de estatura menuda porque su madre fumaba cuando estaba embarazada», sería demasiado simple. Decir: «Se está portando mal porque sus padres son unos incompetentes a la hora de administrar la disciplina», también sería incompleto. «Hay algún problema en el acervo génico de esa niña desde hace mucho tiempo». Tal vez sea así, pero ahora ya sabes que hay algo más que eso.

Pregunta: ¿Son lo mismo las «expectativas» y las «reglas»?
Respuesta: Más o menos son sinónimos, pero el término *expectativa* es preferible. Cuando las niñas «violan las reglas», los adultos tienden a responder de un modo rígido y punitivo, con objeto de que sigan las reglas. Ahora bien, cuando las niñas tienen «dificultades para cumplir las expectativas», la variedad de respuestas potenciales −como pronto verás− se amplía enormemente.

Pregunta: ¿Hay alguna expectativa que mi hija *tenga* que cumplir?
Respuesta: Hay, a buen seguro, algunas expectativas que deseas desesperadamente que cumpla tu hija. Sin embargo, si esas expectativas son incompatibles con sus características, es probable que el mero hecho de esforzarte más en que cumpla esas expectativas solo consiga incrementar el nivel de incompatibilidad y alejarte todavía más de una asociación.

Pregunta: ¿Cómo puedo comenzar a asociarme con mi hija?
Respuesta: Una vez más, comenzaste a responder a la incompatibilidad cuando tu hija era un bebé. Tu respuesta estaba influenciada por tu grado de sintonía con lo que estaba comunicando tu bebé (dado que no podía hablar) y por lo fiable y atento que te mostrabas a sus necesidades. ¿Necesitaba movimiento para dormirse? ¿Se sobresaltaba o se despertaba fácilmente a causa del ruido? ¿Cuál era el mejor momento para darle de comer? ¿Quería que la tuviesen al brazo durante mucho rato? ¿Tenía una clara preferencia por dormir a tu lado?

Sí, ser receptivo y fiable requiere una enorme cantidad de tiempo, de energía y de compromiso. Cuando decidiste ser padre, al mismo tiempo decidiste anteponer a otra persona (tu hija) durante un tiempo. A eso es a lo que te comprometiste. Esos tres primeros años de la vida de tu hija sientan la base de gran parte del desarrollo que se produce después, así que la estimulación —no en la forma de una pantalla de vídeo, sino más bien en la forma de tu cara, de tu voz, de tu presencia, de tu tiempo, de tu implicación y de tu atención— es realmente importante. No tienes que estar demasiado preocupado por darle a tu bebé o a tu hija pequeña demasiada atención y amor.

¿Es la infancia el momento ideal para enseñarle a tu hija que el mundo no siempre es un lugar fiable y sensible? No; tiene tiempo de sobra para aprenderlo, y necesita mucho más una base fiable y sensible que tus primeras enseñanzas sobre lo poco fiable y lo poco sensible que puede ser el mundo. En otras palabras, necesita unas raíces sólidas antes de poder comenzar a desplegar sus alas.

Pregunta: ¿Puedes decirme algo más sobre esta idea de que la incompatibilidad es algo bueno?

Respuesta: Ampliando el trabajo de Erik Erikson, el célebre psicólogo James Marcia ha escrito mucho sobre los cuatro resultados potenciales del viaje de tu hija, en función de la medida en que (a) ha explorado activamente identidades alternativas, y (b) se ha comprometido con una identidad o un autoconcepto particular (habilidades, creencias, valores, preferencias, rasgos de la personalidad, metas y rumbo):

- *El embargo de la identidad* se refiere a una persona que no ha pasado por el proceso de explorar su identidad o su autoconcepto, sino que más bien ha aceptado a ciegas la identidad que sus padres u otros cuidadores le dieron o le impusieron durante su infancia. Aunque esta persona se ha comprometido con una identidad, el compromiso no es el resultado de su propia búsqueda. Un ejemplo de esto podría ser una persona que escoge una determinada profesión y un determinado estilo de vida de acuerdo con las expectativas de sus padres, pero que podría haber tomado un rumbo totalmente diferente si hubiera tenido la oportunidad de explorar su identidad y de sentirse cómoda con ella.

- *La moratoria de la identidad* se refiere a una persona que todavía está buscando una identidad de manera activa pero que aún tiene que comprometerse con determinados valores, creencias, preferencias y metas. Un ejemplo de esto podría ser una persona que barajó ocho especialidades durante la carrera, pero que nunca se decidió por ninguna y que ahora cambia con frecuencia de un trabajo a otro. Todavía está explorando y buscando su identidad.

- *La difusión de la identidad* se refiere a una persona que no ha tratado de explorar su identidad ni ha adquirido compromiso alguno con creencias y valores específicos. Esta persona puede estar deprimida o ser apática, ya que no sabe quién o qué es, el lugar al que pertenece o hacia dónde se dirige. Podría incluso recurrir a actividades negativas, como el crimen o las drogas, dado que en ocasiones es más fácil caer en una identidad negativa que no tener ninguna.

- *El logro de la identidad* se refiere a una persona que ha experimentado el proceso de exploración de la identidad y que también ha desarrollado una identidad y un autoconcepto bien definidos. Sabe quién es, lo que cree y adónde va.

De acuerdo con el Dr. Marcia, ¿qué es lo que impulsa a un individuo a comenzar el proceso de autoexploración que constituye el núcleo de la búsqueda de la propia identidad? Por lo general, el hecho de *enfrentarse a una crisis* es lo que pone las cosas en marcha: por ejemplo, la muerte de un pariente cercano o de un amigo, mudarse a un nuevo pueblo, asistir a un nuevo colegio, ser rechazado por los amigos, no ser admitido en el colegio que uno prefiere, tener dificultades a nivel académico, atravesar una ruptura romántica, ser arrestado, perder el trabajo o no estar satisfecho con él, o experimentar dificultades económicas. En otras palabras, *tener dificultades es a menudo lo que precede al crecimiento.* Curiosamente, el ingrediente fundamental de una gran cantidad de dificultades es —espera a leerlo— la *incompatibilidad.* Como David Brooks nos dice en su libro *The Road to Character,* cada dificultad deja un residuo; una persona que atraviesa estas dificultades es, como resultado de ello, más sustancial y profunda.

¿Acaso no forma parte de tu rol como padre *crear* incompatibilidad para estar seguro de que tu hija crece, desarrolla creencias y valores, establece objetivos, reconoce sus puntos fuertes y sus vulnerabilidades, y se mueve en una dirección? No. No hay necesidad de crear la incompatibilidad; esta es inevitable. ¿Deberías sentirte responsable de garantizar que la vida se desarrolla de la mejor manera posible para tu hija a fin de eliminar todo el potencial de la incompatibilidad? No. Sería igual de contraproducente excederse eliminando los baches de la carretera. En un mundo competitivo, ¿de verdad puedes permitirte el lujo de que tropiece? En un mundo competitivo, será mejor que sepa cómo recuperarse cuando dé un traspiés, ya que no siempre estarás ahí para echarle una mano.

Pregunta: Creo que estoy de acuerdo con todo lo que he leído hasta ahora, pero no me di cuenta de que necesitaba reflexionar tanto para ser padre. No creo que mis padres pensasen tanto sobre mi crianza. No eran perfectos, pero todo salió bien. ¿Realmente necesito pensar tanto? ¿De verdad estoy tratando de ser el padre perfecto?
Respuesta: El objetivo no consiste en ser el padre perfecto, sobre todo porque esa meta es inalcanzable. Como tampoco consiste en cuestionar cada decisión de los padres. El objetivo es reflexionar sobre tu rol en la vida de tu hija, sobre el mejor modo de tener influencia, y sobre el modo de promover las características que más valoras.

Pregunta: Parece que el mundo está exigiendo cosas de los niños en etapas cada vez más tempranas del desarrollo. ¿Estás de acuerdo?

Respuesta: Sí, lo estoy. Al parecer, necesitamos no ser menos que el vecino de al lado. Y no solo que el vecino, sino también que los finlandeses, ya que últimamente sus niños en edad escolar están consiguiendo mejores resultados que los nuestros en las pruebas y en los logros académicos. Por supuesto, cuando nos dejamos llevar por nuestras expectativas –cuando nos pasamos de la raya en cuanto a las expectativas de desarrollo–, aumentamos la probabilidad de la incompatibilidad. Muchas niñas parecen hacer frente al desafío de la intensificación en la cronología de las habilidades (aunque a costa de estar más ansiosas y estresadas), pero es bastante evidente que un número cada vez mayor no lo consigue.

* * *

Hemos cubierto mucho terreno en este capítulo. Antes de conocer a otra familia, he aquí un resumen de los temas clave que acabamos de leer:

- La tarea de tu hija –y también la tuya– consiste en averiguar quién es, en que se sienta cómoda con ello y en que, a continuación, persiga y viva una vida que sea congruente con eso mismo. Sin embargo, también quieres tener cierta influencia, basada en tu experiencia, en tu sabiduría y en tus valores. El desafío consiste en mantener ese equilibrio.
- Tu influencia se ejerce a través de tus expectativas. Cuando tu hija es capaz de cumplir esas expectativas, existe compatibilidad; cuando es incapaz de hacerlo, existe incompatibilidad.
- El modo en que vayas a responder frente a esa incompatibilidad tendrá un impacto significativo en tu relación con tu hija, en lo bien que os comuniquéis el uno con el otro, y en si tu influencia consigue lo que se propone.

- La incompatibilidad no es algo malo; es lo que impulsa gran parte del crecimiento. También es inevitable.

* * *

El día de Dan Fessinger terminó finalmente a las 20:30. Era socio en un pequeño pero ajetreado despacho de abogados, y había asistido a reuniones y a una deposición durante siete horas consecutivas. Pasaba buena parte de sus largos días enfrentándose a los abogados de la acusación, pero era el camino que había elegido como litigante. Mientras se preparaba para salir de la oficina, miró su teléfono móvil y vio seis llamadas perdidas de su mujer, Kristin. Puso los ojos en blanco: «Tiene que ser sobre Taylor», se dijo refunfuñando, en referencia a su hija de dieciséis años: «¿Tengo la energía necesaria para esto ahora mismo?».

Dan tenía dos hijos mayores de un matrimonio anterior y mantenía una buena relación con ellos. Asimismo, tenía una relación bastante buena con Taylor, aunque era más quisquillosa y temperamental de lo que habían sido sus hijos mayores. Sin embargo, este carácter de no confrontación fuera de la oficina no se correspondía con las nociones de Kristin sobre el rol que él debía desempeñar en la vida de Taylor. A menudo le imploraba que la ayudase a controlar a su hija, que había sido una niña problemática desde su nacimiento. «No quiero que nos separe», decía Kristin a menudo. «Necesitamos estar en la misma onda». Últimamente, Taylor había estado más comunicativa con Dan que con Kristin.

Dan se acomodó en su coche para volver a casa y suspiró mientras reunía la energía para llamar a su mujer.

«¡Jesús! ¡Eres igual que Taylor!», exclamó Kristin cuando respondió el teléfono. «¡Ninguno de los dos respondéis al teléfono! ¿Dónde estabas?».

«No me he tomado un descanso desde la una de la tarde. ¿No te responde Taylor al teléfono?».

«No», dijo Kristin. «No sé dónde está».

«Bueno, podría estar en la biblioteca», sugirió Dan.

«¡No está en la biblioteca!», se mofó Kristin. «Nunca responde al teléfono cuando ve que la estoy llamando. Probablemente esté en casa de Scott». Scott era un amigo de Taylor. «Y apuesto a que sus padres no están en casa».

«¿Has probado a llamar a casa de él?».

«Tampoco responden ahí. ¡Jesús, me cabrea cuando hace eso! ¡No sé dónde está la mitad del tiempo!».

«Tiene la cabeza amueblada», dijo Dan, estremeciéndose ante la respuesta previsible.

«¡No tiene la cabeza amueblada, Dan! ¡Esa es la razón por la que la vigilo como un halcón!».

Dan sintió la tentación de sugerir que el hecho de vigilar a Taylor como un halcón probablemente explicaba por qué no respondía a las llamadas de Kristin, pero se lo pensó mejor. *Esto es como bailar sobre la cuerda floja*, pensó para sí mismo. *Hija rebelde, esposa muy nerviosa y ansiosa. Las siete horas seguidas de reuniones son un paseo por el parque en comparación con esto.* «Imagino que aparecerá pronto».

«¿Eso es todo? ¿Aparecerá pronto?».

«No estoy seguro de lo que quieres que diga».

«Esta noche he visto una historia en las noticias. Hay una aplicación que me permitirá apagar su teléfono móvil si no responde a mis llamadas. Me la estoy instalando. Y voy a castigarla».

Estupendo, pensó Dan. *Así que toda la intimidación que nos ha traído hasta aquí se arreglará con más intimidación.*

Kristin andaba buscando apoyo, no silencio. «Tenemos que estar en la misma onda», demandó. «¿Qué dices?».

¿La onda de quién? pensó Dan. «A decir verdad, mi mente está un poco adormecida ahora mismo», dijo Dan. «¿Existe alguna posibilidad de que hablemos de esto después de haber cenado algo?».

«Será mejor que vengas a casa y que comas rápido», dijo Kristin. «Porque no va a ser agradable cuando esa niña entre por la puerta».

CAPÍTULO 3

Todo sigue igual

¿Cómo vas a intentar arreglar a un niño problemático? ¡Déjanos contarte cómo! Pero, antes de hacerlo, consideremos el pensamiento que da lugar a esas opciones.

Cuando los niños tienen dificultades para cumplir nuestras expectativas, muchos adultos reaccionan con una inclinación común: la tendencia a presumir que *todas las cosas son posibles con un esfuerzo suficiente*. De esta inclinación deriva otra relacionada con ella: *si mi hijo no está cumpliendo una determinada expectativa, puede deberse a que no está motivado para dedicar un esfuerzo suficiente a la causa.* Y hay otra más: *la falta de cumplimiento de las expectativas por parte de mi hijo habla mal de mí como padre.*

Estas inclinaciones provocan que los adultos respondan a los niños que tienen dificultades para cumplir las expectativas exhortándoles o extorsionándoles para que hagan un mayor esfuerzo, algo que dista mucho de *mejorar la compatibilidad*. Veamos qué aspecto podrían tener la exhortación y la extorsión:

Limitarse a indicarle al niño que no está cumpliendo una determinada expectativa

Padre: Sam, estoy preocupado por la nota que has sacado este semestre en matemáticas. De verdad, tienes que hacerlo mejor.

Ciertamente no tiene nada de malo recordarle a tu hijo tus expectativas y asegurarte de que es consciente de que no está a la altura. Algunos niños responden a esta estrategia centrando más su atención o redoblando su esfuerzo, y las cosas mejoran. Sin embargo, en la mayoría de niños, los meros recordatorios no consiguen que se alcance el objetivo. La prueba de fuego aquí es bastante sencilla: si le recuerdas frecuentemente a tu hijo una determinada expectativa, eso significa que el recordatorio no está funcionando. No hay ninguna razón para pensar que los recordatorios adicionales —tal vez en forma de críticas o de acoso— lograrán ese objetivo. Quizá Sam no aprecie por qué es tan importante que obtenga buenos resultados en matemáticas...

Explicarle por qué es importante que cumpla la expectativa

Esta estrategia implica comunicar tu sabiduría y tu experiencia a tu hijo.

Padre: Sam, es muy importante que te mantengas al día en matemáticas —lo que estás aprendiendo es la base para lo que aprenderás el próximo semestre.

Sam: Lo sé.

¿Lo sabe? Si ya lo sabe, explicárselo de nuevo no logrará el objetivo. Tal vez necesite un impulso...

Darle un impulso (insistir en que el niño cumpla la expectativa)

Padre: Bueno, vas a tener que hacerlo mejor.

Sam: Lo sé. Lo intento. Es muy difícil.

Insistir más —lo que puede ocurrir de diferentes maneras, incluida la de contar hasta tres— es una manera extremadamente popular de responder a los niños que están teniendo dificultades para cumplir una expectativa. Y, de vez en cuando, algunos niños responden a esta mayor insistencia. Pero muchos no lo hacen. De hecho, algunos responden mal. Sabemos esto por los comportamientos desafiantes que comienzan a exhibir en respuesta a la insistencia implacable (y al hecho de tener que contar). Puede que no hayamos entendido la pista que nos dio Sam, algo de que las matemáticas eran muy difíciles. *Estábamos demasiado ocupados asegurándonos de que la expectativa se cumpliese.* Quizá necesite algo de energía...

Animarle

Padre: ¡Vamos! ¡Sé que puedes hacerlo! ¡Eres muy inteligente!

Tienes que amar el entusiasmo y el optimismo. En ocasiones, añadir entusiasmo y optimismo a la mezcla resulta de utilidad. Pero a menudo no es así, porque estos ingredientes probablemente *no aborden los verdaderos factores que* explican el bajo rendimiento de Sam en matemáticas.

Ponerle en su sitio

Padre: ¡Jesús, esto es ridículo! ¡No sé qué tengo que hacer para que lo hagas mejor en matemáticas! Sé que puedes hacerlo; te he visto hacerlo antes. ¡Organízate!

El hecho de que, *ocasionalmente*, Sam haya sido capaz de ocuparse de las matemáticas se presenta ahora como una prueba de que Sam debería ser *siempre* capaz de hacerlo. Sin embargo, como es evidente que Sam *normalmente* tiene *dificultades* con las matemáticas, no está del todo claro por qué habíamos de esperar que fuese capaz de hacerlo *sin* ninguna dificultad *la mayor parte del tiempo*. Aun así, sigamos adelante. Tal vez sea el momento de tomar el mando...

Resolver el problema del niño

Padre: Bueno, entonces tendrás que quedarte después de clase para que la señora D'Angelo te brinde ayuda adicional.

Sam: ¡He acudido a ella en busca de ayuda! ¡Ella no me ayuda!

Imponer una solución podría parecer un enfoque perfectamente razonable. Sin duda es un enfoque común. No obstante, las soluciones impuestas suelen ser solo palos de ciego, ya que *seguimos sin tener ni idea de qué se interpone en el camino de Sam por lo que respecta a las matemáticas*. Si aspiras a soluciones efectivas y duraderas, es útil saber lo que estás buscando.

Pero supongamos que Sam está de acuerdo con la solución de su padre. Escuchemos lo que pasaría algunos meses más tarde cuando llegase a casa el siguiente boletín de notas:

Padre: Sam, sigue sin irte bien en matemáticas.

Sam: Lo sé. Sigo sin entenderlo.

Parece que la solución del padre no funcionó. No es ninguna catástrofe, pero, como pronto verás, podría haberse previsto. Las soluciones unilaterales tienen un índice de fracasos muy alto. ¿Qué viene a continuación?

Consecuencias, parte 1: recompensas

Padre: ¿Qué te parece si este semestre subes tu nota de matemáticas hasta un notable y te regalamos ese videojuego que querías? ¿Cómo se llamaba?

Sam: ¿Assassin's Creed?

Padre: ¿Qué opinas?

Sam: ¡Siempre he querido tener Assassin's Creed!

Seguro que Sam quiere ese videojuego. Por supuesto, todavía no tenemos ni la más mínima idea de lo que se interponía en su camino en matemáticas. Aunque un incentivo altamente deseable tiene el potencial de mejorar el rendimiento de manera temporal, es muy probable —como ya lo has experimentado de primera mano— que ello no solucione el problema de forma duradera. Y, ¿ahora qué? Bueno, tienes otras opciones en la sección de consecuencias...

Consecuencias, parte 2: castigo

Padre: ¡Sam, he hecho todo lo posible para ayudarte con las matemáticas! No quieres la ayuda de la señora D'Angelo, así que traté de ayudarte yo mismo. Incluso te ofrecí comprarte un videojuego si mejorabas tu nota. Nada de ello funciona. Por eso, si tu nota de matemáticas no mejora a un B este semestre, te quitaré todos tus videojuegos.

Sam: ¡No es justo!

Los castigos, al igual que las recompensas, tienen el potencial de mejorar el rendimiento temporalmente, pero a menudo no de forma duradera. También tienen el potencial de aumentar de manera significativa el nivel de conflicto entre tu hijo y tú. Muchos padres aplican castigos instintiva e instantáneamente cada vez que su hijo tiene dificultades para cumplir una expectativa, como si no tuviesen otras opciones.

Por supuesto, muchas de las estrategias mencionadas pueden aplicarse de forma más dura, con gritos, amenazas, represiones y menosprecios adicionales, con la creencia equivocada de que el *aumento de la intensidad* mejorará las probabilidades de que llegue el mensaje. Al añadir estos ingredientes no solo pierdes «puntos de estilo», sino que también aumentas la velocidad a la que pierdes a tu hijo.

¿Perder a mi hijo? Tan solo estoy tratando de hacer lo que es mejor para él.

Tal vez sea así, pero es probable que lo mejor para él implique más «escuchar» que «aleccionar». Y –definitivamente merece la pena señalarlo– *el mensaje ya ha llegado*: Sam sabe, y ha sabido desde hace algún tiempo, que sus padres quieren que obtenga buenos resultados en matemáticas.

Pero, ¿qué pasa con el «amor con mano firme»?

Los padres que dicen estar practicando un «amor con mano firme» tienen una tendencia a poner mucho más énfasis en la parte «firme» que en la parte del «amor». Y, a pesar de que el amor es algo maravilloso, no va a solucionar el problema.

Muchos padres siguen a rajatabla estas estrategias populares durante mucho tiempo. Siguen insistiendo en que el niño cumpla una determinada expectativa. Dicen sentirse desesperados. Añaden y quitan privilegios. Castigan. Azotan. Dicen que no saben qué más hacer.

Estas estrategias suelen ser ineficaces –e incluso contraproducentes– por muy buenas razones. Si nos equivocamos en nuestra creencia de que el bajo rendimiento de Sam en matemáticas es un signo de que no está dedicándole un esfuerzo suficiente a la causa, entonces las intervenciones destinadas a asegurar que le dedica un mayor esfuerzo a la causa no cumplirán la misión. Es más, estas estrategias podrían empeorar las cosas de diversas maneras. Después de todo, Sam también estaba bastante frustrado por no obtener buenos resultados en matemáticas. A menos que ya haya perdido toda esperanza de sacer buenas notas, en cuyo caso tal vez no estaría tan triste por ello e incluso habría dejado de intentarlo. Así pues, el hecho de añadir incentivos a la mezcla –cuando la escasa motivación no es en realidad lo que está interponiéndose en el camino– solo ocasionará una mayor confusión. Y Sam ya está bastante agitado por el hecho de no estar consiguiendo las recompensas que le habían prometido y de estar a un paso de recibir diferentes castigos. A menos que le hayan corregido y castigado tantas veces que esté habituado a las oleadas de consecuencias naturales impuestas por los adultos que han estado fluyendo por su camino y que ya no tienen ningún impacto en él. Algunos niños que han sufrido demasiados castigos están dispuestos a demostrarles a los adultos que el castigo, con independencia de su severidad, no tiene ningún efecto en ellos.

Además, muchas de estas estrategias representan un esfuerzo por *forzar* a los niños a cumplir una expectativa a través del uso del poder. Desafortunadamente, la fuerza y el poder tienden a sacar lo peor de los seres humanos, tanto de los jóvenes (p. e., tu hijo) como de los más mayores (p. e., tú). Peor aún, si tu hijo tiene una determinada personalidad... o si está limitándose a seguir tus pistas... o si no puede hacer de manera fiable lo que estás forzándole a hacer... responderá al uso del poder haciendo valer cualquier poder que él tenga, dando lugar a lo que comúnmente se conoce como una lucha de poder. El objetivo principal de una lucha de poder consiste en averiguar quién va a ganar y quién va a perder –en otras palabras, es un planteamiento de ganar o perder–. La realidad es que nadie gana en una lucha de poder; parece como si alguien estuviese ganando porque prevalece, al menos por el momento. Ya seas tú o tu hijo –por lo menos parte del tiempo probablemente sea tu hijo–, la situación no parece tener mucho sentido.

¿Sin sentido?

Sí, sin sentido. Aunque el poder es la moneda de cambio en una lucha de poder –en efecto, es la moneda del Reino Dictatorial–; el poder no soluciona los problemas, al menos los que perduran en el tiempo. El poder no es la moneda de cambio en los Territorios Colaborativos; en estos hay que confiar en monedas alternativas: la *información* y la *colaboración*.

¿La información?

La información es crucial. Si podemos alejarnos de las presunciones automáticas de que las dificultades de Sam con las matemáticas tienen su origen en una motivación y un esfuerzo escasos... si, en vez de ello, consideramos el escaso rendimiento de Sam en matemáticas como un indicador de que existe una incompatibilidad entre las demandas y las expectativas de su clase de matemáticas y las características de Sam, incluidas sus *habilidades*..., entonces queda claro por qué el hecho de recordar, de animar, de tranquilizar, de explicar, de insistir, de acosar, de impulsar, de menospreciar, de premiar, de castigar, de reprender y de gritar no es suficiente. Con independencia de cuánto poder se aplique, el problema seguirá sin resolverse hasta que tengamos la información que necesitamos: *¿Qué está interponiéndose en el camino de Sam en matemáticas?*

¿Y la colaboración?

La colaboración también es crucial. Los adultos a menudo tratan de solucionar sus problemas haciendo algo *para* un niño; en realidad, es mucho más productivo resolver los problemas *con* el niño, como compañeros.

Por último, estas estrategias a menudo tienen el efecto de hacer que un niño mire *fuera* de sí mismo por el impulso de hacer lo correcto. No quieres que tu hijo mire fuera de sí mismo para eso; quieres que mire *dentro*. Si *impones* tus propios valores a tu hijo, hay muchas posibilidades de que los rechace. Tener influencia significa resolver las incompatibilidades de modos que le ayuden a explorar sus propios valores y a interiorizar algunos de los tuyos. Ayudar a tu hijo a que se centre en su brújula interior –su propia voz– es un modo mucho más fiable de contribuir a que haga lo correcto. Por las razones recién descritas, en realidad el castigo puede *interferir* con la ayuda a que los niños escuchen esa voz interior; con frecuencia su ira ante los castigadores –o simplemente el «no querer ser atrapado»– se convierte en su principal objetivo.

Temas clave

Parece un buen momento para introducir el tema global del libro entero:

Los niños lo hacen bien si pueden

Esto se basa en la creencia de que, si tu hijo *pudiese* hacerlo bien, lo *haría* bien. Si a tu hijo no le va bien –si no está cumpliendo una determinada expectativa–, tu trabajo consiste en averiguar la razón de ello y poner la escasa motivación al final de la lista. Mejor aún, quitar definitivamente de la lista la escasa motivación. La escasa motivación *nunca* es una explicación satisfactoria para nada. Si no puedes averiguar la razón por ti mismo, tu obligación consiste en encontrar a alguien que pueda ayudarte a hacerlo.

El siguiente tema está estrechamente relacionado y es igualmente importante:

Tu hijo preferiría hacerlo bien

La sociedad está *configurada* para ser un lugar gratificante para quienes lo hacen bien. En general, cualesquiera que sean los incentivos percibidos para hacerlo mal, se ven ampliamente sobrepasados por los incentivos que implica hacerlo bien. El supuesto de que no debe motivarse a un niño que no está cumpliendo una expectativa para que la cumpla es casi siempre incorrecto. Las *habilidades* son el motor que impulsa el tren; la *motivación* es el furgón de cola.

He aquí otro tema:

Ser buen padre significa jugar con las cartas que te han tocado

En cada punto del camino vas a estar preocupado por *tu* hijo y por las expectativas que está o no está cumpliendo, por si las expectativas que está teniendo dificultades para cumplir están siendo realistas, y por los mejores modos de equilibrar sus características con tu sabiduría, tu experiencia y tus valores. Es maravilloso que el hijo de otra persona esté cumpliendo una cierta expectativa, pero en realidad tiene muy poco que ver con tu hijo y con las expectativas que está teniendo dificultades para cumplir. Aunque es fácil preocuparse por las cartas que tienen los demás jugadores, cuando se trata de jugar la mano de cartas que te han repartido, a tu hijo y a ti os irá mucho mejor si os centráis en vosotros mismos.

Debería mencionar que la frase: *los niños lo hacen bien si pueden* también puede aplicarse a ti. Resulta que, del mismo modo, *los padres lo hacen bien si pueden.*

Preguntas y respuestas

Pregunta: ¿No soy yo responsable, como padre de mi hijo, de cómo termine siendo?

Respuesta: Como has leído, tu hijo no vino a este mundo como una hoja en blanco; *ya era alguien cuando apareció*. Eso significa que tienes menos control del que piensas sobre cómo se presenta tu hijo. Tienes la responsabilidad de jugar la mano de cartas que te han repartido, de ejercer influencia en modos que sean verdaderamente influyentes, y de hacer frente a la incompatibilidad de una manera que saque lo mejor de ti y de tu hijo.

Pregunta: Entonces, ¿las consecuencias impuestas por los adultos están completamente al margen de la crianza?

Respuesta: La gran pregunta es si realmente *necesitas* las consecuencias impuestas por los adultos. Los carteles con pegatinas, la obtención de privilegios, la pérdida de privilegios, los tiempos en el «rincón de pensar», los castigos, etc. —en ocasiones les doy el nombre de consecuencias *antinaturales* o *artificiales*— solo consiguen dos objetivos en realidad: permiten que tu hijo sepa que no está cumpliendo una determinada expectativa (probablemente podrías decírselo, y posiblemente él ya lo sepa) y le proporcionan el incentivo para cumplir esa expectativa (si *los niños lo hacen bien si pueden*, entonces ya está motivado). Si algo está obstaculizando el cumplimiento de la expectativa, entonces necesitas saber desesperadamente qué es ese algo, y las consecuencias no te proporcionarán esa información. De hecho, las consecuencias pueden hacer que la recopilación de información sea más difícil; en ocasiones, los niños se callan si están preocupados por tu ira o por ser castigados.

Yo debería mencionar que existen otros tipos de consecuencias además de la variedad impuesta por los adultos. También están las consecuencias *naturales* —malas notas, sentirse avergonzado, no haber sido seleccionado para el equipo deseado, etc.—, que tienden a ser muy poderosas y persuasivas, y que también son inevitables. El misterio es por qué tantos padres agregan consecuencias impuestas por los adultos cuando ya está claro que esas poderosas y persuasivas consecuencias naturales no están funcionando. Tu hijo necesita algo más de tu parte.

Pregunta: Siento que el mensaje no se transmitirá si no echo mano de las consecuencias.

Respuesta: Si el mensaje que estás tratando de trasmitir es el hecho de que tienes preocupaciones sobre las expectativas que no se están cumpliendo, y realmente quieres que esas preocupaciones se aborden y que el problema se resuelva, existe otra manera de ayudarte a lograr ese objetivo. Aprenderás esa otra modalidad en el próximo capítulo.

Pregunta: ¿No necesitan las consecuencias ser inmediatas?

Respuesta: A muchos de nosotros nos enseñaron que las consecuencias impuestas por los adultos deben ser inmediatas, a fin de dejar en claro la relación que existe entre los comportamientos de un niño y las consecuencias de esos comportamientos. Ello conduce a menudo a dos errores: (1) centrarse principalmente en los comportamientos del niño, más que en las incompatibilidades que están causando esos comportamientos; y (2) apresurarse a juzgar y a actuar. Sin embargo, las consecuencias impuestas por los adultos no resuelven las incompatibilidades; además, la resolución de las incompatibilidades se logra mejor proactivamente que con carácter de urgencia. Sean inmediatas o no, las consecuencias impuestas por los adultos son innecesarias en la mayoría de los casos y contraproducentes en muchos de ellos.

Pregunta: Entonces, ¿no debería recompensar a mi hijo por hacer las cosas que quiero que haga, como, por ejemplo, las tareas domésticas?

Respuesta: No, si estás tratando de ayudarle a comprender que echar una mano en casa es una parte importante del hecho de ser un miembro de una familia. No, si quieres que entienda que hacer lo correcto no siempre lleva aparejado una recompensa extrínseca. Y no, si, en caso de que esté teniendo dificultades para completar las tareas domésticas, quieres comprender lo que se está interponiendo en su camino.

Pregunta: En ocasiones les doy un azote a mis hijos, y estoy empezando a pensar que esa práctica es incluso más extrema que muchas de las intervenciones descritas en este capítulo. ¿Qué piensas?

Respuesta: Hay un principio rector en el que la mayoría de personas puede estar de acuerdo cuando se trata de castigar a los hijos: la estrategia que se escoge para ejercer influencia y para proporcionar orientación debe ser la *respuesta menos tóxica*. El castigo físico se reconoce cada vez más como la *respuesta más tóxica*.

Existe ahora un volumen considerable de investigaciones que documentan los graves daños ocasionados al pegar a los niños. También existe una amplia gama de estrategias de crianza efectivas y basadas en la investigación que son igual de efectivas, o incluso más, que pegar, y que son menos perjudiciales. Naciones enteras han llegado a reconocer esto: en 1979, Suecia se convirtió en la primera nación en ilegalizar los azotes, y cuarenta y nueve países han escogido el mismo camino desde entonces. Muchos grupos profesionales, incluidas la Academia Americana de Pediatría y la Academia Americana de la Psiquiatría Infantil y del Adolescente, han pedido a los padres que abandonen los cachetes como forma de castigo.

Con todo, UNICEF estima que, a nivel mundial, *mil millones* de niños siguen siendo víctimas de castigos físicos regulares. En los Estados Unidos, una tercera parte de los niños son golpeados *antes de cumplir un año*, y entre el 80 y el 90 por ciento de los niños en edad de andar son golpeados por sus padres. Estos datos sugieren que los padres no son los únicos que experimentan este período del desarrollo como *terrible*. Y estos golpes no solo se producen en nuestros hogares. En diecinueve estados estadounidenses, el castigo corporal sigue siendo legal y practicándose en las escuelas, con cientos de miles de azotes anuales.

En el mundo occidental, hay quienes señalan a las escrituras judeocristianas para justificar los golpes a los niños, citándose con mayor frecuencia el famoso texto de Proverbios 13,24 –«Quien escatima la vara odia a su hijo, mas el que lo ama lo disciplina con diligencia»– (esta cita es más conocida en su forma parafraseada, *«evita la vara y malcría a tu hijo»*, al parecer formulada en primer lugar por Samuel Butler en 1662). Sin embargo, las Escrituras son en realidad un cajón de sastre por lo que respecta a la crianza; en sus contenidos puede encontrarse apoyo a una variedad de creencias y prácticas sobre la crianza.

En efecto, existen pasajes que sugieren que un enfoque más empático e individualizado de la crianza podría ser una buena idea. Estos son algunos, comenzando con el que comúnmente conocemos como la «regla de oro»:

Como queréis que os traten los hombres tratadlos vosotros a ellos (Lc 6,31).

Amarás a tu prójimo como a ti mismo (Lv 19,18).

Que cada uno sea veloz para escuchar, lento para hablar, lento a la ira (Sant 1,19).

Educa al muchacho según su camino (Prov 22,6).

Este último texto significa que cada niño es un individuo y que los cuidadores somos los responsables de encontrar maneras de transmitir nuestra experiencia, nuestra sabiduría y nuestros valores en las formas que sean mejores y más efectivas para cada niño. La máxima no solo se aplica a la educación, donde está inmortalizada en la Ley de educación especial en Norteamérica y en otras partes, sino también a la crianza. De la misma manera que los niños aprenden y se les enseñan las matemáticas de forma diferente –a algunos empiezan a gustarles más rápidamente que a otros, y otros necesitan una ayuda adicional–, el temperamento y la personalidad de tu hijo deberían tener una incidencia significativa en tu modo de ejercer influencia.

En el siglo XVIII, Elijah Ben Solomon escribió que, cuando un niño es pequeño, sus padres pueden ser capaces de imponer su voluntad en formas que son contrarias a su camino, pero que, con el tiempo, cuando el miedo del niño a los padres se desvanece –como sucederá de forma inevitable–, el niño se apartará del camino que se le impuso porque es incompatible con el suyo propio.

Por último, he aquí tres versículos que sugieren que esa colaboración podría ser una buena idea:

Nadie busque su interés, sino el de los demás (Flp 2,4).

¿Caminan juntos dos que no se han citado? (Am 3,3).

Si una casa está dividida internamente, esa casa no puede sostenerse (Mc 3,25).

Pregunta: Mis padres me pegaban y crecí bien.
Respuesta: Qué bueno que hayas crecido bien. Sin embargo, los azotes eran innecesarios y la respuesta más tóxica.

Pregunta: ¿No crees que es importante que los niños rindan cuentas y se responsabilicen de sus acciones?
Respuesta: Con demasiada frecuencia, las frases *que los niños rindan cuentas* y *hacer que se responsabilicen* son el nombre en clave para el *castigo*. Y muchos padres recurren casi automáticamente al castigo cuando su hijo no cumple sus expectativas. Si el castigo inicial no logra su objetivo, los padres dan por sentado que los castigos no eran lo suficientemente dolorosos. Así que añaden más dolor en forma de castigos más severos. Con el tiempo, a menudo tienen mucho dolor añadido a cambio de sus esfuerzos, pero muy poco progreso. Cuando un niño «rinde cuentas» de este modo, no está involucrado con el proceso en absoluto. Ahora bien, si un niño se implica en el proceso de resolver las

incompatibilidades de su vida y de asociarse contigo para mejorar las cosas, está responsabilizándose y rindiendo cuentas de modos mucho más significativos.

* * *

Conozcamos ahora a otra familia.

El sol estaba saliendo cuando Kayla abrió la puerta del apartamento de su novio Tony tras otra noche en el hospital como auxiliar de enfermería. Trabajar por las noches y dormir durante el día no habría sido su primera opción, pero era un sueldo seguro. Vivir con Tony tampoco era necesariamente su primera opción, pero el dinero también se hallaba detrás de esa decisión. Ella y Tony se llevaban mejor cuando vivían separados, sobre todo porque él tenía una mentalidad anticuada por lo que respecta a la disciplina de los hijos, y Brandon, el hijo de trece años de Kayla, le proporcionaba una gran ocasión para señalar todos los defectos de Kayla a la hora de imponer disciplina. Dejando de lado la mentalidad anticuada, pensaba que para Brandon era bueno tener un modelo masculino, y Tony había hecho muchas cosas con Brandon –llevarle a los partidos de béisbol, ver deportes en la televisión juntos y entrenar a su equipo en la liga infantil–. Aun así, Kayla siempre trataba de llegar a casa a tiempo para despertar a Brandon a fin de que se fuese al colegio. Si se lo dejaba a Tony, las cosas se ponían feas rápidamente.

Respiró profundamente al entrar en la habitación de Brandon para despertarle. «Brandon», susurró mientras frotaba su espalda suavemente.

«Mmpff», respondió de manera amortiguada.

«Brandon, cariño, tienes que levantarte para ir al colegio».

«Cinco minutos más», murmuró. En realidad, esta era una de sus respuestas más prometedoras.

Cinco minutos más tarde, Kayla lo intentó de nuevo.

«Brandon, ya han pasado los cinco minutos. Es hora de levantarse. No quiero que llegues tarde».

«Hoy no voy a ir», balbució, volviendo a su forma y dándose la vuelta.

«Brandon, vamos. Llevo trabajando toda la noche. Hoy no quiero hacer esto».

«Vale, entonces déjame solo».

«Brandon, quiero irme a dormir».

«Vete a dormir. Me levantaré pronto».

«No voy a irme a dormir hasta que no te levantes». Kayla observó la puerta de la habitación, con la esperanza de que Tony no apareciese.

«No pasa nada si llego tarde», murmuró Brandon. «La primera clase es una hora de estudio».

«Si el colegio pensara que no hay ningún problema, entonces no te castigarían cada vez que llegas tarde. Vamos».

«Necesito un día libre. Solo un día».

«Brandon, por favor. No me gusta trabajar por las noches, pero lo hago porque no tengo elección. Tú tampoco tienes elección. Levántate».

Brandon no se movía. Como solía hacer, Kayla comparó brevemente la ira del colegio de Brandon con la ira de Tony. Tras decidir que las dos opciones eran igual de desagradables, tiró de las sábanas de Brandon.

Las previsibles palabrotas de Brandon propiciaron la aparición de Tony en la puerta del dormitorio. «Mantenlo alejado de mí», dijo Brandon, balanceando sus pies para salir de la cama.

«¿Estás volviendo a darle problemas a tu madre para salir de la cama?», dijo Toni.

«Ya he salido», dijo Brandon.

«Todo va bien por aquí», dijo Kayla.

«No lo parecía». Tony fulminó con la mirada a Brandon.

«Iba de camino a la ducha», dijo Kayla, aliviada al ver que Brandon arrastraba los pies hacia la puerta de su habitación. Cuando Brandon pasó por delante de Tony, este último levantó su mano y simuló que le abofeteaba la cabeza.

«¡Déjale estar!», le reprendió Kayla, antes de darse cuenta de que sus palabras habían sido innecesarias.

«Le has dejado estar desde que era pequeño», dijo Tony. «Esa es la razón por la que no te escucha. Este niño solo entiende un lenguaje».

«Kayla comenzó a colocar las sábanas en la cama de Brandon. «Tan solo le cuesta mucho levantarse por la mañana». Kayla se arrepentía de participar en una discusión rutinaria que nunca llevaba a ninguna parte. «Golpearle no hace que las cosas mejoren».

«Deja que le dé unas cuantas tortas durante una semana, y te garantizo que ya no tendrá problemas para salir de la cama por la mañana».

Kayla decidió no avivar el fuego de Tony. Si no decía nada, se extinguiría más rápido.

«Mírate, haciendo su cama», reprendió Tony. «Como si viviese en un hotel».

Kayla esperó a que Tony pronunciase su siguiente frase, y no le decepcionó.

«No habría durado ni cinco minutos en mi familia».

Kayla terminó de hacer la cama y llamó a Brandon a través de la puerta del baño. «¿Qué quieres desayunar?».

«Como un maldito hotel», refunfuñó Tony, moviendo su cabeza con disgusto.

CAPÍTULO 4

Tus opciones

Empecemos hablando en términos mucho más específicos sobre *tu* hija. Con suerte, habrás estado pensando en ella mientras leías.

Cuando tu hija no tiene dificultades para cumplir tus expectativas, puedes relajarte un poco. Se lleva bien con sus hermanos. Hace sus deberes. Sus notas son buenas. Su entrenador de fútbol está satisfecho con su esfuerzo. Su higiene es buena. Tiene amigos. Parece feliz. Limítate a mantener los ojos abiertos, ya que la incompatibilidad es inevitable y los buenos momentos no duran para siempre.

¿Cómo reconocerás que existe alguna incompatibilidad? Por lo general es bastante sencillo: resulta evidente cuando tu hija tiene dificultades para cumplir una expectativa. Y quizá también cuando esté exhibiendo algunos comportamientos desafiantes en respuesta a las estrategias de la exhortación y la extorsión que has implementado para conseguir que cumpla esa expectativa (ya has leído sobre esto en el último capítulo).

A partir de ahora, vamos a considerar las expectativas que tu hija tiene dificultades para cumplir como *problemas que necesitan resolverse*, y vamos a referirnos a ellos como *problemas sin resolver*. Nuestro primer objetivo consiste en identificar esos problemas sin resolver, así que probablemente te resulte útil hacer una lista. La lista es realmente importante; si no sabes cuáles son las expectativas que tu hija está teniendo dificultades para cumplir, no sabrás en qué centrarte cuando se trate de mejorar la compatibilidad.

Muchos padres tienen problemas para elaborar esa lista. A estos les suele resultar más sencillo nombrar los *comportamientos* que una niña está manifestando en respuesta a los problemas no resueltos. Sin embargo, los comportamientos no son los problemas no resueltos; son las *consecuencias* de los problemas sin resolver. A modo de ayuda, he aquí una pequeña muestra de posibilidades de problemas no resueltos:

Dificultad para jugar sola después del colegio.
Dificultad para quedarse con una niñera.
Dificultad para ir al colegio.
Dificultad para llegar a tiempo al colegio.
Dificultad para despertarse por la mañana los días lectivos.
Dificultad para quedarse dormida por la noche.
Dificultad para dormir en su propia cama por la noche.
Dificultad para vestirse por la mañana los días lectivos.
Dificultad para prepararse para ir al colegio por la mañana.
Dificultad para prepararse para ir a la cama por la noche.
Dificultad para completar los quehaceres (cada uno de ellos sería un problema sin resolver distinto).
Dificultad para completar los deberes (cada tarea escolar sería un problema sin resolver distinto).
Dificultad para ver la televisión con sus hermanos.
Dificultad para compartir juguetes con sus hermanos.
Dificultad para arreglar los juguetes antes de irse a la cama.
Dificultad para mantener limpia la habitación.
Dificultad para vaciar el lavavajillas.
Dificultad para turnarse al jugar a los videojuegos con los amigos.
Dificultad para hacer amigos y para mantenerlos.
Dificultad para asistir a las fiestas de cumpleaños.
Dificultad para sentarse al lado de un hermano en el coche.
Dificultad para sentarse en el coche para ir a comprar comida.

Dificultad para sentarse en una sillita infantil de coche o para ponerse el cinturón.

Dificultad para estar cerca del carrito en el supermercado.

Dificultad para entrar en casa después de haber estado jugando fuera.

Dificultad para jugar con otras niñas en el patio infantil.

Dificultad para volver a casa a la hora convenida.

Dificultad para comer alimentos saludables.

Dificultad para dormir lo suficiente.

Dificultad para rellenar las solicitudes para la universidad.

Dificultad para encontrar cosas que hacer además de ver la televisión y jugar a los videojuegos.

Dificultad para apagar la televisión para ir a cenar.

Dificultad para asistir a los entrenamientos de fútbol.

Dificultad para alimentar al perro por la mañana.

Dificultad para sacar la basura los martes.

Dificultad para estudiar las pruebas de acceso a la universidad.

Quizá ahora estés pensando que, desde un punto de vista general, algunos de los puntos de la lista son bastante triviales. Y estás en lo cierto. Aunque muchos problemas pueden ser triviales, el modo en que abordas su solución es absolutamente crucial.

Date cuenta de algunas cosas importantes en la redacción de estos problemas sin resolver:

- Todos ellos comienzan con la palabra *dificultad*.
- No incluyen ninguno de los *comportamientos desafiantes* que tu hija está exhibiendo en respuesta a esos problemas (una vez más, esos son sus *comportamientos*; estás interesado en resolver los problemas que están *causando* esos comportamientos).
- *No* existen *teorías* sobre la causa del problema no resuelto (*a ella no le importa, disfruta provocándome, está aburrida, es perezosa, está ansiosa, es la rivalidad entre hermanos*).

61

- Son *bastante específicos*, en vez de globales (*dificultad para llevarse bien con los demás* es global; *dificultad para estar de acuerdo con el hermano sobre el programa de televisión que quieren ver* es específico).

Verás por qué la redacción es importante a la hora de introducirle el problema no resuelto a tu hija como preludio para solucionarlo. Ya hablaremos de eso en el próximo capítulo.

Si, en ocasiones, aunque no siempre, tu hija tiene dificultades para cumplir una expectativa, este sigue siendo un problema sin resolver. En otras palabras, no limitas tu lista a las expectativas que no se cumplen el *100 por cien* del tiempo. Si tu hija tiene dificultades para cumplir *de forma fiable* una expectativa, es un problema sin resolver.

Si mi hija cumple la expectativa en ocasiones, ¿no prueba eso que puede hacerlo cuando quiera?

No, no lo prueba en absoluto. Prueba que existen condiciones que sientan las bases para que tu hija cumpla la expectativa y condiciones que hacen que ello sea mucho más difícil, y que estas deben comprenderse mejor.

La lista puede provocar que algunos padres comiencen a sentirse abrumados, sobre todo si deja claro que en realidad existen unos cuantos problemas no resueltos. Sin embargo, la lista –incluso si es larga– debería contribuir a que te sintieses *menos* abrumado, ya que al menos ahora tienes claro los problemas que tu hija y tú podríais ocuparos de resolver juntos. Es mucho más abrumador estar en conflicto con tu hija y no saber qué problemas no resueltos lo están provocando. Si tienes una lista extensa, podrías preguntarte por qué hay tantos problemas que se han quedado sin resolver. Posiblemente porque el modo en que has estado intentando resolver estos problemas no ha funcionado. También puede ser que hayas estado más centrado en *modificar comportamientos* que en *resolver problemas*, y el hecho de modificar comportamientos no soluciona los problemas que están causando esos comportamientos.

A propósito –y esto es importante–, la mayor ventaja que comporta crear una lista de problemas sin resolver es que prepara el camino para solucionarlos *proactivamente*, más que de manera emergente o reactiva. Gran parte, si no la mayoría, de los esfuerzos parentales destinados a hacer frente a los problemas no resueltos tienen lugar en caliente. Cuando se trata de resolver los problemas de forma duradera, no es bueno hacerlo cuando se está acalorado.

Una vez que tengas tu lista, querrás reflexionar sobre si tu hija es realmente *capaz* de cumplir cada una de las expectativas. En otras palabras, ¿es *realista la expectativa*? ¿Puede realmente hacer el trabajo de matemáticas? ¿Puede sacar la basura debidamente? ¿Puede compartir el mando a distancia con su hermano cuando están viendo la televisión juntos? ¿Puede estarse quieta durante la cena? ¿Puede despertarse y prepararse para ir al colegio a tiempo? ¿Puede hacer amigos y mantenerlos? Advierte que existe una diferencia entre lo que *quieres* que haga tu hija y lo que realmente es *capaz* de hacer. Solo porque *quieras* que cumpla una expectativa no significa que *pueda* hacerlo. Para muchos padres, esas frases están borrosas con frecuencia.

Las frases *las niñas lo hacen bien si pueden* y *es preferible hacerlo bien* van a serte aquí de gran ayuda. Vamos a partir del supuesto –que te resultará muy útil– de que tu hija *preferiría* cumplir las expectativas y de que hay algo que está impidiendo que lo haga. Deberías dedicar tu energía a comprender lo que está dificultando que cumpla la expectativa de manera fiable.

¿Cómo lo averiguas? Es posible que tu intuición te sirva de ayuda, aunque la intuición parental es menos precisa y más imperfecta de lo que tendemos a pensar. Quizá un maestro o un profesional médico o de la salud mental pueda ofrecerte su intuición o su experiencia por lo que respecta a ciertos problemas sin resolver, pero su intuición y su experiencia también son falibles. Los test psicoeducativos pueden proporcionar en ocasiones información útil sobre el motivo por el que tu hija está teniendo dificultades en los estudios, para hacer amigos o para cumplir tus expectativas conductuales, aunque estas pruebas no siempre dan en el clavo. Y existen otras pruebas –relacionados con las alergias, con el azúcar en sangre, etc.– que pueden proporcionar información sobre los factores fisiológicos que podrían estar afectando a la capacidad de concentración de tu hija, al nivel de energía o al estado de ánimo, y dificultando que cumpla ciertas expectativas.

Ahora bien, tu primera fuente de información, si sigues las directrices proporcionadas en este libro, es *tu hija*.

A continuación, vas a necesitar ciertas *prioridades*. En otras palabras, tienes que decidir con qué problemas no resueltos quieres comenzar a trabajar en primer lugar, dado que resultaría contraproducente tratar de resolverlos todos a la vez. Trabajar con demasiados problemas al mismo tiempo es una buena manera de garantizar que ninguno de ellos se resolverá. Si estás trabajando en más de tres problemas no resueltos con tu hija, probablemente estés trabajando con demasiados al mismo tiempo. A propósito, no hay ningún inconveniente en que involucres a tu hija en la toma de decisiones sobre los problemas sin resolver que hay que priorizar.

Ahora, en el momento oportuno, estamos preparados para considerar tus opciones para resolver los problemas. Como verás, ya hemos estado pensando de manera informal en tus opciones.

Los planes

He creado un marco sencillo que resume las tres formas en que los padres y otros cuidadores solucionan los problemas con sus hijas con mayor frecuencia. A pesar de que he estado aplicando el marco a las niñas con serios problemas de conducta desde hace mucho tiempo, también puede aplicarse a las que tienen dificultades no tan importantes. Como has leído, en realidad las niñas desafiantes no difieren considerablemente de las que no resultan tan desafiantes; simplemente suele ocurrir que carecen de más habilidades, responden de modos que son más extremos cuando existe incompatibilidad, y a menudo tienen largas listas de problemas sin resolver. Las tres opciones reciben los nombres de Plan A, Plan B y Plan C.

El Plan A se refiere a resolver un problema *unilateralmente*. El Plan B implica resolver un problema *colaborativamente*. Y el Plan C hace referencia a *modificar, adaptarse o dejar de lado* un problema sin resolver, al menos por ahora, o *posponer la ayuda* para ver si tu hija puede resolver los problemas por sí misma.

A propósito, si una niña ya está cumpliendo una determinada expectativa, no necesitas un plan, ya que no estamos ante un problema no resuelto. Por ejemplo, si tu hija está completando sus deberes a su debido tiempo, para satisfacción tuya, no necesitas un plan, ya que tu expectativa se está cumpliendo. Si tu hija se levanta de la cama y se va a clase puntualmente y sin mayor dificultad, no necesitas un plan, ya que la expectativa se está cumpliendo. Y si tu hija le da de comer al perro de manera apropiada, no necesitas un plan, ya que se está cumpliendo la expectativa. Y si tu hija te mantiene al corriente de su paradero de acuerdo con tus expectativas, tampoco necesitas un plan al respecto. En cambio, si tu hija no está haciendo sus deberes, no se levanta, no alimenta al perro o no te mantiene al corriente de su paradero de acuerdo con tus expectativas, tienes un problema sin resolver y necesitas un plan.

Examinemos más detalladamente los tres planes.

El Plan A

El Plan A implica resolver un problema *unilateralmente*, y es muy popular. Cuando solucionas un problema usando el Plan A, *tú* eres el único que decide la solución a un determinado problema, y eres tú quien *impone* esa solución a tu hija. Las palabras: «He decidido que...» son un buen indicador de que se está empleando el Plan A para resolver un problema. He aquí algunos ejemplos:

«*Como estás teniendo dificultades para completar tus deberes de matemáticas, he decidido que no puedes salir hasta que los hayas completado*».

«*Como estás teniendo muchos problemas para limpiarte los dientes antes de irte a la cama, he decidido que no habrá televisión ni videojuegos por la noche hasta que te hayas limpiado los dientes*».

«*He decidido que, ya que pareces estar teniendo dificultades para levantarte por la mañana para ir a la escuela, le diré a tu entrenador que estás demasiado cansada para jugar en el equipo de fútbol*».

«*Dado que tienes dificultades para recoger tus juguetes, he decidido guardarlos todos*».

Muchas personas piensan que la terminología *Plan A* se refiere al enfoque preferido para resolver los problemas con una niña. Pese a su popularidad, en realidad no es el enfoque más adecuado. ¿Por qué no? Porque, aunque el Plan A incorpora tu experiencia, tu sabiduría y tus valores, recorta a tu hija de la fotografía. Elimina su voz, sus preocupaciones, su punto de vista, sus creencias, sus valores, sus preferencias, su personalidad, sus habilidades y sus metas. Manda un mensaje claro de que tu punto de vista es el único que en realidad importa, y de que el suyo no se escuchará ni se tendrá en cuenta. Elimina cualesquiera ideas que tu hija pueda tener sobre posibles soluciones, y deja claro que tú eres la única persona cualificada para ofrecer soluciones. Hace que dependa completamente de que tú resuelvas los problemas *por* ella. Si mandas un mensaje claro y continuo de que no estás interesado en escuchar o en tener en cuenta las preocupaciones o el punto de vista de tu hija, tarde o temprano ella comenzará a enviar mensajes claros y continuos de que no está interesada en escuchar o en tener en cuenta los tuyos. Despídete de tu influencia. Y, con el tiempo, podría dejar de intentar comunicar sus preocupaciones o su punto de vista. Adiós a tu comunicación. Por consiguiente, aunque tengas sabiduría, experiencia y valores para transmitirle a tu hija, es poco probable que el Plan A sea el mejor modo de hacerlo.

Una cosa es cierta: el Plan A es completamente contrario a la asociación colaborativa que estás tratando de establecer con tu hija. También es probable que saque lo peor de ti y de tu hija, sobre todo si no está entusiasmada con el hecho de aceptar tus soluciones. De hecho, el Plan A suele dar lugar a otro Plan A:

Padre: Si no llegas a casa a la hora convenida me quedaré tu teléfono móvil.

Hija: Si te quedas mi teléfono móvil, nunca llegaré a casa antes de la hora convenida.

Aunque ella aceptase de buena gana tus soluciones, no estará aprendiendo el modo de resolver los problemas que afectan a su vida.

Las soluciones a las que se llega a través del Plan A no solo son unilaterales, sino también *infundadas.* Con el Plan A no estás tratando de averiguar qué está impidiendo que tu hija complete sus deberes de matemáticas, ni qué está dificultando que se limpie los dientes antes de irse a la cama, ni por qué está teniendo tantos problemas para mantenerte al tanto de su paradero. Simplemente estás insistiendo en que se cumplan tus expectativas, en imponer soluciones y en aplicar las consecuencias impuestas por los adultos cuando tu mera insistencia y tus soluciones no hacen su trabajo.

Como aprendimos de Elijah Ben Solomon en el último capítulo, con la mayoría de niñas pequeñas podría bastarte con el Plan A, sobre todo porque eres más grande y más fuerte. Sin embargo, no siempre serás más grande, y no querrás que tu relación con tu hija —o tu influencia— esté fundada en algo tan fugaz. Aunque las luchas de poder son comunes en el Reino Dictatorial, son más bien inauditas en los Territorios Colaborativos.

Ahora, una pregunta importante: ¿Por qué los problemas que afectan a las vidas de las niñas ocasionan con tanta frecuencia un conflicto entre nosotros y ellas? La respuesta: el conflicto nos lleva al modo en que estamos tratando de solucionar esos problemas. Sin embargo, lidiar con la incompatibilidad no tiene por qué ser contradictorio. Los problemas que afectan a la vida de tu hija no tienen por qué provocar conflictos. La crianza no consiste en mantener una lucha *nosotros frente a ellas*.

Así que, entonces, ¿por qué el Plan A es tan popular? Este Plan podría estar impulsado por una serie de factores:

- Preocupación, ansiedad y/o ira hacia la niña que no está cumpliendo una determinada expectativa.
- Angustia por cómo se verán afectados los resultados de la niña a largo plazo si la expectativa sigue sin satisfacerse *eternamente*.
- Comparar a la niña con otras niñas que no están teniendo dificultades para cumplir la expectativa.
- Preocupación por cómo las demás personas están percibiendo a la niña.
- El sentimiento de que debe hacerse algo decisivo –¡y *ya mismo*!– para que la niña vuelva a encauzarse.
- Una ausencia de estrategias alternativas para resolver los problemas.

Muchos padres sienten estas cosas. Sin embargo, esos sentimientos no tienen que llevarte al Plan A. Tienes otras opciones.

En primer lugar, muchos adultos llegan a la conclusión de que «tener una expectativa» o «decirle a una niña lo que tiene que hacer» equivale a emplear el Plan A. Este puede ser un punto importante de confusión. Tener una expectativa (p. e., lavarse los dientes antes de ir a dormir) y expresarla es una cosa; una vez más, si la expectativa se cumple, no necesitas un plan. Si la expectativa no se cumple, el Plan A implicaría insistir más o en la amenaza o en la aplicación de una solución impuesta y unilateral (p. e., no ver la televisión hasta haberse cepillado los dientes). Las expectativas, sobre todo las de tipo realista, son algo maravilloso. Responder a las expectativas con el Plan A, no tanto.

Vamos a asegurarnos de que esta cuestión ha quedado clara. En los siguientes diálogos, el padre *no* está empleando el

Plan A, sino que expresa una *expectativa* que la niña *cumple* a continuación:

Niña (9 años): Mamá, quiero hacerme piercings *en las orejas.*

Madre (expresando una expectativa, pero sin emplear el Plan A): Preferiría que no te perforases las orejas hasta que fueses un poco mayor.

Niña: ¿Cómo de mayor?

Madre: No lo sé –quizá a los trece años–.

Niña: Vale.

Niña (17 años): ¿Puedo coger el coche para ir a casa de George?

Padre (expresando una expectativa y una preocupación, pero sin emplear el Plan A): Preferiría que no lo hicieses. Las carreteras están heladas y todavía no tienes demasiada práctica conduciendo en esas condiciones.

Niña: Vaya… entonces, ¿puedes llevarme tú?

Padre: Claro.

Niña (17 años): Esta noche voy a la fiesta de Stevie.

Padre (expresando una expectativa, pero sin emplear el Plan A): Esto… Creo que tienes que rellenar cinco solicitudes para la universidad antes de dos días y que todavía no lo has hecho. Creo que deberías quedarte en casa esta noche y rellenarlas.

Niña: Vamos, ¡iré solo unas horas!

Padre: No creo que sea una decisión inteligente. Puedes irte de fiesta en cualquier momento, pero las solicitudes para la universidad deben presentarse en dos días.

Niña: De acuerdo.

* * *

Este sería un ejemplo del Plan A (y sus consecuencias) en una de las familias que ya has conocido.

Antes de abrir la puerta principal, Dan supo que Taylor había llegado antes que él. El grito pudo escucharse a través de la puerta.

«¡Estás castigada!», escuchó gritar a Kristin (solo para que quede claro, esta es una solución unilateral al problema de Kristin de no conocer el paradero de Taylor).

«¿Qué vas a hacer? ¿Encerrarme en mi habitación?», le respondió Taylor gritando.

Dan cerró la puerta principal. Los gritos cesaron. Entonces escuchó que Kristin decía: «Veamos qué piensa papá de esta situación».

«Genial», murmuró Dan, a quien le gruñía el estómago. Caminó hacia la cocina. Taylor, con su madre a remolque, le interceptó.

«¡Se ha instalado una aplicación para bloquear mi teléfono móvil cada vez que le apetezca!», dijo Taylor. «Todo porque no le respondí» (esta es otra solución unilateral al mismo problema no resuelto).

«¡Todavía no sé dónde estaba!», se defendió. «¡No voy a vivir así!».

«¿Por qué no confías en mí?», Taylor levantó sus manos en señal de frustración.

«Dan, dile por qué no confío en ella», dijo Kristin.

«¿Os importa si dejo mi maletín?», dijo Dan, mientras trataba de abrirse paso hasta la cocina, miró a Kristin y a Taylor. «Esto ocurre a diario entre vosotras. Y me ponéis justo en medio».

«Pues no estés en el medio», dijo Kristin. «*Apóyame*».

«¿Por qué iba a apoyarte?», preguntó Taylor. «Eres una bruja».

«¿Que soy una bruja? ¿Acaso las brujas llevan a sus hijas a *ballet*? ¿Y a *hip-hop*? ¿Acaso las brujas envían a sus hijas al campamento de verano? ¿Acaso las brujas compran a sus hijas entradas para Ariana Grande? Si soy una bruja, entonces soy la maldita Glinda».

«¿Quién demonios es Glinda?», preguntó Taylor.

«Es la Bruja Buena del Norte», trató de explicar Dan mientras intentaba analizar sus opciones en la nevera. «De *El mago de Oz*».

«¡No importa quién sea la maldita Glinda!», chilló Kristin. Dan la observó. Por un instante estaba seguro de haber visto salir humo de sus orejas.

«¡Lo que importa es que no sé dónde está mi maldita hija la mitad del tiempo porque no me dice dónde va ni responde a su maldito teléfono móvil!».

«¡No respondo a mi teléfono móvil porque me llamas aproximadamente cincuenta veces al día!», gritó en respuesta Taylor.

«¿No estaremos exagerando un poco delante de papá?».

«Apenas», resopló Taylor.

«¿Dónde estabas?», preguntó Dan.

«Estaba en casa de Brooke, trabajando en el proyecto de física que estamos haciendo juntas».

«¿Brooke y tú estáis haciendo un proyecto juntas?», preguntó Kristin. «¿Cómo es que no sabía eso?».

«Hay muchas cosas de mi vida que no sabes».

«Entonces, ¿por qué no respondiste al teléfono?».

«Porque no quería que me molestases en mitad del trabajo con Brooke. Bloqueé tus llamadas. Lo único que haces es molestarme. Es vergonzoso. Crees que soy una delincuente».

«¿No estabas en casa de Scott?».

«¡No, no estaba en casa de Scott! ¿Por qué no le preguntas a la madre de Brooke dónde estaba?».

Al no haber encontrado nada de interés en la nevera, Dan comenzó a pelar un plátano.

«¡No voy a llamar a la madre de Brooke para saber si en realidad estabas ahí!», vociferó Kristin. «¡Así el resto del mundo sabría que no tengo ni la menor idea de dónde está mi hija la mayor parte del tiempo!».

«¿Por qué te importa dónde esté la mayor parte del tiempo? ¡Lo que consigues es que pase un mal rato independientemente del sitio en que me encuentre! ¡No puedo hacer nada bien!».

Como si hubiesen apretado un interruptor, Kristin se volvió tierna repentinamente. «Haces muchas cosas bien. Me preocupo por ti». Kristin comenzó a llorar.

«¡No empieces a llorar!», suplicó Taylor. Miró a Dan. «Me volveré a casa de Brooke si comienza a llorar».

Dan dejó de masticar. «Creo que tal vez deberíais tomaros un respiro esta noche».

«¿Va a apagar mi teléfono móvil?», preguntó Taylor.

«Creo que deberíamos abordar el problema del teléfono móvil más tarde», dijo Dan.

«Será mejor que no apague mi teléfono móvil», advirtió Taylor mientras se marchaba con paso airado a su habitación.

Si te ha resultado familiar quizá se deba a que el Plan A es muy popular. Nuestro objetivo consiste en reducir de manera drástica tu dependencia del Plan A para abordar los problemas no resueltos.

¿Significa esa reducción de tu dependencia del Plan A que están disminuyendo las expectativas que tienes en tu hija? No. Todavía tienes muchas expectativas, y es probable que tu hija esté cumpliendo la mayoría de ellas. Simplemente el Plan A no es la opción ideal para hacer frente a las expectativas que tu hija está teniendo *dificultades* para cumplir.

¿Significa esa disminución de tu dependencia del Plan A que te vas a limitar a quedarte parado y a esperar a que todo salga bien si tu hija tiene dificultades para cumplir las expectativas? No. Tienes más influencia de lo que crees. *La crianza no es un equilibrio constante entre el conflicto y la capitulación.*

¿Está el Plan A completamente fuera de tu repertorio? No, todavía sigue siendo una opción en ciertas condiciones (de especial emergencia), no una a la que quieras recurrir muy a menudo.

El Plan B

El Plan B implica resolver un problema *colaborativamente*. Una advertencia: la sabiduría convencional –así como muchos libros de crianza populares y muchas personalidades de la televisión– te aconsejarán que no colabores con tu hija. Después de todo, tú estás a cargo de ella. Pero, en este libro, estar «a cargo» quiere decir que (1) reconoces que, si tu hija está teniendo dificultades para cumplir determinadas expectativas, debe de haber algo interponiéndose en su camino; (2) también reconoces que eres el responsable de averiguar qué se está interponiendo en su camino, y que es probable que tu hija sea tu mejor fuente de información; y (3) eres experto en trabajar junto a tu hija para ayudarla a resolver sus problemas.

El Plan B consta de tres ingredientes: el *paso de la Empatía*, el *paso de Definir las Preocupaciones de los Adultos* y el *paso de la Invitación*.

1. El paso de la Empatía implica reunir información de tu hija para comprender su preocupación, su perspectiva o su punto de vista sobre un determinado problema sin resolver.
2. El paso de Definir las Preocupaciones de los Adultos implica comunicar tu preocupación, tu perspectiva o tu punto de vista sobre ese mismo problema.
3. El paso de la Invitación se produce cuando tu hija y tú examináis y acordáis una solución que (a) es *realista*, es decir, una solución en la que ambas partes realmente pueden hacer lo que están de acuerdo en hacer, y que (b) abordará las preocupaciones de *ambas* partes.

Leerás mucho más sobre estos pasos (con una gran cantidad de ejemplos) en los siguientes capítulos.

Al oír hablar por primera vez del Plan B, muchas personas llegan a la conclusión errónea de que el mejor momento para emplearlo es justo cuando se encuentran en medio del tratamiento de un problema no resuelto. Ese es el *Plan B de emergencia*, y en realidad no es el mejor momento para solucionar problemas. Pocos de nosotros pensamos de manera más clara en caliente. Como ya has hecho una lista de problemas sin resolver, esos problemas son ahora *altamente previsibles*. Puesto que ya has decidido qué problemas sin resolver son tus prioridades, no hay razón para esperar a que los problemas aparezcan de nuevo antes de tratar de solucionarlos. Los problemas no aparecen repentinamente –simplemente da esa impresión (antes de que hayas elaborado tu lista y establecido tus prioridades)–. El objetivo consiste en solucionar los problemas antes de que te encuentres en medio de ellos. Ese es el *Plan B proactivo*.

Por ejemplo, en el caso del problema no resuelto de la dificultad para darle de comer al perro, el mejor momento para tener una discusión del Plan B con tu hija sería *antes* de que se enfrentase a la tarea de alimentar al perro, más que en caliente, cuando tienes prisa porque todos se vayan al colegio. Si el problema sin resolver es una dificultad para completar los deberes de matemáticas, el mejor momento para tener una discusión basada en el Plan B sería *antes* de que tu hija se estuviese enfrentando a ellos.

A algunos padres les resulta útil concertar una cita con sus hijas para tratar estas discusiones sobre la resolución de problemas, así como notificar por adelantado el problema sin resolver, que se examinará más adelante. Algunos padres e hijas consideran útil tener un tiempo de reposo cada día o cada semana durante el cual tienen lugar las discusiones sobre la solución de problemas. De este modo, se garantiza que las discusiones son un aspecto bueno de la vida familiar; de lo contrario, existe el riesgo de que las discusiones no se produzcan nunca.

El Plan B cumple muchas misiones. El paso de la Empatía te ayuda a reunir información sobre lo que está dificultando que tu hija cumpla una determinada expectativa, y también contribuirá a que aprendas mucho sobre sus habilidades, sus creencias, sus valores, sus preferencias, los rasgos de su personalidad, sus metas y su rumbo. El paso de la Empatía garantiza que la voz de tu hija será escuchada. El paso de Definir las Preocupaciones de los Adultos se asegura de que tu hija se beneficiará de tu experiencia, de tu sabiduría y de tus valores. Así pues, tu voz también será escuchada. Y el paso de la Invitación os ayuda a tu hija y a ti a trabajar para lograr soluciones a los problemas que están afectando a su vida de una manera que aborde tus preocupaciones y las suyas. Todos ganan. Como leerás en el capítulo 9, es mucho más que eso.

La queja más común que oigo por parte de las niñas sobre sus padres es: «*No me escuchan*». La queja más común que oigo por parte de los padres sobre sus hijas es: «*No me habla*». En raras ocasiones se escuchan esas quejas cuando los padres y los hijos resuelven los problemas empleando el Plan B.

El Plan C

El Plan C implica modificar, adaptar o dejar de lado por completo un problema sin resolver, al menos de manera temporal. También puede implicar posponer la ayuda para ver si tu hija puede resolver un determinado problema de forma independiente.

Muchos padres leen la parte del «dejar de lado» e inmediatamente concluyen que el Plan C es el equivalente de «darse por vencido». En realidad, «darse por vencido» es lo que sucede cuando tratas de resolver un problema con el Plan A y terminas rindiéndote porque tu hija responde mal a la imposición de tu solución. Sin embargo, la letra C del plan C no significa *claudicar* o *ceder*.

Eso es bueno, ya que muchos padres sienten que lo peor que podrían hacer como padres es rendirse a los deseos de sus hijas. Así que, cueste lo que cueste, se ponen en guardia contra la rendición. Sin embargo, el miedo a rendirse prevalece de manera exclusiva en el Reino Dictatorial. Estás tratando de dar el paso hacia los Territorios Colaborativos, donde el hecho de ceder ante la voz, las preocupaciones, el punto de vista, las creencias, los valores, las preferencias, la personalidad, las habilidades y las metas puede tener sentido en determinadas circunstancias (en cuyo caso no estarías rindiéndote). El Plan C es una parte importante de la estrategia de jugar la mano de cartas que te han repartido y de mejorar la compatibilidad. Es intencional y reflexivo.

Podrías emplear el Plan C por cualquiera de las siguientes razones:

En realidad, no te importa tanto la expectativa.

Muchos padres hacen todo lo posible por perseguir una determinada expectativa y entonces, cuando se permiten el lujo de reflexionar, concluyen que, en realidad, no les importaba tanto la expectativa al principio. Si no te importa demasiado la expectativa, déjala de lado.

Niño (11 años): No quiero volver a jugar al fútbol. No estoy disfrutando y, de todos modos, estoy demasiado ocupado.

Padre: Sí, claramente estás ocupado. Pero no me gusta ver que te das por vencido. Eres muy bueno, y has estado jugando con el entrenador Brown durante mucho tiempo.

Niño: Lo sé. Pero quiero concentrarme en el lacrosse *y en el fútbol americano. No puedo hacerlo todo.*

Padre (pensando): Es muy bueno en fútbol... pero probablemente necesite concentrarse en uno o dos deportes... y ha dicho que el fútbol le resulta aburrido desde hace algún tiempo...

Padre (hablando): Ese es un buen argumento. De acuerdo, me parece bien que dejes el fútbol. Tendremos que pensar en un buen modo de que el entrenador Brown lo sepa.

En lugar de tu experiencia, de tu sabiduría y de tus valores, has decidido ceder conscientemente ante las habilidades, las creencias, los valores, las preferencias, los rasgos de la personalidad y las metas de tu hijo.

Te preocupas, pero has decidido que esta es una expectativa en la que no intervendrás por ahora, ya que estás aceptando sus creencias, sus valores, sus preferencias, sus rasgos, sus metas y su rumbo. Déjala de lado, al menos por el momento (Plan C).

Hijo (15 años): Mamá, voy a cortarme el pelo a lo mohicano.

Madre: ¿Qué?

Hijo: Quiero cortarme el pelo a lo mohicano.

Madre: Pero si tienes un pelo muy bonito.

Niño: Sí, pero los mohicanos son guais. Y algunos de los chicos del equipo de fútbol americano van a hacerlo.

Madre (pensando): Va a parecer muy estúpido con el pelo a lo mohicano... pero imagino que es una cosa del equipo... al menos no es un piercing...

Madre (hablando): De acuerdo.

Has decidido darle a tu hija la oportunidad de solucionar el problema de manera independiente.

Te preocupas, pero tu hija te ha pedido que no te involucres en la solución del problema, o quieres darle la oportunidad de que lo resuelva por sí misma.

Padre: He recibido un correo electrónico de tu profesora de historia diciéndome que te has quedado atrás en ciertas tareas.

Niña (16 años): ¡No puedo creer que te haya escrito!

Padre: Bueno, creo que simplemente quiere mantenerme informado.

Niña: ¿Le has respondido?

Padre: No, aún no. Quería hablarlo contigo primero.

Niña: ¡Bien!

Padre: ¿Te has quedado atrás en algunas de tus tareas?

Niña: Un poco. Este semestre me he metido en demasiadas cosas. Me pondré al día. Pero no quiero que te involucres. Puedo hacer frente a esto por mi cuenta.

Padre: Vale. No siento que tenga que involucrarme. ¿Vas a reunirte con ella para hablar sobre el tema?

Niña: Sí, solo que todavía no lo he hecho.

Padre: De acuerdo. Mantenme informado. Creo que debería responder el correo electrónico. Simplemente le diré que hemos hablado y que tú te ocuparás a partir de ahora.

La expectativa no es realista para tu hija en este momento de su desarrollo.

Te preocupas, pero has llegado a la conclusión de que tu hija no es capaz de cumplir la expectativa de un modo fiable en este momento. La ilusión no te servirá de mucho. Déjala de lado, al menos por ahora (Plan C).

Madre: Jimmy te ha invitado a una fiesta de pijamas el sábado por la noche. ¿Quieres ir?

Niño (8 años). No. No quiero hacer una fiesta de pijamas. Nunca antes he participado en una fiesta de pijamas.

Madre: Lo sé. Estaba pensando en que podríamos intentarlo. ¿Qué piensas?

Niño: Creo que me daría miedo dormir en su casa. Y tengo miedo de lo que pueda pasar si tengo un accidente.

Madre: Vaya, ¿quieres decir que te preocupa mojar la cama?
Niño: Sí.

Madre (pensando): Eso podría resultarle muy embarazoso... y no sé lo bien que lo manejarían los padres de Jimmy.

Madre (hablando): Mmm. Entiendo. ¿Le digo a su madre que te gustaría ir ese día, pero no para una fiesta de pijamas?

Niño: Sí. Pero no le digas nada sobre la parte del accidente.
Madre: Vale.

Tienes que perseguir otras expectativas de mayor prioridad.

Si has llegado a la conclusión de que tu hijo puede cumplir de manera fiable la expectativa, pero has decidido priorizar otras, deja la primera, al menos por el momento (Plan C). Recuerda, si tratas de resolver demasiados problemas al mismo tiempo, reducirás las probabilidades de solucionar cualquiera de ellos.

Padre: Alicia, ¿sabes que hay algunos problemas en los que hemos decidido comenzar a trabajar? Estamos esforzándonos en ayudaros a tu hermana y a ti a que descubráis quién se sentará en el asiento de delante cuando estemos en el coche… y estamos esforzándonos para ayudarte a que no te quedes mirando tu teléfono móvil hasta tan tarde que no duermas lo suficiente por la noche… además, estamos tratando los problemas que tu hermano y tú habéis estado teniendo para ver juntos la televisión. Estoy pensando en que son muchos problemas en los que trabajar ahora. ¿Qué te parece si por el momento aplazamos la dificultad que has tenido para cenar con la familia? Trabajaremos en ello después de que hayamos conseguido solucionar algunos de los otros problemas.

Alicia: ¿Entonces no tengo que cenar con la familia?

Padre: Por el momento no… no mientras estemos tratando los otros problemas.

Algunos padres tienen muchas dificultades para aplazar temporalmente las expectativas. Muchas veces ello se debe a que sienten que cada expectativa es de suma importancia. No es posible que cada expectativa tenga una extrema importancia. *Si todo es igual de importante, entonces nada es importante.*

* * *

He aquí otro ejemplo del Plan C.

Denise estaba organizando unas cosas en el sótano y se encontró una caja con recuerdos de los primeros años de sus hijos. La caja estaba repleta de camisetas viejas que habían vestidos sus hijos, de pequeños juguetes con los que habían jugado, e incluso de boletines de notas. Comenzó a mirar los boletines de notas de Nick y se descubrió a sí misma reflexionando sobre los primeros años de colegio de su hijo, aquellos en los que descubrió por primera vez que el mundo académico no iba a ser un viaje tranquilo para él. Se acordó de una noche en particular, casi como si hubiese sucedido ayer. Su madre estaba de visita en casa.

Nick estaba en segundo curso, sentado en la mesa de la cocina tratando de completar una tarea escrita del colegio.

«¡No sé cómo hacer esto!», dijo, tras haberse esforzado por escribir durante más de una hora.

Denise recordó que, en aquella época, sentía que era muy importante que Nick aprendiese el valor de la persistencia y del trabajo duro. «Sigue con ello, camarada; lo conseguirás», dijo.

«¡No sé qué escribir!», dijo Nick.

«Bueno, podría decirte lo que tienes que escribir, pero entonces serían mis palabras y no las tuyas», respondió Denise.

De repente, Nick comenzó a tener los ojos llorosos. «No sé qué palabras usar».

Denise observó la descripción de la tarea. «Se supone que debes escribir dos párrafos sobre algo que te guste hacer para divertirte. Vamos, puedes hacerlo. Piensa en cosas que te guste hacer. Hay muchas cosas que te gusta hacer».

«No sé qué palabras emplear», insistió Nick, alzando la voz.

No era la primera ocasión que Nick decía eso, pero era la primera vez en que sus palabras tenían eco en Denise. Vio que el folio que había frente a él seguía completamente en blanco.

«¿Qué quieres decir con que no sabes qué palabras usar?».

«No me salen las palabras», dijo Nick.

«¿Sabes sobre qué quieres escribir?», preguntó Denise.

«Sobre el dibujo», dijo Nick.

«De acuerdo, entonces escribe sobre el dibujo. ¿Qué te gusta de dibujar?».

«Es divertido… y no hay nadie que te grite para que te esfuerces más», declaró Nick.

«De acuerdo, escríbelo».

«No sé cómo comenzar. Y no sé cómo deletrear *dibujo*».

«*Dibujo* es d-i-b-u-j-o. ¿Qué quieres decir con que no sabes cómo empezar?».

«Necesito que comiences por mí», dijo Nick.

«¿Te refieres a la primera frase?», dijo Denise un tanto perpleja.

«¡Sí!», respondió Nick, aliviado porque finalmente había sido lo bastante claro.

«Algo como: "Una de mis actividades favoritas es dibujar"», sugirió Denise.

Nick comenzó inmediatamente a escribir la frase de manera frenética. «¿Qué debería escribir después de eso?».

«Deberías decir qué es lo que te gusta de dibujar», dijo Denise.

«Necesito las palabras», suplicó Nick.

«Eh… ¿qué te parece "Estas son algunas de las cosas que me gustan de dibujar"?», ofreció Denise.

Nick volvió a escribir rápidamente la frase.

La madre de Denise había estado observando la escena desde el fregadero y no pudo resistirse a intervenir. «¿Vas a escribírselo todo?», preguntó.

«Ha estado esforzándose durante más de una hora, y no veo la necesidad de prolongar esto. Estar sentado ahí sin escribir nada no le está ayudando».

«¿También vas a ir a la universidad con él? ¿Se lo vas a escribir todo ahí también?», preguntó la abuela.

«No está en la universidad, mamá. Está en segundo curso. No es que no *quiera* hacerlo. Es que… *no puede*».

«¿Qué quieres decir con que no puede? ¡Claro que puede!».

«Pasamos por esto cada vez que tiene un trabajo de redacción», reflexionó Denise. «Estoy empezando a pensar que tal vez algo no vaya bien».

«Si algo no fuese bien, ¿no crees que se lo habrían detectado en el colegio?».

«¿Cómo puedo saberlo? Mañana llamaré a su profesora. Me pregunto si sabe cuánto tiempo pasamos haciendo los deberes cada noche».

Denise advirtió de repente que Nick estaba escribiendo algunas frases por su cuenta. «¿Estás bien ahora, camarada?», preguntó.

«Sí. Solo necesitaba ayuda para comenzar».

¿Acaso Denise planea dejar de lado de manera perpetua la expectativa de que Nick comience sus tareas de redacción por sí solo? No. ¿Cuándo volverá a convertirse en una expectativa? Cuando ella piense que es realista.

Y, una vez más, ¿qué pasa si decidiste que te preocupa el problema sin resolver, si *es* realista, si *es* de máxima prioridad, y si *no* te parece apropiado dejar que tu hija lo solucione por sí misma? Solucionad el problema colaborativamente, empleando el Plan B. ¿Cómo haces eso? Bueno, ahora ya conoces los tres pasos, pero en el próximo capítulo te daremos los pormenores.

Preguntas y respuestas

Pregunta: ¿Qué pasa si estoy realmente decidido a solucionar un problema? Plan A, ¿no es así?
Respuesta: Solo porque estés decidido a solucionar un problema no significa que el Plan A sea el mejor modo de resolverlo. Tu determinación también te servirá cuando estés usando el Plan B.

Pregunta: Pero, ¿mi rol como padre no consiste en ser *decisivo*?
Respuesta: No si estás limitando tu definición de «decisión» a *imponer soluciones*. Tu decisión te servirá si te ayuda a reconocer que existe un problema que necesita solucionarse.

Pregunta: ¿Por qué no comenzar con el Plan A y, a continuación, pasarse al Plan B si el primero no funciona?
Respuesta: La pregunta implica que el Plan A es preferible y que debería ser el enfoque instintivo para resolver los problemas. En realidad, el Plan B es preferible y debería ser el enfoque instintivo para poner solución a los problemas.

Pregunta: Entonces, ¿no estoy perdiendo ninguna autoridad al emplear el Plan B?
Respuesta: Ninguna en absoluto. Y, mientras tanto, estás captando un compañero.

Pregunta: Mis amigos me dicen que soy un padre helicóptero. Dicen que siempre controlo de forma excesiva a mis hijas. Solo quiero que las cosas les vayan bien. ¿Acaso eso no es bueno?

Respuesta: Es estupendo que quieras que las cosas les vayan bien a tus hijas. Además, tu implicación en las vidas de tus hijas es admirable. Sin embargo, no vas a estar ahí para siempre, así que es igual de importante que sientes las bases para que solucionen los problemas de su vida y fijen un rumbo sin ti. Y para ellas es importante comenzar a pensar de manera independiente, ya que tú no eres ellas y ellas no son tú.

Pregunta: Soy un tipo con un enfoque de que «o nadas o te hundes». ¿Es malo?

Respuesta: Si tu hija ya sabe cómo nadar en las aguas turbulentas a las que está haciendo frente en la vida, ya está todo listo. Pero viendo que existen algunas olas grandes que está teniendo dificultades para superar, va a necesitar que amplíes tu perspectiva de la crianza y tu repertorio.

Pregunta: ¿No es bueno que las niñas les tengan un poco de miedo a sus padres?

Respuesta: Muchas niñas se mantienen en el buen camino a causa del miedo, al menos en un principio. Sin embargo, el miedo es fugaz. Una vez que el miedo se ha ido –y, tarde o temprano, debería irse–, las niñas pierden la orientación porque nunca han tenido la oportunidad de pensar y de explorar sus propios valores, sus preferencias y sus creencias. El miedo era lo único que gobernaba su comportamiento. Una vez más, deseas que miren el *interior* para orientarse.

Pregunta: ¿Son solo las expectativas parentales las que pueden causar incompatibilidad, o también podría una niña estar teniendo dificultades para cumplir sus propias expectativas?

Respuesta: Los padres suelen ser quienes fijan las expectativas, por lo menos al principio. Sin embargo, es cierto que muchas niñas comienzan a tener expectativas por sí mismas –por ejemplo, de quién quieren ser amigas, qué resultados esperan recibir en una prueba, etc.– y, si están teniendo dificultades para cumplir esas expectativas, existe una incompatibilidad y todavía hay problemas que deben resolverse.

* * *

Kayla estaba colocando la ropa limpia de Brandon en su armario antes de que este volviese de la escuela. Al poner una de sus camisetas en un cajón, notó un papel doblado. Era su informe semestral del colegio. Sabía que las notas del semestre estaban a punto de salir, pero no se había dado cuenta de que se habían publicado. Mientras miraba sus notas, poco a poco se dio cuenta de que Brandon podría haber ocultado intencionalmente el boletín de calificaciones. El suspenso en historia era un claro indicio, aunque sus notas en las demás asignaturas tampoco eran muy buenas. Kayla se sentó en la cama de Brandon y leyó los comentarios de su profesor de historia.

> Brandon tuvo un bajo rendimiento en dos pruebas importantes este semestre –su nota media fue un 4,7–. También estuvo menos activo en nuestros debates de clase. Brandon necesita ser más diligente a la hora de estudiar las pruebas y necesita venir a clase preparado para comentar el material. Espero ver un mayor esfuerzo en el próximo semestre.

«Vaya», dijo Kayla en voz alta. Brandon nunca antes había suspendido una asignatura. Y nunca habían cuestionado su esfuerzo. Su conmoción se convirtió rápidamente en ira. «¿Está *ocultando* su boletín de notas? Como si no fuera a averiguar que ha suspendido historia. Increíble». Volvió a doblar el boletín de notas, se lo guardó en el bolsillo y esperó a que Brandon llegase del colegio, reflexionando sobre qué le molestaba más, la nota o el ocultamiento, y contemplando las opciones que tenía para castigarle.

Brandon llegó a casa quince minutos más tarde y sintió que pasaba algo. «¿Qué sucede?», preguntó.

Kayla sacó el boletín de notas del bolsillo y lo levantó. «Esto».

«Lo has encontrado».

«¿Lo estabas escondiendo?».

«Te lo iba a enseñar».

«¿Cuándo? ¿Después de suspender historia otra vez?».

«No…».

«Entonces, ¿cuándo?».

«No lo sé…».

«Bueno, ahora ya lo he visto».

Brandon no dijo nada.

«¿Quieres decirme cómo te las has arreglado para suspender historia?», preguntó.

«No lo sé».

«¿Quieres decirme por qué no sabía que habías suspendido historia?».

«No quiero que te enfades».

«Bueno, ahora estoy enfadada».

«Y no quiero que Tony lo sepa».

Esto hizo pensar brevemente a Kayla. «¿Te ha estado ayudando él con tus deberes?».

«No quiero su ayuda».

«¿Suspendes historia y no quieres su ayuda?».

«Él solo me grita. Eso no es ayuda».

«¿Cómo es que no me lo habías dicho?».

Brandon se encogió de hombros.

«Brandon, ¿cómo es que no me lo habías dicho?».

«¿Decirte qué?».

«Que Toni no te ha ayudado con tus deberes».

Brandon volvió a encogerse de hombros.

«¿No crees que es algo que me gustaría saber?».

«No quería empezar una pelea».

«Bueno, yo no puedo ayudarte con tus deberes. Por lo general estoy en el trabajo cuando se supone que tú deberías estar haciendo tus deberes».

«Lo sé».

Los dos se miraron el uno al otro.

«¿Puedo ir a mi habitación?», preguntó Brandon.

«¿Qué vamos a hacer con el boletín de notas?».

«No lo sé».

Esa misma noche, en el trabajo, Kayla descubrió que estaba preocupada por el boletín de notas de Brandon.

«Estás callada esta noche», dijo una de las otras auxiliares de enfermería, Cheryl, mientras se sentaban en la enfermería.

«Imagino que tengo muchas cosas en la cabeza».

«¿Estás preocupada por el señor Beason?», preguntó Cheryl, en referencia al paciente que acababa de ser trasladado a su planta desde cuidados intensivos. «Puedo encargarme de él si quieres».

«No, no, puedo ocuparme del señor Beason. No estoy preocupada por él».

«Oh. Bueno, no quiero fisgonear». Cheryl se volvió hacia la pantalla de su ordenador.

«Simplemente tengo algunos problemas con mi hijo. Y no puedo hacer nada al respecto porque estoy aquí».

«¿Qué clase de problemas?».

«Ha suspendido historia, y me ha escondido su boletín de notas».

La mirada de complicidad de Cheryl no hizo que Kayla se sintiese mejor. «Ah, el boletín de notas escondido. Tuve unos cuantos de esos».

Kayla recordó que los hijos de Cheryl eran mayores. «¿De verdad?».

«Por supuesto. ¿Qué niño no les esconde el boletín de notas a sus padres?».

«Mi hijo nunca lo había hecho», dijo Kayla. «Hasta hoy».

«¿Le has preguntado por ello?».

«Bueno, ahora que lo pienso, fue más un interrogatorio».

Cheryl se rio. «Estabas enfadada».

«Demonios, sí, estaba enfadada. Quiero que lo haga mejor que yo. Me fui a vivir con mi novio para que Brandon pudiese ir a un colegio mejor. ¿Y ahora suspende historia y esconde su boletín de notas?».

«Mmm. ¿Qué dijo él sobre el motivo del suspenso en historia?».

«No dijo mucho. Pero no creo que le diese muchas oportunidades».

«Bueno, ese es el problema de los interrogatorios». Cheryl sonrió.

«Solo que él no quiere que mi novio le ayude con sus deberes. Dice que todo lo que hace es gritarle».

«No parece la situación ideal para hacer deberes», observó Cheryl.

«Sí, bueno, no es que tengamos muchas opciones», dijo Kayla. «Estoy aquí la mayoría de las noches. Es entonces cuando hace los deberes. Así que no sé qué hacer».

«¿Qué dice Brandon sobre lo que tú deberías hacer?».

«¿Cómo va a saber qué hacer? Yo soy la madre».

«Sí, pero eso no te convierte en un genio… o en una adivina. Una de las cosas que tuve que aprender por las malas con mis hijos –y que me llevó mucho tiempo– es que no tenía que resolver todos sus problemas por ellos. Y que ellos tenían mucha más idea que yo sobre lo que estaba entrometiéndose en su camino».

«No te sigo».

«Todo lo que sé es que Brandon suspendió historia y que no quería la ayuda de tu novio. Pero en realidad no sabes por qué suspendió historia. Así que, ¿cómo vas a saber qué hacer al respecto?».

«¿Qué quieres decir, que no sé por qué ha suspendido historia? Su profesor dijo que no se había esforzado».

Cheryl se rio de nuevo. «¡Los profesores siempre dicen eso! Quizá deberías preguntárselo a Brandon».

«Iba a castigarlo hasta que comenzase a sacar mejores notas en historia».

«¿Cómo podría eso arreglar lo que sea que esté provocando que suspenda historia?».

Kayla reflexionó sobre esta cuestión. «Bueno, necesita saber que la nota de historia tiene que mejorar»

«¡Apuesto a que él también quiere que su nota de historia mejore!».

Kayla consideró esto también. «¿Pero no crees que necesita mi ayuda?».

«Tal vez. Pero no sé si la clase de ayuda que tú estás pensando en ofrecerle».

La paciente de la habitación 1212 estaba presionando el botón de llamada. «Señora Cohen. Es tuya», dijo Cheryl. «¿Quieres que vaya?».

«No, voy yo», dijo Kayla. «Sus problemas suelen ser bastante sencillos de resolver. Será un buen cambio de ritmo para mí».

Bajo presión, la mayoría de seres humanos se dirigen al Plan A. Sin embargo, puesto que los problemas sin resolver son previsibles –después de todo, ahora tienes tu lista y tus prioridades–, puedes solucionarlos proactivamente y, en consecuencia, no te encontrarás en un estado de presión tan a menudo. En segundo lugar, si tu hija y tú tenéis una asociación colaborativa, tú no eres el responsable de solucionar todos sus problemas; lo estáis haciendo juntos. En tercer lugar, es probable que los problemas no resueltos que tienes en tu lista sigan sin resolverse mientras no tengas la información que necesitas de tu compañera.

CAPÍTULO 5

Solucionar problemas juntos

¿Por qué a los adultos les cuesta tanto solucionar los problemas de forma colaborativa con los niños? En primer lugar, a menudo parece mucho más fácil y más eficiente insistir en lo que tú quieres que haga tu hijo. Pero ahora ya sabes: limitarse a insistir en lo que quieres y exigir su cumplimiento no es el enfoque ideal. No, si quieres asociarte con tu hijo para solucionar sus problemas. Y no, si quieres fomentar las características más positivas de la naturaleza humana en él. Además, de todos modos, al final –e idealmente–, dejará de responder bien a tu insistencia.

Sin embargo, existe otra razón por la que la resolución colaborativa de los problemas resulta difícil: al haber sido criados por padres que probablemente eran expertos en pedir y en insistir, muchos adultos no tienen demasiada práctica en el enfoque colaborativo. Por eso, tendremos que conseguirte un poco de práctica. Tu hijo va a necesitar también cierta práctica. Después de todo, estáis juntos en esto.

Como leíste en el capítulo anterior, hay tres pasos involucrados en la solución colaborativa de un problema: el paso de la Empatía, el paso de Definir las Preocupaciones de los Adultos y el paso de la Invitación. Examinemos con más detenimiento cada uno de ellos. Este es, por cierto, el capítulo más técnico del libro; tal vez sientas la necesidad de leerlo más de una vez.

El paso de la Empatía: los niños deben ser escuchados (y comprendidos)

Esto es lo que ya sabes sobre el paso de la Empatía: es el punto en el que recopilarás información sobre una preocupación, una perspectiva o un punto de vista de tu hijo con respecto a una determinada expectativa que está teniendo dificultades en cumplir. También sabes que lo harás de forma proactiva tan a menudo como puedas.

Al igual que los adultos, los niños tienen preocupaciones válidas e importantes: hambre, fatiga, miedo, deseos de comprar o de hacer ciertas cosas, y tendencia a evitar cosas que les dan miedo, que les hacen sentir incómodos o que hacen que se sientan incompetentes. Tu misión en el paso de la Empatía consiste en demostrarle a tu hijo que estás realmente interesado en estas preocupaciones y que sientes curiosidad por ellas.

En el paso de la Empatía no estás dando lecciones. En realidad, no estás dando lecciones en *ninguno* de los tres pasos. Tampoco estás siendo crítico. Como tampoco estás diciendo muchas de las cosas que los adultos dicen habitualmente en respuesta a las preocupaciones de los niños. Así que no responderás a: «Tengo miedo de que haya un monstruo debajo de mi cama» con: «Oh, vamos, no hay ningún monstruo debajo de tu cama». No responderás a: «La etiqueta de mi camisa me molesta» con: «Todas las camisas tienen etiquetas, así que supongo que tendrás que vivir con ello». Y «supongo que tendrás que hacerles frente» no es la respuesta ideal a: «Los niños del autobús escolar son malos». Cuando respondes de esta manera, ese sonido silbante que escuchas son las preocupaciones de tu hijo cuando son ignoradas, pasadas por alto, desestimadas, subestimadas y descartadas.

Algunos adultos nunca han considerado de especial importancia recopilar información ni comprender la preocupación, la perspectiva o el punto de vista de un niño. Esa es la razón por la que muchos niños –quizás la mayoría, por desgracia– se han acostumbrado a que los adultos ignoren, pasen por alto, desestimen o subestimen sus preocupaciones. Después de todo, los adultos pensamos a menudo que *ya sabemos* qué se está interponiendo en el camino del niño con respecto a un determinado problema, lo que explica por qué no solemos dedicarle gran energía a averiguarlo. Tenemos nuestras propias preocupaciones, que estamos ansiosos por expresar, y a menudo lo hacemos ignorando o subestimando las preocupaciones de los niños. Y ya hemos formulado soluciones increíbles (no hay necesidad de explorar, de discutir o de colaborar en la búsqueda de soluciones cuando ya nos hemos decidido por una de ellas).

La mala noticia es que, con mucha frecuencia, nuestras presunciones sobre las preocupaciones de los niños son erróneas. Esa es la razón por la que nuestras soluciones estupendas a menudo no son tan estupendas. Todavía hay más malas noticias: los niños que están acostumbrados a que sus preocupaciones resulten desestimadas tienden a sentirse menos inclinados a escuchar las preocupaciones de sus cuidadores. Además, como has leído, si no te interesas por las preocupaciones de tu hijo y no te esfuerzas por asegurarte de que esas preocupaciones se escuchan, se aclaran y se abordan, al final tu hijo dejará de hablarte. Así que no tendrás un compañero para resolver problemas, los problemas no se solucionarán y no tendrás gran influencia.

La buena noticia es que tus preocupaciones todavía pueden ser escuchadas (en el paso de Definir las Preocupaciones de los Adultos) y abordadas (en el paso de la Invitación), y que todavía tendrás una oportunidad de ofrecer posibles soluciones (también en la Invitación). Hay más buenas noticias: no pierdes ninguna autoridad recopilando información, comprendiendo y empatizando con las preocupaciones de tu hijo. Ninguna. Se acabó la presión: no hay necesidad de adivinar la preocupación o la perspectiva de tu hijo. No necesitas ser un vidente. Sin embargo, necesitas ser un experto en recopilar la información de tu hijo.

Entonces, ¿cómo lo haces? Cuando estás empleando el Plan B proactivo, la recopilación de información y el proceso de comprensión comienza con una introducción al problema sin resolver. La introducción suele empezar con las palabras: «Me he dado cuenta de que...», y terminar con las palabras: «¿Qué pasa?». En el medio insertas un problema no resuelto. La introducción resulta mucho más sencilla si sigues las directrices generales para redactar problemas no resueltos que leíste en el capítulo 4. He aquí algunos ejemplos:

«Me he dado cuenta de que estás teniendo dificultades para desayunar antes de ir al colegio. ¿Qué pasa?».

«Me he dado cuenta de que últimamente estás teniendo dificultades para llevarte bien con tu hermana. ¿Qué pasa?».

«Me he dado cuenta de que estás teniendo dificultades para darle de comer al perro por la mañana. ¿Qué pasa?».

«Me he dado cuenta de que últimamente no te entusiasma demasiado subirte al autobús escolar. ¿Qué pasa?».

«Me he dado cuenta de que estás teniendo dificultades para completar tus deberes de matemáticas por la noche. ¿Qué pasa?».

«Me he dado cuenta de que estás teniendo dificultades para responder al teléfono móvil cuando te llamo. ¿Qué pasa?».

«Me he dado cuenta de que te está resultando difícil decirnos con quién estás y dónde estás. ¿Qué pasa?».

«Me he dado cuenta de que últimamente estás teniendo dificultades para levantarte para ir al colegio. ¿Qué pasa?».

Observa que, de acuerdo con las directrices, estas introducciones no hacen referencia a los comportamientos desafiantes (p. e., gritar, maldecir, golpear la oreja), no incluyen teorías adultas (p. e., «porque me odias») y son específicas más que globales. Las directrices reducen la probabilidad de que tu hijo piense que está en problemas, disminuyen su actitud defensiva y aumentan la probabilidad de que responda a tu pregunta. Puesto que la misión principal del paso de la Empatía consiste en recopilar información a fin de comprender la preocupación o la perspectiva de tu hijo sobre un determinado problema, realmente quieres que responda. Si no responde, sus preocupaciones no se identificarán ni se abordarán y el problema seguirá sin resolverse.

Debo mencionar que la introducción es la parte más sencilla del paso de la Empatía. La parte difícil viene a continuación. Después de preguntar: «¿Qué pasa?», sucede una de estas cinco cosas:

Posibilidad n.º 1: Tu hijo dice algo.

Posibilidad n.º 2: No dice nada o dice: «No lo sé».

Posibilidad n.º 3: Dice: «No tengo ningún problema al respecto».

Posibilidad n.º 4: Dice: «Ahora mismo no quiero hablar de ello».

Posibilidad n.º 5: Se pone a la defensiva y dice algo así: «No tengo nada que hablar contigo» (o incluso algo peor).

Vamos a desarrollar cada una de estas posibilidades.

Posibilidad n.º 1: Dice algo

Si, después de haberse introducido el problema, tu hijo comienza a hablar, es bueno. Ahora necesitas que siga hablando, ya que es poco probable que su respuesta inicial proporcione una comprensión clara de su preocupación, de su perspectiva o de su punto de vista. Vas a necesitar buscar más información. El proceso de investigación –al que yo denomino «perforar en busca de información»– es muy duro para muchas personas, sobre todo al principio, principalmente porque no están seguras de qué decir. Las dificultades con la perforación provocan que muchos barcos del Plan B se encallen, ocasionando así que muchos adultos abandonen el barco. La buena noticia es que existen algunas estrategias para ayudarte a controlar el proceso de perforación para que el barco del Plan B se mantenga a flote.

En primer lugar, observa que la palabra es *perforar* [*drill*], no *interrogar achicharrando a preguntas* [*grill*]. El objetivo principal de la perforación consiste en *clarificar*, mientras que el interrogatorio tiende a ser un acto de intimidación o una señal de que prevés que tu hijo no se mostrará comunicativo o que mentirá. Tu objetivo consiste en demostrarle a tu hijo que tu intento por comprender su preocupación o su perspectiva no es falso o superficial. Realmente tienes curiosidad... *en realidad quieres comprender.*

En segundo lugar, perforar no es lo mismo que *hablar.* Hay padres que a menudo hablan con (o quizás principalmente hablan *a*) sus hijos, pero que nunca logran una comprensión clara de las preocupaciones de ellos ni obtienen la perspectiva sobre un determinado problema sin resolver. Perforar es mucho más difícil que limitarse a hablar.

En tercer lugar, perforar implica *escuchar* [*listening*], no *aleccionar* [*lessoning*] (como al enseñarle a tu hijo una lección) ni *mitigar* [*lessening*] (como al desestimar o al subestimar sus preocupaciones).

Las siguientes estrategias de perforación deberían servir de ayuda; todas ellas son muy efectivas para ayudar a que tu hijo se sienta escuchado, comprendido y reconocido, y para que continúe hablando.

Estrategia n.º 1, emplear la escucha reflexiva: aquí te limitas a reflejar o a repetir lo que tu hijo te está diciendo. Si, en respuesta a tu pregunta sobre el hecho de no llevarse bien con su hermana, contesta: «Porque no me cae bien», tu respuesta podría ser: «Ah, no te cae bien». A continuación, podrías añadir una declaración aclaratoria, como, por ejemplo: «¿Cómo es eso?», o: «No acabo de comprenderlo», o: «Estoy confuso», o: «¿Puedes decirme algo más al respecto?», o: «¿Qué quieres decir?». ¿Te parece muy sentimental? Yo pensaba lo mismo hace treinta y cinco años cuando, durante una de mis primeras experiencias en el campo de la psicología, recibí formación para ser consejero telefónico de crisis, y la estrategia principal que me enseñaron fue el uso de la escucha reflexiva. La he empleado desde entonces. Rápidamente aprendí que la escucha reflexiva es una buena manera de mostrar que estás escuchando y que comprendes. Es un modo efectivo y auténtico de que tu hijo continúe hablando y de recopilar información adicional. La escucha reflexiva es tu estrategia por defecto. Si estás en medio del paso de la Empatía y no estás seguro de qué decir, la escucha reflexiva es siempre una apuesta segura.

Estrategia n.º 2, plantear «preguntas informativas» (quién o qué o dónde/cuándo): Estas preguntas son también un buen modo de demostrar que realmente estás escuchando y que necesitas información adicional. Ejemplos: «¿Quién te hace pasar un mal rato en el autobús escolar?»; «¿qué hace que te resulte difícil responder al teléfono móvil?»; «¿dónde/cuándo te molesta tu hermana?». Recuerda, perforar consiste en recopilar información, y las «preguntas informativas» son una forma directa de hacerlo. Observa también que existe otra «pregunta informativa» –*por qué*– que no deberías plantear con demasiada frecuencia; por lo general, esa cuestión va a suscitar una teoría, y muy posiblemente una que el niño adquirió de un adulto. Hace mucho tiempo –cuando seguía preguntándoles ocasionalmente a los niños *por qué*–, le pregunté a una niña de cuatro años por qué se portaba mal en casa. Ella respondió: «Lo hago por el refuerzo negativo». He seguido con las otras «preguntas informativas» desde entonces.

A menudo los adultos tenemos preparada la siguiente pregunta antes de que nuestro hijo haya respondido la primera. O tenemos una solución prefijada preparada que nos morimos de ganas por proponer (o por imponer). Esas son buenas maneras de dar a entender que, en realidad, no estás escuchando ni comprendiendo.

Estrategia n.º 3, pregúntale por la variabilidad situacional del problema sin resolver: En ocasiones puede parecer que en realidad tu hijo es capaz de cumplir una determinada expectativa porque a veces lo hace. Esto suele llevar a que los adultos lleguen a la conclusión de que el niño puede cumplir la expectativa *cuando le apetece* y que no cumple la expectativa cuando *no* le apetece.

La realidad es que pueden existir diferencias matizadas y sutiles entre expectativas similares que explican la contradicción. En lugar de llegar a conclusiones relacionadas con una escasa motivación —«¡Sé que puede hacer los deberes de matemáticas cuando él quiera! ¡Ayer los hizo!»—, convendría más que buscases la aclaración de tu hijo. Recuerda, cuando estás perforando, estás liberado de la responsabilidad de leer la mente: «Entonces, ayúdame a comprender cómo fuiste capaz de hacer los deberes de matemáticas ayer y eres incapaz de hacerlos hoy». «Así que en ocasiones te levantas para ir al colegio con bastante facilidad, y en otras te resulta mucho más complicado. Ayúdame a comprenderlo».

Estrategia n.º 4, pregúntale al niño qué está pensando en medio del problema sin resolver: Esta es otra buena forma de recopilar información sobre la preocupación de tu hijo, sobre su perspectiva o sobre su punto de vista con respecto a un determinado problema no resuelto. «Entonces, cuando estás sentado en tu escritorio tratando de hacer los deberes de matemáticas, ¿en qué piensas?». Date cuenta de que no le estás preguntando cómo se *siente*. No es que el hecho de preguntarle a tu hijo lo que está sintiendo sea un crimen; es solo que, por lo general, la respuesta (feliz, triste, frustrado, avergonzado, aburrido) no te proporciona la información que estás buscando sobre su preocupación o sobre su perspectiva. Advierte también que no le estás preguntando lo que *necesita* —es más probable que esa pregunta le lleve a ofrecer una solución más que una preocupación, y no estás preparado para comenzar a pensar en las soluciones hasta el paso de la Invitación.

Estrategia n.º 5, divide el problema no resuelto en sus partes componentes: La mayor parte de problemas sin resolver tienen múltiples componentes. Por ejemplo, prepararse para irse a la cama por la noche tiene diferentes componentes (darse una ducha, cepillarse los dientes, ponerse el pijama, leer un libro, etc.). Y prepararse para ir al colegio por la mañana tiene también diferentes componentes (despertarse a tiempo, salir de la cama, cepillarse los dientes, darse una ducha, escoger la ropa, prepararse la mochila, desayunar, etc.). Sin embargo, en ocasiones los niños necesitan ayuda para identificar esos componentes a fin de localizar aquel que está ocasionándoles problemas:

Padre (introducción): Me he dado cuenta de que estás teniendo dificultades para decidir qué ropa ponerte por la mañana para ir al colegio. ¿Qué pasa?

Niño: No lo sé.

Padre: ¿Quieres pensar un poco en ello?

Niño (después de reflexionar sobre ello): Realmente no lo sé.

Padre: ¿Te resultaría de ayuda que pensásemos en lo que conlleva decidir qué ropa vas a ponerte?

Niño: Vale.

Padre: Bueno, una de las cosas que creo que haces es decidir si la ropa que vas a vestir tiene sentido en función del tiempo de ese día. ¿Te resulta eso difícil?

Niño: No.

Padre: Entonces, ¿no estás teniendo ningún problema para pensar en el tiempo que hace fuera y para decidir qué ropa ponerte?

Niño: No.

Padre: De acuerdo. Otra cosa que creo que haces es decidir si te gusta el modo en que luce la ropa. ¿Te resulta difícil esa parte?

Niño: No.

Padre: Entonces, ¿no tienes ningún problema para decidir cómo va a lucir la ropa?

Niño: No.

Padre: De acuerdo —es bueno saberlo—. A continuación, decides cómo vas a sentir la ropa en tu cuerpo. ¿Te resulta difícil eso?

Niño: ¡Sí!

Padre: ¿Decidir cómo vas a sentir la ropa en tu cuerpo es difícil?

Niño: ¡Sí!

Padre: ¿Qué es lo que te resulta difícil de eso?

Niño: *Muchas de mis prendas pican y tienen etiquetas; además, son demasiado ajustadas y las etiquetas me molestan. Así que no puedo encontrar nada que ponerme.*

Es bueno saberlo.

Estrategia n.º 6, haz una observación discrepante: Esto implica hacer una observación que difiera de lo que el niño ha descrito sobre una determinada situación. Es la más arriesgada de todas las estrategias de perforación, dado que puede ocasionar que el niño deje de hablar. Esto se debe a que muchos niños –quizás especialmente aquellos a los que frecuentemente se les acusa de mentir– malinterpretan una observación discrepante como una acusación de deshonestidad. Por fortuna, no le estás acusando de mentir; simplemente estás señalando que tus observaciones difieren de las suyas. Solo porque tu expectativa de la realidad difiera de la del niño no significa que esté mintiendo. Ejemplo: «Sé que estás diciendo que Charlotte y tú os estáis llevando bien estos días, pero ayer, en el desayuno, no os estabais llevando bien en absoluto. ¿Qué crees que pasaba?».

Estrategia n.º 7, posponer (y preguntar por más preocupaciones): Aquí es donde «dejas de lado» algunas preocupaciones que el niño ya ha expresado a fin de favorecer la consideración de otras preocupaciones. No estás desestimando las primeras; simplemente las estás poniendo temporalmente en segundo plano con objeto de dejar sitio para la consideración de otras posibles preocupaciones. Ejemplo: «Entonces, si hiciese tortitas todas las mañanas para desayunar, y si estuviesen listas diez minutos antes de que te vayas al colegio, y si tu hermano y tu hermana no te molestasen, ¿habría algo más que dificultase que desayunases antes de irte al colegio por la mañana?».

Estrategia n.º 8, resumir (y preguntar por más preocupaciones): Aquí es donde resumes las preocupaciones que ya has escuchado y donde preguntas si existen otras que todavía no se han examinado. Se recomienda emplear esta estrategia antes de avanzar al paso de Definir las Preocupaciones de los Adultos, solo para estar seguro de que no existen otras preocupaciones. Ejemplo: «Déjame estar seguro de que comprendo todo lo que has dicho. Te resulta difícil hacer la hoja de trabajo de ciencias sociales que te han puesto como deberes porque estás realmente cansado después de un largo día en el colegio y del entrenamiento de fútbol, hay demasiado ruido en el comedor porque tu hermano está viendo la televisión en la sala de estar, y necesitas mi ayuda y, en ocasiones, estoy ocupado acostando a tu hermana. ¿Hay algo más que dificulte que completes la hoja de trabajo de ciencias sociales que te han puesto como deberes?».

Este es un ejemplo de cómo podría resultar un proceso de recopilación de información, con ejemplos de algunas de las diferentes estrategias de perforación:

Madre: Me he dado cuenta de que últimamente estás teniendo dificultades para ceñirte al límite de treinta minutos con los aparatos electrónicos. ¿Qué pasa?

Max: No es justo.

Madre (usando las estrategias 1 y 2): No es justo. ¿Qué no es justo?

Max: Treinta minutos no es tiempo suficiente.

Madre (usando la estrategia 1): Treinta minutos no es tiempo suficiente. ¿Cómo es eso?

Max: Porque piensas que todo cuenta como electrónica.

Madre (usando la estrategia 1): Pienso que todo cuenta como electrónica.

Max: Crees que el Minecraft cuenta como electrónica. Y estoy de acuerdo con eso. Y crees que jugar a Clash of Clans en mi iPhone cuenta. Y también estoy de acuerdo con eso. Pero también crees que enviar mensajes de texto cuenta. Y crees que Instagram cuenta. Y crees que Snapchat cuenta. Si todas esas cosas van a contar, entonces treinta minutos es poco. Así que no es justo.

Madre (usando la estrategia 1): Así que sientes que no es justo que cuente todas esas cosas como electrónica.

Max: Sí. *Quiero decir, ¡ni siquiera juego tanto! Se supone que el límite de treinta minutos era únicamente para los videojuegos. ¡Pero ahora incluyes dentro de esos treinta minutos todo lo que tenga una pantalla!*

Madre (usando la estrategia 1): Y crees que las cosas que no son videojuegos no deberían contar.

Max: ¡No! Es decir, esas otras cosas son los modos en que los niños se comunican hoy en día. Así es como me comunico con mis amigos. Así que, si esas cosas cuentan como tiempo de electrónica, no me quedará nada de tiempo para los videojuegos.

Madre (usando la estrategia 4): Ya entiendo. Entonces, cuando te digo que dejes el teléfono móvil o el ordenador, ¿qué piensas?

Max: Pienso que eres la única madre que conozco que cree que el resto de cosas cuentan como tiempo frente a la pantalla. Y creo que no es justo. Y pienso que me gustaría que supieses más sobre el modo en que los niños se comunican en la actualidad.

Madre (estrategia 8): Entonces, sientes que no es justo que haya un límite de treinta minutos para la electrónica; y sientes que las cosas que haces frente a una pantalla más allá de jugar no deberían contar como parte de esos treinta minutos; y consideras que la mayoría de los padres no creen que esas cosas deban de contar como tiempo frente a una pantalla. ¿Hay algo más que yo deba saber acerca de lo que está impidiendo que te ciñas a los treinta minutos frente a una pantalla?

Max: Bueno, en cierto modo te pones como una loca cuando ves el teléfono a mi lado mientras estoy haciendo los deberes. Puedo escribir a mis amigos mientras completo las tareas y seguir haciéndolas. En ocasiones les escribo por los propios deberes.

Madre (estrategia 6, la arriesgada): De acuerdo. Aunque me has dicho que, a veces, escribir mensajes de texto te distrae cuando estás haciendo tus deberes.

Max: Sí, en ocasiones, pero no la mayor parte del tiempo. Además, si me distraen no les presto atención hasta haber acabado mis deberes.

Resultó bastante instructivo. Recorrimos todo el camino desde el: «No es justo» hasta una comprensión mucho más clara del punto de vista del niño sobre el problema que estábamos tratando de resolver. Toda esa información será útil cuando estemos listos para empezar a considerar soluciones en la Invitación. A los adultos suele sorprenderles lo que aprenden cuando comienzan a preguntar por las preocupaciones de un niño.

Solo por si sientes curiosidad, así podrían haber ido las cosas en caso de que la madre hubiese usado el Plan A para «resolver» este problema:

Madre: Puesto que no te estás ciñendo al límite de treinta minutos de electrónica, he tomado la determinación de llevarme tu teléfono móvil y quitar la Xbox hasta que decida que estás preparado para usarlos de nuevo.

Y, por supuesto, si –por cualquiera de las razones descritas en el capítulo 4– el problema no resuelto se estuviese manejando con el Plan C por el momento, no habría que plantear el asunto en primer lugar.

Algunos adultos, tras haber logrado algún progreso en la comprensión de las preocupaciones de sus hijos en el paso de la Empatía, tienen dificultades para resistir la tentación de volver a su forma original mostrándose despectivos o regresando a las soluciones unilaterales, abortando por consiguiente el proceso colaborativo. He aquí algunos ejemplos de lo que *no* hay que hacer:

Padre: Me he dado cuenta de que estás teniendo dificultades para desayunar antes de ir al colegio. ¿Qué pasa?

Niño: No me gustan los huevos.

Padre: Bueno, ¡eso es lo que hay en el menú! No soy un cocinero de comida rápida.

Padre: Me he dado cuenta de que estás teniendo dificultades para darle de comer al perro por la mañana. ¿Qué pasa?

Niño: Me olvido de hacerlo.

Padre: Si no puedes acordarte de darle de comer al perro, entonces yo no puedo acordarme de llevarte a gimnasia tres veces por semana.

Padre: Me he dado cuenta de que últimamente no te entusiasma demasiado subirte al autobús escolar. ¿Qué pasa?
Hijo: Los niños son malos.
Padre: Pues defiéndete. La mejor defensa es un buen ataque.

Posibilidad n.° 2: No dice nada o dice: «No lo sé»

Esta es otra posible manera en que tu hijo podría responder a tu introducción inicial a un problema sin resolver. Hay muchas razones por las que un niño podría no decir nada o decir: «No lo sé».

- *No has expresado nada.* Si no formulas los problemas no resueltos de acuerdo con las directrices del capítulo 4, incrementarás las posibilidades del silencio o del «no lo sé», a menudo porque tu hijo no entiende del todo qué le has preguntado o porque cree que está en problemas o que tú estás furioso. Quizá solo hayas hablado con él de los problemas cuando *estabas* furioso o cuando él *estaba* en problemas, así que querrás asegurarle que en realidad solo estás intentando comprender sus preocupaciones y que resolváis el problema juntos.
- *Tu tiempo se ha agotado.* Recuerda, el Plan B de emergencia añade calor y presión temporal a la mezcla. Llevar a cabo el Plan B proactivamente para que a tu hijo no le sorprenda tu deseo de tener una discusión –y adelantarle el tema– puede reducir la probabilidad del «no lo sé», y también del silencio.
- *En realidad, no sabe que su preocupación tiene que ver con el problema que estás tratando de examinar.* Quizá nunca antes le hayas preguntado por sus preocupaciones, al menos no de esta manera. Quizá nunca haya pensado en el asunto.

Quizá se haya acostumbrado tanto a que sus preocupaciones se hayan desestimado que no haya reflexionado sobre ellas durante mucho tiempo.

- *Ha tenido muchos Planes A en su vida, y todavía sigue apostando por el caballo del Plan A.* Tendrás que demostrarle –solucionando los problemas de forma colaborativa, en vez de unilateral– que ya no estás montando ese caballo. A propósito, las meras palabras tranquilizadoras no bastarán para cumplir con la tarea –a las pruebas me remito.

- *Puede ser reacio a expresar lo que hay en su cabeza.* Tal vez la historia le haya enseñado que, si dice lo que piensa, estarás en desacuerdo o te ofenderás, y que ello ocasionará una pelea. Tu objetivo en el paso de la Empatía consiste en suspender tu respuesta emocional a lo que tu hijo está diciendo, sabiendo que si reaccionas emocionalmente a lo que estás escuchando él se callará y terminará por no escuchar nada. Realmente deseas conocer las preocupaciones de tu hijo, incluso si estas tienen que ver contigo.

- *Está ganando tiempo.* Muchos niños dicen «no lo sé» en vez de «ummm», o «dame un segundo», o «déjame pensar en ello un minuto». Al no tener prisa, serás capaz de darle un segundo a tu hijo y de dejar que piense en ello durante un minuto. Muchos niños no dicen nada porque están recolectando sus pensamientos o porque están teniendo dificultades para expresar con palabras sus pensamientos. Por desgracia, los adultos suelen responder al silencio llenando el vacío con sus propias preocupaciones, teorías o soluciones. En esos casos, te has desviado bastante de los objetivos principales del paso de la Empatía (recolección y comprensión de información), lo que puede dificultar todavía más que tu hijo piense. Tal vez necesites sentirte más cómodo con el silencio que puede producirse cuando un niño está pensando en sus preocupaciones.

Si le has dado a tu hijo la oportunidad de pensar y está claro que
en realidad no sabe cuáles son sus preocupaciones o sencillamen-
te es incapaz de expresar sus pensamientos con palabras, tu mejor
opción consiste en llevar a cabo algunas conjeturas o ensayos de
hipótesis. Aquí, finalmente, tus teorías pueden llegar a ser útiles.
Sugiere unas pocas posibilidades, basándote en la experiencia, y
observa si te resultan auténticas:

*Padre: Me he dado cuenta de que últimamente no te entusiasma
demasiado ir a hockey. ¿Qué pasa?*

Niño: No lo sé.

Padre: Bueno, pensemos en ello. No hay prisa.

Niño (después de diez segundos): Realmente no lo sé.

Padre: Tómate tu tiempo.

Niño (después de otros cinco segundos): En realidad no lo sé.

*Padre: Mmm. Bueno, sé algunas cosas que me dijiste antes,
cuando no querías ir a hockey. ¿Recuerdas qué cosas eran?*

Niño: No.

*Padre: Bueno, en ocasiones te preocupa cometer un error delante
de los otros niños. ¿No es así?*

Niño: Más o menos.

*Padre: ¿Y te preocupa que si cometes un error el resto de niños se
enfaden contigo? ¿Es eso?*

Niño: Sí.

*Padre: Y no te gusta cuando el entrenador Dan te grita. ¿Está
pasando eso?*

Niño: No demasiado.

*Padre: ¿Así que principalmente te preocupa que te avergüencen
y que los niños se enfaden contigo si cometes un error?*

Niño: Ajá.

Padre: ¿Hay algo más en lo que no estemos pensando?

Niño: Creo que no.

Aunque ha sido un ejemplo breve, la preocupación del niño
está ahora sobre la mesa. Cuando estés en medio de una hipótesis, ten en cuenta que estás proponiendo *posibilidades* más que

adivinando la preocupación del niño. Así es como suena esta adivinación (este es un ejemplo de lo que *no* debe hacerse):

Padre: Me he dado cuenta de que últimamente no te entusiasma demasiado ir a hockey. ¿Qué pasa?

Niño: No lo sé.

Padre: Creo que es porque te preocupa que el entrenador Dan te grite.

Posibilidad n.º 3: Dice: «No tengo ningún problema al respecto»

Muchos adultos creen que si su hijo dice: «No tengo ningún problema al respecto», el juego se ha acabado. Después de todo, ¿cómo pueden hablar con sus hijos de un problema si estos dicen que no tienen ninguna dificultad con el problema? Sin embargo, esta respuesta no es un callejón sin salida en absoluto; de hecho, por lo general es el punto de partida para aprender más sobre esta preocupación, sobre esta perspectiva o sobre este punto de vista. Aunque es muy posible que no esté tan preocupado por el problema como puedas estarlo tú, eso no significa que no puedas continuar con el Plan B. La primera estrategia de perforación (la escucha reflexiva) debería servirte también como una respuesta inicial.

Madre: Me he dado cuenta de que últimamente has tenido dificultades para llevarte bien con tu hermana durante la cena. ¿Qué pasa?

Niño: No tengo ningún problema al respecto.

Madre: Ah, no tienes ningún problema al respecto. Perdona; no estoy segura de comprender lo que quieres decir.

Niño: Quiero decir que en realidad no me importa si me llevo bien con mi hermana.

Madre: Ah, en realidad no te importa si te llevas bien con tu hermana. ¿Puedes decir algo más sobre eso?

Niño: En realidad no importa.

Madre: ¿Qué quieres decir?

Niño: Solo es una niña pequeña, es ruidosa e irritante, y nunca nos vamos a llevar bien.

Madre: Solo es una niña pequeña, es ruidosa e irritante, y piensas que nunca vas a llevarte bien con ella.

Niño: Ella no va a dejar de ser ruidosa e irritante, y yo no voy a dejar de pensar que es ruidosa e irritante, así que nada va a cambiar. Es desesperante. Además, ella sabe que es tu favorita. Siempre puede quejarse y meterme en problemas.

Parece que en realidad *sí* que tiene un problema al respecto (su hermana es ruidosa e irritante y le mete en problemas cuando se queja a su madre). A propósito, aunque un niño no esté tan preocupado por el problema como lo estés tú, probablemente sí que le preocupe el *conflicto* que está ocasionando el problema. Así que todavía hay un problema que resolver.

Posibilidad n.º 4: Dice: «Ahora mismo no quiero hablar de ello»

Por suerte, el niño no tiene que hablar de ello ahora, y es una buena idea dejar que lo sepa. Muchos niños comienzan a hablar en el instante en que se les da permiso para *no* hacerlo. Si verdaderamente no quiere hablar de ello ahora, es probable que tenga una buena razón; quizá hable de ello. Muchos niños *hablarán* de la razón por la que no quieren hablar de algo, lo que resulta muy revelador por sí mismo. Entonces, después de que hayan hablado de ello, se sentirán lo suficientemente cómodos para comenzar a hablar de por qué no querían hacerlo en un primer momento. Por desgracia, muchos adultos responden a la reticencia a hablar de un niño *insistiendo más* en que el niño lo haga. Sin embargo, no deberías esforzarte hasta tal punto en que tu hijo hable hoy que pierdas tu credibilidad para mañana. Siempre hay un mañana. Muchos niños no hablarán hasta que estén preparados y sean capaces de hacerlo. Conozco a unos cuantos adultos que son iguales.

Posibilidad n.º 5: Se pone a la defensiva y dice algo así: «No tengo por qué hablar contigo» (o algo todavía peor)

Pensemos las razones por las que un niño podría ponerse a la defensiva en respuesta a las peticiones de información de un adulto sobre un determinado problema sin resolver. En realidad, ya hemos tratado algunas de ellas. Quizá esté acostumbrado a que los problemas se solucionen unilateralmente (Plan A). Tal vez piense que si surge un problema se habrá metido en problemas, por lo que esté anticipando la crítica y el castigo. Quizá no le vea sentido a contemplar o a expresar sus preocupaciones porque esté acostumbrado a descartarlas.

Por suerte, estamos tratando de romper los patrones de comunicación y las respuestas adultas que provocarían que un niño sintiese que hablar no es su mejor opción. Tu mejor enfoque para las declaraciones defensivas no es una actitud defensiva recíproca o las amenazas de las consecuencias impuestas por los adultos, sino la *honestidad*. Una buena respuesta a la afirmación: «No tengo que hablar contigo» sería: «No tienes que hablar conmigo». Una buena respuesta a la frase: «Tú no eres mi jefe» sería: «No estoy tratando de darte órdenes». Una buena respuesta a: «No puedes hacer que hable» podría ser: «No puedo hacer que hables». También podría ser útil echar mano de alguna reafirmación de que no estás empleando el Plan A, como, por ejemplo: «No te estoy diciendo lo que tienes que hacer» (y tú no lo estás haciendo), «no estás en problemas» (y él no lo está), «no estoy enfadado contigo» (y tú no lo estás), y «simplemente estoy tratando de comprender» (y tú estás tratando de hacerlo). Afirmaciones tales como: «Solo quiero lo mejor para ti» y «hago esto (imponer una solución) porque te quiero» no son ideales.

Estarás preparado para avanzar al paso de Definir las Preocupaciones de los Adultos cuando tengas una comprensión clara de la preocupación de tu hijo o la perspectiva de un determinado problema no resuelto. ¿Cómo sabes cuándo has llegado a ese punto? Sigue resumiendo y pidiendo más información (estrategia de perforación n.º 8) hasta que tu hijo no tenga preocupaciones adicionales.

El paso de Definir las Preocupaciones de los Adultos: la influencia real

Tu hijo no es el único con preocupaciones. Sobre la base de tu experiencia, de tu sabiduría y de tus valores, también tú tienes preocupaciones válidas e importantes y quieres que se escuchen y se tengan en cuenta. Quieres ejercer influencia. Ha llegado tu hora.

Este paso resulta difícil principalmente por el hecho de que los adultos no suelen pensar demasiado en sus *preocupaciones* sobre problemas específicos. De hecho, a menudo pasan a toda velocidad por sus preocupaciones y comienzan a proponer (y con frecuencia a imponer) sus *soluciones*. Sin embargo, las soluciones que se proponen antes de detectar las preocupaciones de ambas partes no funcionan, ya que no pueden abordar esas preocupaciones. Las luchas de poder —sobre las que leíste en el capítulo 3— se producen cuando tu hijo y tú proponéis *soluciones contradictorias* (soluciones que no abordan las preocupaciones de ambas partes). Por cierto, no existe eso que llamamos *preocupaciones contradictorias* —tan solo son diferentes preocupaciones que necesitan abordarse—. Las preocupaciones de una parte no superan a las preocupaciones de la otra, y el objetivo no consiste en determinar quién tiene razón y quién no. Las preocupaciones de ambas partes tienen exactamente la misma legitimidad.

¿Estás diciendo que mi hijo es mi igual?

No, pero si quieres solucionar los problemas de forma colaborativa con tu hijo, entonces sus preocupaciones no son menos válidas ni significativas que las tuyas.

Necesitarás reflexionar detenidamente sobre tus preocupaciones, y puedes hacerlo por adelantado si te resulta difícil pensar en ello en ese momento. Limitarte a repetir que tu hijo está teniendo dificultades para cumplir sus expectativas —«me preocupa que no te esté yendo muy bien en matemáticas»— *no* debe interpretarse como una expresión de tus propias expectativas. En vez de ello, tus preocupaciones caerán casi siempre en una de estas dos categorías o en ambas: (1) el modo en que el problema sin resolver está afectando a tu hijo y/o (2) la manera en que el problema no resuelto está afectando a los demás.

Las preocupaciones de los adultos suelen comenzar con las palabras «la cosa es que...» o «me preocupa que...», pero no con «todo eso está muy bien, pero...». Veamos cuáles podrían ser algunas de las preocupaciones típicas de los adultos. Al final de cada ejemplo verás un número que designa la categoría (descrita en el párrafo anterior) en la que entran las preocupaciones.

Dificultad para despertarse por la mañana: *Me preocupa que cuando tienes dificultades para despertarte por la mañana, termines por llegar tarde al colegio, y te quedes rezagado en las dos primeras clases porque no sueles llegar a tiempo para asistir a ellas. (1)*

Dificultad para desayunar antes de ir al colegio: *Me preocupa porque necesitas energía para comenzar bien el día y porque, cuando no desayunas, te resulta más difícil centrarte en lo que está pasando en tus clases. (1)*

Dificultad para darle de comer al perro por la mañana: *Me preocupa que te olvides de alimentar al perro, ya que estará hambriento todo el día. (2)*

Dificultad para subirte al autobús escolar: *La cosa es que, si no vas al colegio en el autobús escolar, entonces tengo que llevarte yo y eso hace que llegue tarde al trabajo, algo con lo que mi jefe no está muy contento. (2)*

Dificultad para responder al teléfono móvil: *La cosa es que, cuando no sé dónde estás, me preocupo por si estás seguro. (2)*

Dificultad para comprender los deberes de matemáticas: *Me preocupa que te desanimes por cómo te está yendo en matemáticas y que ello esté dificultando que lo sigas intentando... además, las matemáticas de este año son la piedra angular de las matemáticas del año que viene, así que me preocupa que el próximo año sea todavía más difícil.* (1)

Continuemos ahora con el ejemplo del Plan B Proactivo que comenzamos anteriormente. Incluyo el diálogo completo porque puede resultar útil leer el proceso de manera secuencial:

El paso de la Empatía

Madre: Me he dado cuenta de que últimamente estás teniendo dificultades para ceñirte al límite de treinta minutos con los aparatos electrónicos. ¿Qué pasa?

Max: No es justo.

Madre: No es justo. ¿Qué no es justo?

Max: Treinta minutos no es tiempo suficiente.

Madre: Treinta minutos no es tiempo suficiente. ¿Cómo es eso?

Max: Porque piensas que todo *cuenta como electrónica.*

Madre: Pienso que todo *cuenta como electrónica.*

Max: Crees que el Minecraft *cuenta como electrónica. Y estoy de acuerdo con eso. Y crees que jugar a* Clash of Clans *en mi iPhone cuenta. Y también estoy de acuerdo con eso. Pero también crees que enviar mensajes de texto cuenta. Y crees que Instagram cuenta. Y crees que Snapchat cuenta. Si todas esas cosas van a contar, entonces treinta minutos es poco. Así que no es justo.*

Madre: Así que sientes que no es justo que cuente todas esas cosas como electrónica.

Max: Sí. Quiero decir, ¡ni siquiera juego tanto! Se supone que el límite de treinta minutos era únicamente para los videojuegos. ¡Pero ahora incluyes dentro de esos treinta minutos todo lo que tenga una pantalla!

Madre: Y crees que las cosas que no son videojuegos no deberían contar.

Max: ¡No! Es decir, esas otras cosas son los modos en que los niños se comunican hoy en día. Así es como me comunico con mis amigos. Así que, si esas cosas cuentan como tiempo de electrónica, no me quedará nada de tiempo para los videojuegos.

Madre: Ya entiendo. Entonces, cuando te digo que dejes el teléfono móvil o el ordenador, ¿qué piensas?

Max: Pienso que eres la única madre que conozco que cree que el resto de cosas cuentan como tiempo frente a la pantalla. Y creo que no es justo. Y pienso que me gustaría que supieses más sobre el modo en que los niños se comunican en la actualidad.

Madre: Entonces, sientes que no es justo que haya un límite de treinta minutos para la electrónica; y sientes que las cosas que haces frente a una pantalla más allá de jugar no deberían contar como parte de esos treinta minutos; y consideras que la mayoría de los padres no creen que esas cosas deban de contar como tiempo frente a una pantalla. ¿Hay algo más que deba saber acerca de lo que está impidiendo que te ciñas a los treinta minutos frente a una pantalla?

Max: Bueno, en cierto modo te pones como una loca cuando ves el teléfono a mi lado mientras estoy haciendo los deberes. Puedo escribir a mis amigos mientras completo las tareas y seguir haciéndolas. En ocasiones les escribo por los propios deberes.

Madre: De acuerdo. Aunque me has dicho que, a veces, escribir mensajes de texto te distrae cuando estás haciendo tus deberes.

Max: Sí, en ocasiones, pero no la mayor parte del tiempo. Además, si me distraen, no les presto atención hasta haber acabado mis deberes.

El paso de Definir las Preocupaciones de los Adultos

Madre: Me preocupa el hecho de que no siempre sé qué estás haciendo en tu teléfono móvil o en el ordenador, así que desconozco el tiempo que realmente pasas jugando. Y creo que todos los aparatos electrónicos te mantienen despierto hasta tarde por la noche y evitan que pases el rato conmigo, con papá y con Molly.

Ambos conjuntos de preocupaciones están ahora sobre la mesa. Ahora no hay vuelta atrás.

El paso de la Invitación: colaborar en las soluciones

Este paso final implica tener en cuenta las posibles soluciones que abordarán las preocupaciones de ambas partes, preocupaciones que se han identificado y aclarado en los dos primeros pasos. Se le denomina el paso de la Invitación porque en realidad estás invitando a tu hijo a que colaboréis los dos en las soluciones. La Invitación permite que tu hijo sepa que solucionar el problema es algo que estás haciendo *con* él (de forma colaborativa) en vez de *para* él (de manera unilateral).

Para comenzar este paso, podrías limitarte a decir algo así: «Pensemos en cómo podemos solucionar este problema», o «pensemos en cómo podemos resolverlo». Sin embargo, para facilitar la consideración de las posibles soluciones que abordarán las preocupaciones de ambas partes, suele ser mejor recapitular las preocupaciones que se identificaron en los dos primeros pasos, por lo general comenzando con las palabras: «Me pregunto si existe algún modo de...». Así, para el ejemplo mencionado más arriba, sonaría más o menos así: «Me pregunto si existe algún modo de que uses tu teléfono móvil y tu ordenador para comunicarte con tus amigos sin que ello cuente como tiempo de pantalla» —esa era la preocupación del niño— «un modo que me asegure que estás ciñéndote al límite de treinta minutos de videojuegos, que estás yéndote a dormir a tiempo y que pasas el rato con nosotros de vez en cuando» (esas eran las preocupaciones del adulto).

A continuación, le das a tu hijo la primera oportunidad para que proponga una solución: «¿Tienes alguna idea?». Esto no quiere decir que la responsabilidad de solucionar el problema recaiga únicamente sobre tu hijo. La responsabilidad de solucionar el problema corresponde al equipo de resolución de problemas (tu hijo y tú). Sin embargo, darle a tu hijo la oportunidad de que sea el primero que piense una solución es una buena estrategia para hacerle saber que estás realmente interesado en sus ideas. También le sirve de práctica para pensar soluciones. Con demasiada frecuencia damos por sentado que la única persona capaz de hallar una buena solución a un problema es el adulto. Aunque existe la posibilidad de que tu niño sea incapaz de pensar en ninguna solución, en realidad es bastante probable que *pueda* pensar en soluciones, incluso en unas que tengan en cuenta vuestras preocupaciones combinadas. También es muy probable que haya estado esperando, quizá no con demasiada paciencia, a que le dieses la oportunidad.

Muchos padres se adentran en el Plan B con una solución predeterminada. En otras palabras, ya saben dónde va a aterrizar el avión del Plan B antes siquiera de que haya despegado. Si ya sabes dónde va a aterrizar el avión antes de que despegue, entonces no estás usando el Plan B –estás empleando una forma «astuta» del Plan A–. El Plan B no solo es una forma «astuta» del Plan A. El Plan B es colaborativo. El Plan A es unilateral.

La realidad es que no hay ningún plan de vuelo. El avión del Plan B se dirigirá adondequiera que os lleven los vientos cruzados de vuestras preocupaciones conjuntas. Sin embargo, en la cabina de mando hay algunos indicadores que os ayudarán a tu socio y a ti a saber dónde debe aterrizar el avión: la solución debe ser *realista* (es decir, ambas partes pueden hacer lo que han aceptado hacer) y *mutuamente satisfactoria* (esto es, la solución aborda de manera real y lógica las preocupaciones de ambas partes). Si una solución no es realista ni mutuamente satisfactoria, deberían generarse y considerarse soluciones alternativas. A propósito, «esforzarse más» nunca es una solución viable.

La parte realista es importante porque el Plan B no es una simple fantasía. Si no puedes ejecutar tu parte de la solución que se está considerando, no la aceptes simplemente para poner fin a la conversación. Asimismo, si no crees que tu hijo sea capaz de ejecutar su parte de la solución que se está estudiando, entonces trata de conseguir que dedique un momento a pensar si, en realidad, puede hacer lo que él ha aceptado hacer («¿Seguro que puedes hacer eso? Vamos a asegurarnos de que damos con una solución que ambos podamos acometer»).

La parte mutuamente satisfactoria también es importante, y requiere que tu hijo y tú reflexionéis de manera deliberada y consciente sobre las preocupaciones que pretende abordar la solución. En otras palabras, todas las soluciones propuestas se evalúan en función de si abordan las preocupaciones identificadas en los dos primeros pasos del Plan B. El aspecto de la satisfacción mutua es un gran alivio para los adultos que tienen miedo de que, al usar el Plan B, sus preocupaciones se queden sin resolver y que no se fijen límites. *Estás «estableciendo límites» si tus preocupaciones están siendo abordadas. Si una solución es mutuamente satisfactoria, entonces, por definición, tus preocupaciones han sido abordadas.* Si piensas que el Plan A es el único mecanismo mediante el que los adultos pueden establecer límites, estás equivocado.

La parte de la satisfacción mutua también ayuda a que el niño caiga en la cuenta de que *estás tan interesado en asegurar que sus preocupaciones se aborden como lo estás en asegurarte de que las tuyas también se traten.* Así es como pierdes un enemigo y ganas un compañero para resolver problemas. Así es como te desplazas del adversario al compañero de equipo.

Al principio, tu hijo podría encontrar soluciones que abordasen *sus* preocupaciones, pero no las *tuyas.* Tú podrías tener la misma tendencia. Eso no significa que haya dado con una mala idea —o que no le importen tus preocupaciones o sea incapaz de tenerlas en cuenta—, tan solo que todavía no está altamente cualificado para llegar a soluciones mutuamente satisfactorias. Limítate a recordarle que el objetivo consiste en llegar a una solución que funcione para ambos, tal vez diciéndole: «Bueno, esa es una idea que sé que abordaría tu preocupación, aunque no creo que hiciese lo propio con la mía, así que veamos si podemos encontrar una idea que funcione para los dos».

Muchos padres, en su afán por solucionar el problema, se olvidan del paso de la Invitación. Esto significa que, justo cuando están a punto de colaborar en una solución, imponen ellos la suya. Eso no es bueno. Tu hijo pensaba que estabas colaborando con él en la resolución de un problema, y entonces volviste a ser unilateral y le retiraste tu apoyo colaborativo. Posiblemente la próxima vez tenga reservas importantes a la hora de participar en el proceso.

Veamos cómo encajarían estos tres ingredientes, suponiendo que todo fuese bien. Una vez más, perdona la redundancia, pero es útil ver cómo se desarrolla el proceso desde el principio hasta el final.

El paso de la Empatía

Madre: Me he dado cuenta de que últimamente estás teniendo dificultades para ceñirte al límite de treinta minutos con los aparatos electrónicos. ¿Qué pasa?

Max: No es justo.

Madre: No es justo. ¿Qué no es justo?

Max: Treinta minutos no es tiempo suficiente.

Madre: Treinta minutos no es tiempo suficiente. ¿Cómo es eso?

Max: Porque piensas que todo cuenta como electrónica.

Madre: Pienso que todo cuenta como electrónica.

Max: Crees que el Minecraft cuenta como electrónica. Y estoy de acuerdo con eso. Y crees que jugar a Clash of Clans *en mi iPhone cuenta. Y también estoy de acuerdo con eso. Pero también crees que enviar mensajes de texto cuenta. Y crees que Instagram cuenta. Y crees que Snapchat cuenta. Si todas esas cosas van a contar, entonces treinta minutos es poco. Así que no es justo.*

Madre: Así que sientes que no es justo que cuente todas esas cosas como electrónica.

Max: Sí. Quiero decir, ¡ni siquiera juego tanto! Se supone que el límite de treinta minutos era únicamente para los videojuegos. ¡Pero ahora incluyes dentro de esos treinta minutos todo lo que tenga una pantalla!

Madre: Y crees que las cosas que no son videojuegos no deberían contar.

Max: ¡No! Es decir, esas otras cosas son los modos en que los niños se comunican hoy en día. Así es como me comunico con mis amigos. Así que, si esas cosas cuentan como tiempo de electrónica, no me quedará nada de tiempo para los videojuegos.

Madre: Ya entiendo. Entonces, cuando te digo que dejes el teléfono móvil o el ordenador, ¿qué piensas?

Max: Pienso que eres la única madre que conozco que cree que el resto de cosas cuentan como tiempo frente a la pantalla. Y creo que no es justo. Y pienso que me gustaría que supieses más sobre el modo en que los niños se comunican en la actualidad.

Madre: Entonces, sientes que no es justo que haya un límite de treinta minutos para la electrónica; y sientes que las cosas que haces frente a una pantalla más allá de jugar no deberían contar como parte de esos treinta minutos; y consideras que la mayoría de los padres no creen que esas cosas deban de contar como tiempo frente a una pantalla. ¿Hay algo más que deba saber acerca de lo que está impidiendo que te ciñas a los treinta minutos frente a una pantalla?

Max: Bueno, en cierto modo te pones como una loca cuando ves el teléfono a mi lado mientras estoy haciendo los deberes. Puedo escribir a mis amigos mientras completo las tareas y seguir haciéndolas. En ocasiones les escribo por los propios deberes.

Madre: De acuerdo. Aunque me has dicho que, a veces, escribir mensajes de texto te distrae cuando estás haciendo tus deberes.

Max: Sí, en ocasiones, pero no la mayor parte del tiempo. Además, si me distraen, no les presto atención hasta haber acabado mis deberes.

El paso de Definir las Preocupaciones de los Adultos

Madre: Me preocupa el hecho de que no siempre sé qué estás haciendo en tu teléfono móvil o en el ordenador, así que desconozco el tiempo que realmente pasas jugando. Y creo que todos los aparatos electrónicos te mantienen despierto hasta tarde por la noche y evitan que pases el rato conmigo, con papá y con Molly.

El paso de la Invitación

Madre: Me pregunto si existe alguna manera de asegurarnos de que cumplas con tus treinta minutos diarios de videojuegos... y que sigas conectando con tus amigos a través de Snapchat, de Instagram y de los mensajes de texto... pero de un modo que me permita saber que solo estás jugando treinta minutos... y que no te mantenga despierto hasta tarde por la noche... y que no impida que pases el rato conmigo, con papá y con Molly. ¿Tienes alguna idea?

Max: No.

Madre: Bueno, pensemos en ello. Apuesto a que podemos resolver este problema.

Max: Bueno, habitualmente juego justo después de volver del colegio o del entrenamiento de fútbol americano porque necesito un descanso. Así que podríamos establecer un tiempo para los videojuegos, para que sepas lo que estoy haciendo.

Madre: Es una idea interesante. No sabía que es principalmente entonces cuando juegas.

Max: Bueno, en ocasiones lo hago después de haber acabado mis deberes si no he tenido la ocasión de jugar antes. Y los fines de semana es diferente. Juego al despertarme por la mañana.

Madre: ¿Y crees que te ciñes al límite de treinta minutos los fines de semana por la mañana? Parece que juegues mucho más tiempo.

Max: Mmm... probablemente estés en lo cierto. Pero creo que debería de tener un poco más de tiempo para jugar los fines de semana, ya que tengo más tiempo libre.

Madre: Gracias por tu honestidad. Pensaré en el tiempo extra para los videojuegos los fines de semana. Pero volvamos a los días de entre semana. ¿Cómo sabré cuándo estás jugando?

Max: En realidad solo lo hago después del colegio o de hacer los deberes. Y no suele ser muy habitual después de los deberes, ya que por lo general termino mis tareas tan tarde que me voy directo a la cama.

Madre: A decir verdad, nunca he sido muy partidaria de jugar justo antes de ir a la cama. Creo que dificulta que te quedes dormido.

Max: ¿Puedo enviar mensajes de texto y mirar Instagram y Snapchat antes de irme a la cama? Ya sabes, para poder contactar con mis amigos una última vez.

Madre: No tengo problemas con eso, siempre y cuando ello no impida que te vayas a dormir. Entonces, ¿cómo podemos controlar el tiempo que estás conectado con tus amigos?

Max: Mmm... No sé cómo podríamos controlarlo. Solo lo hago durante uno o dos minutos cada vez, aunque lo hago muchas veces a lo largo del día.

Madre: ¿Pero no tienes juegos en tu iPhone? ¿Cómo sabré que solo estás conectando con tus amigos cuando miras el iPhone?

Max: No me importa desinstalar los juegos de mi iPhone. Todo lo que tengo es un simulador de vuelo y Clash of Clans, *y estoy un poco harto de ellos.*

Madre: Eso estaría bien. Y, ¿podemos establecer una hora por la noche a la que guardes el iPhone?

Max: ¿Qué te parece si apago mi iPhone quince minutos después de terminar mis deberes?

Madre: Puedo lidiar con ello. Y nada de juegos en tu iPhone. Y los videojuegos únicamente al volver a casa del colegio o del entrenamiento de fútbol americano. Y no te molestaré sobre el tiempo que pasas con el iPhone. Vaya, lo estamos haciendo bastante bien. Gracias por hablar conmigo de esto.

Max: Tenemos que solucionar dos cosas más.

Madre: ¿Ah sí?

Max: Sí. Los videojuegos durante el fin de semana... y la parte de que mis aparatos electrónicos no me impidan estar contigo, con papá y con Molly.

Madre: Sí, había olvidado esa parte. Gracias, Max.

Max: ¿Podemos hablar de ello mañana? Creo que estoy algo agotado.

Madre: Sí, podemos hablar de ello mañana. Quizá yo también esté un poco agotada.

Max: Pero no creo que vaya a ser difícil resolver el tema de pasar tiempo juntos, porque si estoy jugando justo después del colegio o del entrenamiento de fútbol americano, ese no es un momento en que tú, papá y Molly hagáis cosas en las que queráis que yo participe.

Madre: Creo que eso es cierto. Imagino que tan solo estaba pensando en todas las veces que estamos juntos —sobre todo los fines de semana— y que tienes tu mirada clavada en el iPhone. Pero dejemos eso para mañana. Y veamos cómo funcionan nuestras soluciones para el resto de problemas. Si no funcionan, hablaremos un poco más de ellas.

Esta última frase es importante, ya que subraya un punto fundamental: para tu hijo y para ti es bueno reconocer que el problema podría requerir un examen adicional, ya que en realidad es muy probable que *la primera solución no resuelva el problema de forma duradera.* ¿Por qué la primera solución no resolverá el problema de forma duradera? A menudo porque no era tan realista o mutuamente satisfactoria como parecía en un principio. O porque el primer intento por aclarar las preocupaciones proporcionó información útil, si bien incompleta. Por definición, la solución solo abordará las preocupaciones que conocéis, pero no puede hacer lo propio con aquellas de las que todavía no habéis oído hablar. Y porque la resolución de un problema en la vida real no suele ser un asunto de *una y se acabó.* Las buenas soluciones —las duraderas— son, por lo general, versiones perfeccionadas de las soluciones que las precedieron.

¿Estás pensando que nuestro primer ejemplo de los tres pasos del Plan B se desarrolló sin problemas? Estás en lo cierto —todo fue viento en popa—. Es bueno ver un primer ejemplo de los tres pasos en el que no haya grandes problemas técnicos. En el siguiente capítulo le daremos vueltas a esos problemas.

Preguntas y respuestas

Pregunta: Todavía estoy algo confundido sobre el Plan A. Parece que no tengo que volver a decirle a mi hijo lo que tiene que hacer.

Respuesta: Este es un punto de confusión habitual. Recuerda, el Plan A se da cuando estás *imponiendo una solución a un problema sin resolver*. Pero, como has leído, no es lo mismo que expresar tus expectativas. Así pues, decir: «Me gustaría que pusieras la mesa» no entraría dentro del Plan A. Como tampoco: «Por favor, deja de molestar a tu hermana», o «creo que necesitas ser un poco más agresivo al ir a por el disco en hockey». Todavía sigues en el campo de dar a conocer tus expectativas. Sin embargo, si descubres que le estás diciendo a tu hijo las mismas cosas una y otra vez, quizá deberías considerar si esta repetición es realmente tu estrategia más efectiva.

Pregunta: Entonces, ¿todo es una negociación?

Respuesta: El Plan B no se considera una negociación, ni siquiera un compromiso. El Plan B consiste en resolver los problemas de manera colaborativa. Recuerda, tu hijo ya está cumpliendo muchas de tus expectativas. El Plan B es para las expectativas que él está teniendo dificultades para cumplir.

Pregunta: He estado empleando mucho el Plan A, y ahora comprendo por qué no es lo ideal. Sin embargo, el Plan B va a suponer un gran cambio para mí. ¿Qué piensas?

Respuesta: Puede que necesites un tiempo para sentirte cómodo y competente para resolver problemas de manera colaborativa y proactiva. Al principio, puede parecer que estás cediendo parte del control de tu hijo. Por supuesto, quizá no tenías tanto control como pensabas, y, con suerte, ya no ves el control como algo positivo. Ahora bien, resolver los problemas de manera colaborativa puede ser un gran alivio. No tienes la responsabilidad de aparecer con soluciones instantáneas e ingeniosas a los problemas con los que se encuentra tu hijo. Además, los problemas que afectan a la vida de tu hijo ya no son una fuente de conflicto entre tú y él. El cambio resulta mucho más fácil si estás siendo *proactivo* en vez de *reactivo*; una vez más, es más difícil alejarse del Plan A en caliente.

Pregunta: ¿No requiere mucho más tiempo el Plan B que el Plan A?
Respuesta: Esa es una reacción inicial bastante común en el Plan B. Aunque pueda parecer que el hecho de aparecer con una solución rápida unilateral a un problema ahorra tiempo, las soluciones unilaterales no suelen funcionar y, por consiguiente, requieren una gran cantidad de tiempo.

Pregunta: En el Plan B hay muchas cosas además de la resolución de problemas, ¿no es así?
Respuesta: Sí, en efecto. Como has leído, el Plan B es el modo en que se construyen las relaciones (o se reconstruyen) y en que mejora la comunicación (o se restaura). Es el modo en que tu hijo y tú aprendéis sobre sus habilidades, sus creencias, sus valores, sus preferencias, los rasgos de su personalidad, sus metas y su rumbo, así como sobre tus valores, tu sabiduría y tu experiencia. Es el modo en que ejerces influencia sin el uso del poder. Es el modo —y en realidad todavía no hemos hablado mucho de esto, ni lo haremos hasta el capítulo 9— en que sacas lo mejor de ti y de tu hijo y en que fomentas las cualidades que se encuentran en el lado más positivo de la naturaleza humana.

Pregunta: El paso de la Empatía me recuerda un poco a algo que leí en *Los 7 hábitos de la gente altamente efectiva*, de Stephen Covey. ¿Estoy en lo cierto?
Respuesta: Lo estás. En ese libro, el señor Covey señala que pasamos años aprendiendo a leer, a escribir y a hablar, pero que probablemente recibamos muy poca formación sobre la escucha:

Si eres como la mayoría de las personas, es probable que, en primer lugar, procures ser comprendido; quieres hacerte entender. Y, al hacerlo, puede que ignores por completo a la otra persona, que finjas que la estás escuchando, que escuches de forma selectiva solo ciertas partes de la conversación, o que tan solo te centres atentamente en las palabras que se han pronunciado, pero que pierdas el significado por completo. Así las cosas, ¿por qué sucede esto? Porque la mayoría de personas escuchan con la intención de responder, no de comprender. Te escuchas a ti mismo mientras preparas en tu mente lo que vas a decir, las preguntas que vas a plantear, etc. Filtras todo lo que escuchas a través de tus experiencias de vida, de tu marco de referencia. Cotejas lo que escuchas con tu autobiografía y compruebas si puede compararse. Y, consecuentemente, decides de forma prematura lo que quiere decir la otra persona antes de que esta haya terminado de comunicarse.

Pregunta: ¿Volverá mi hijo a hablarme si abordo los problemas con el Plan B? Le echo de menos.

Respuesta: Si llega a reconocer que vas a escuchar, a aclarar y a validar sus preocupaciones, y que esas preocupaciones van a ser abordadas, sin duda habrás sentado las bases para que comience a hablar contigo de nuevo. Quizá él también te eche de menos.

Pregunta: ¿Comenzará también a escuchar mis preocupaciones?

Respuesta: Los niños cuyas preocupaciones son escuchadas y abordadas —en vez de descartadas o ignoradas— están mucho más interesados en escuchar tus preocupaciones y en asegurarse de que estas también se abordan.

Pregunta: Entonces, si me doy cuenta de que mi hijo está teniendo dificultades para cumplir una determinada expectativa, ¿cuándo debo intentar solucionar el problema? ¿Inmediatamente?

Respuesta: Probablemente dependa del problema no resuelto. Si es la primera vez que tu hijo ha traído a casa una mala nota en un examen de ortografía, no necesitas intervenir inmediatamente. Una opción consiste en observar atentamente si tu hijo está progresando de forma independiente para mejorar la nota de ortografía (Plan C). Quieres promover su independencia en prácticamente cada paso del camino. Ahora bien, si no está progresando en su independencia, tampoco querrás que tenga problemas durante mucho tiempo. Si no intervienes cuando ha quedado claro que es incapaz de superar la incompatibilidad por sí mismo, perderá la fe en su capacidad para superar los obstáculos. Dejar que los niños se ahoguen no es la manera ideal de que aprendan a nadar.

Pregunta: ¿Puedes hablarme más del Plan C? De alguna manera, dejar de lado un problema sin resolver hace que sienta que estoy abandonando todas mis expectativas.

Respuesta: Recuerda, hay diferentes razones para emplear el Plan C: (1) has llegado a la conclusión de que en realidad no te importa mucho una determinada expectativa; (2) has decidido ceder ante las habilidades, las creencias, los valores, las preferencias, los rasgos de la personalidad y las metas de tu hijo; (3) has decidido dejar que tu hijo trate de solucionar el problema de manera independiente, al menos por ahora; (4) has llegado a la conclusión de que la expectativa es poco realista para tu hijo en este punto de su desarrollo; o (5) tienes que perseguir otras expectativas de mayor prioridad. Sin embargo, no estás abandonando de manera definitiva todas tus expectativas. Todavía sigues trabajando en algunos problemas sin resolver con el Plan B. No lo olvides, existen muchas expectativas que tu hijo está cumpliendo todavía.

Pregunta: Siempre he creído que la mayoría de las personas —niños incluidos— son inherentemente egoístas. ¿Acaso no estamos más interesados en asegurarnos de que se aborden nuestras preocupaciones?

Respuesta: No hay duda, todos nosotros (incluidos los niños) queremos estar seguros de que nuestras preocupaciones se escuchan y se abordan. Y sí, tendemos a ser más apasionados y fieles a nuestras propias preocupaciones que a las de los demás. Sin embargo, eso no significa que nos dediquemos a garantizar que nuestras preocupaciones se abordan *con exclusión de las preocupaciones de los demás*. Siempre me sorprende –y a diario tengo recordatorios de ello– lo dispuestos que están los niños a tener en cuenta las preocupaciones de los demás a la hora de formular soluciones. Simplemente necesitan practicar. Si la imposición de la voluntad de un adulto es el primer modo en que los adultos ejercen su influencia, ni los niños ni los adultos lograrán esa práctica, y los niños solamente perpetuarán el ciclo.

Los problemas a los que nos enfrentamos los humanos –y no solo los que se producen entre los adultos y los niños– requieren que escuchemos las preocupaciones de los demás y que trabajemos juntos para alcanzar soluciones duraderas y mutuamente satisfactorias. Nos necesitamos los unos a los otros. Necesitamos hacerlo juntos.

* * *

Veamos cómo se presenta el Plan B en una de las familias que hemos estado siguiendo.

Denise decidió darle una oportunidad al Plan B cuando estaba acostando a Charlotte una noche. Este era su «momento sentimental», y era poco probable que los chicos, que estaban abajo viendo un programa de televisión, las interrumpiesen.

Denise se sentó en la cama al lado de Charlotte. «Charlotte, ¿puedo hablar contigo sobre algo?».

«Sí, mamá. ¿Pasa algo malo?».

Mi hija sensible, pensó Denise. «No, no pasa nada malo. Solo pensé que tú y yo podríamos solucionar un problema juntas. ¿Quieres que lo intentemos?».

«¿Qué clase de problema?».

«Bueno, antes quise decirte que quería hablar contigo de ello. Tiene que ver con salir de casa a tiempo para ir al colegio. ¿Podemos hablar de ello?».

«Vale. ¿Estás enfadada?».

«No, no estoy enfadada en absoluto. Pero me he dado cuenta de que te resulta difícil estar lista a tiempo por las mañanas para subirte al autobús escolar. ¿Qué pasa?».

«No me gusta correr por las mañanas», respondió Charlotte.

Denise no comprendió del todo bien esa respuesta. Pero, convencida de que la lectura de la mente no era un requisito indispensable para solucionar los problemas de forma colaborativa, practicó la escucha reflexiva. «No te gusta correr por la mañana. No entiendo qué quieres decir».

«No me gusta tener que elegir la ropa, ducharme, desayunar y darle de comer al perro deprisa. Son demasiadas cosas para mí. No tengo suficiente tiempo».

Denise quería decirle a Charlotte que tendría mucho más tiempo si no se distrajese con la televisión, pero resistió la tentación. En lugar de ello, siguió practicando la escucha reflexiva. «Entonces, no tienes tiempo suficiente».

«No, y esa es la razón por la que en ocasiones me olvido de darle de comer al perro».

«Porque tienes tanta prisa y tienes tantas cosas que hacer».

«Sí».

«¿Hay algo más que impida que estés lista a tiempo por las mañanas para subirte al autobús escolar?».

«También me gusta que me lleves al colegio. Así podemos estar más tiempo juntas».

Denise ya había escuchado esto con anterioridad. «Sí, sé que te gusta pasar tiempo conmigo cuando te llevo al colegio por la mañana».

«Porque los chicos no están con nosotras».

«Ah, porque los chicos no están con nosotras. Eso hace que sea especialmente agradable».

«Sí».

Denise se dio cuenta de que la ternura que estaba sintiendo por su hija en ese momento contrastaba claramente con cómo se sentía la mayoría de las mañanas cuando Charlotte llegaba tarde. Decidió resumir el territorio que ya habían cubierto. «Entonces, una de las razones por las que tienes dificultades para estar lista a tiempo por las mañanas para ir al colegio es porque sientes que no tienes el tiempo suficiente para hacerlo todo. Y otra razón es que te gusta que te lleve al colegio porque los chicos no están con nosotras y porque es bueno que pasemos algo de tiempo juntas sin ellos».

Charlotte asintió.

«¿Hay otras razones por las que tengas dificultades para estar lista a tiempo por las mañanas para subirte al autobús escolar?».

Charlotte negó con la cabeza. «¿Hemos terminado de hablar?».

«¿Por qué? ¿Quieres que dejemos de hablar?».

«No. Me gusta hablar contigo, mamá».

«Oh, bien; bueno, aún no hemos terminado de hablar. Todavía necesitamos solucionar el problema. Verás, me preocupa que yo estoy demasiado ocupada por la mañana –ya sabes, preparando el desayuno de todos y preparándome también para ir a trabajar–. Eso me resulta un poco difícil cuando tengo que estar al tanto de todo lo que se supone que deberíais estar haciendo, ya que tengo muchas cosas que hacer por la mañana. ¿Comprendes lo que te digo?».

Charlotte agarró su muñeca de trapo. «Lo siento, mamá».

«Oh, no tienes que disculparte, cariño. Simplemente pensé que quizá podríamos pensar en el modo de solucionar el problema».

«¿Qué problema?».

«Ya sabes, tú tienes muchas cosas que hacer por la mañana… y quieres que pasemos tiempo juntas sin los chicos… y yo tengo que controlar tantas cosas por la mañana que me resulta difícil estar al tanto de ti. ¿Se te ocurre alguna idea?».

Charlotte reflexionó sobre la pregunta. «¿Podrías dar de comer a Skipper por la mañana? ¿Y darle yo de comer por la noche?».

Denise consideró la proposición. «¿Te ayudaría eso a tener menos cosas que hacer por la mañana?».

«Sí. Pero podría darle de comer por la noche, algo que haces tú habitualmente. Porque por la noche no tengo que hacer ninguna tarea».

«Es una idea interesante, Charlotte. Creo que me gusta. Así que acabamos de intercambiar la hora a la que vamos a darle de comer. ¿Te acordarás de dar de comer a Skipper por la noche?».

«Podría hacerlo justo cuando llegue de la escuela. Siempre tiene hambre en ese momento».

«Podemos intentarlo. ¿Alguna otra idea?».

«Podría levantarme quince minutos antes», propuso Charlotte. «A la hora que te levantas tú». Charlotte terminaba a menudo en la cama de Denise a mitad de la noche, así que era bien consciente de los movimientos de Denise por la mañana. «Así tendré más tiempo. De todas formas, estoy despierta».

«Entonces, ¿te despertarás cuando me despierte yo?».

«Eso es. Y quizá podría ducharme por la noche para no tener que hacerlo por la mañana. Eso también ahorraría tiempo. Y tal vez podría elegir mi ropa la noche de antes para no tener que hacerlo por la mañana».

Denise observó a Charlotte con cierto asombro. A menudo pensaba que su hija era muy inteligente para su edad. «Esas son ideas muy buenas, Charlotte. Así que pensemos: elegirás tu ropa la noche de antes, y te ducharás la noche de antes también. Y saldrás de la cama quince minutos antes, al mismo tiempo que yo». Denise reflexionó sobre si todo esto era realista. «Creo que podría funcionar muy bien».

«Y quizá podría desayunar delante de la televisión cuando esté lista para ir al colegio».

Ah, la temida televisión, pensó Denise. *Pero si Charlotte lo tiene todo listo, no me importa que desayune delante de la televisión.* «Entonces, pensemos en cómo podría funcionar eso. ¿Bajarías las escaleras y yo tendría tu desayuno preparado y, si estuvieses lista para ir al colegio, desayunarías delante de la televisión?».

Charlotte asintió.

«¿Deberíamos comenzar este plan mañana?», preguntó Denise.

«Vale».

«Ahora, hay una parte más sobre lo que hemos hablado con la que en realidad todavía no hemos hecho nada».

Charlotte parecía desconcertada.

«La parte de que quieres pasar tiempo conmigo», le recordó Denise.

«Ah, sí».

«¿Cómo podemos solucionar ese problema?».

«No lo sé», dijo Charlotte.

«Porque me resulta un poco difícil llevarte al colegio por la mañana», dijo Denise. «Me resulta difícil llegar puntual al trabajo si te llevo al colegio».

«¿Podríamos encontrar otro momento en el que estemos solas tú y yo?», sugirió Charlotte.

Denise reflexionó rápidamente sobre la manera en que ya se sentía presionada por el tiempo. Pero su pequeña quería pasar más tiempo con ella, y ella estaba decidida a encontrar el modo: «Bueno, pasamos tiempo juntas cuando te llevo al apartamento de papá», dijo Denise. «Y, en muchas ocasiones, vienes a comprar comida conmigo. Y te acuesto todas las noches y solo estamos tú y yo».

Charlotte asintió. «Pero yo quiero a mi mamá».

«Entonces, ¿deberíamos buscar otro momento en el que pudiésemos pasar tiempo juntas, solo tú y yo?».

«En tus fines de semana ¿podríamos jugar juntas con mis muñecas? Papá no juega con muñecas».

«¿Quieres decir en los fines de semana en los que no estás con papá? ¿Encontrar tiempo para jugar juntas a las muñecas?».

«Sí».

«¿Es algo que te gustaría que hiciese contigo?».

«Sí. Es más divertido que jugar con ellas yo sola».

«Creo que sería bueno que hiciésemos eso juntas. ¿Intentamos buscar tiempo para hacerlo este fin de semana?».

Charlotte asintió. «¿Hemos terminado de hablar, mamá?».

«Pienso que sí».

Denise y Charlotte leyeron un libro juntas. A continuación, Denise le dio un beso de buenas noches a Charlotte, apagó la luz y fue al salón para decirle a Nick que era hora de acostarse (Hank había decidido hacía años que era demasiado mayor para que su madre lo acostase, así que normalmente se iba a la cama por su cuenta a las 21:30). Sin embargo, animada por el éxito de su primer Plan B con Charlotte, decidió intentarlo también con Hank.

«Hank, ¿puedo hablar contigo sobre una cosa antes de que te vayas a dormir esta noche?», preguntó Denise interrumpiendo a Hank, que estaba atento a dos pantallas diferentes (usando Instagram en su teléfono móvil y viendo *Negociando con tiburones* en la televisión).

«¿Sobre qué?», resopló Hank sin alejar la mirada de ninguna de las pantallas.

Ah, mi hijo malhumorado, pensó Denise. «Sobre lo bien que te llevas con tu hermano y con tu hermana».

«No me importa lo bien que me llevo con mi hermano y con mi hermana. Son insufribles».

Bueno, esto es harina de otro costal, pensó Denise, aunque no se sorprendió. «Hank, no estás en problemas. Solo quiero saber tu opinión de las cosas».

«Mi opinión de las cosas es que mis hermanos son irritantes y que me estás impidiendo ver *Negociando con tiburones*».

Denise decidió que, de momento, era un caso perdido. «Bueno, es algo de lo que quiero hablar contigo en algún momento. Así que más tarde hablaré contigo sobre un buen momento para hacerlo».

«Nunca será un buen momento para hacerlo», dijo Hank mientras subía el volumen de la televisión.

Hay ciertas cosas que hay que recordar de estas historias. En primer lugar, hay muchas posibilidades de que la misma solución no aborde todas las preocupaciones de las que oíste hablar en el paso de la Empatía. Por ejemplo, en el caso de Denise y de Charlotte, la misma solución no aborda las dos preocupaciones principales de Charlotte (tener muchas cosas que hacer por la mañana y querer pasar tiempo juntas sin los chicos). Por esta razón, querrás sugerir soluciones separadas a ambas preocupaciones, posiblemente en conversaciones de Plan B separadas.

En segundo lugar, si te sorprendió la respuesta inicial de Hank a los esfuerzos de Denise por hablar con él y sentiste que necesitaba una lección rápida sobre el respeto a los mayores, tal vez sea mejor esperar un poco. Puede que la respuesta de Hank simplemente haya nacido del hecho de que lo hayan interrumpido, aunque también podría reflejar un patrón de interacciones que ha evolucionado a lo largo de los años. Una lección rápida sobre el respeto no lo habría solucionado; el uso continuo del Plan B es una mejor apuesta.

CAPÍTULO 6

Asistencia técnica

Ahora que tienes un conocimiento general de lo que implica resolver problemas de manera colaborativa, probablemente sea bueno que tomes conciencia de algunos de los modos en los que el Plan B puede descarrilar. Esto te ayudará a mantener las cosas en el buen camino. Así pues, este capítulo trata principalmente de lo que *no* hay que hacer. A propósito, estos obstáculos tendrán más sentido una vez que hayas intentado practicar el Plan B con tu hija.

Los viejos instintos: cuando las cosas se ponen difíciles, todavía sigues dirigiéndote al Plan A

Muchos adultos comienzan a pensar automáticamente en las soluciones y en las consecuencias que pueden imponer cuando su hija no está cumpliendo una expectativa determinada. Por supuesto, no hay nada que diga que tienes que seguir tu primer instinto. Puede ser útil pensar un poco más las cosas para considerar si el Plan A es en realidad tu mejor opción. Esto es lo que podría sonar en tu cabeza:

Maya se ha vuelto a quedar atrás en sus clases. Tengo que castigarla para que complete su trabajo. Quiero decir, ¿por qué diablos está yendo a yoga por las noches si va con retraso en sus clases?

Necesito dejar las cosas claras. ¡Este es el semestre en que más van a estar observando las universidades! ¿Cómo no puede saberlo? Por otra parte, estuvo enferma tres días la semana pasada, y esa es la razón por la que se ha quedado atrás. Y, cuando se ha retrasado en otras ocasiones, siempre se ha puesto al día. Pero, en serio, ¿yoga? Bueno, quizá no sea tan terrible que necesite descansar de todo ese trabajo de clase. Pero ¿cómo voy a asegurarme de que se está poniendo al día? Imagino que podría hablar con ella al respecto...

Cuando haces suposiciones: adentrarte en el paso de la Empatía pensando que ya conoces la preocupación o la perspectiva de tu hija

Como has leído, los padres suelen tener la certeza de que ya saben cuáles son las preocupaciones de sus hijas. Así que imponen soluciones basadas en esas suposiciones. Dado que esas suposiciones suelen ser incorrectas, esas soluciones están condenadas al fracaso. Por ello, es posible que quieras luchar por algo que denominamos la «Vida Libre de Suposiciones». La Vida Libre de Suposiciones es liberadora. Te libera de la distracción y de la falsa de certeza de tus suposiciones, y te libera a fin de *averiguar* qué está pasando con tu hija. Preguntándole. Para muchos padres, una experiencia común en el paso de la Empatía es el aprendizaje de la verdad de la famosa máxima sobre *qué ocurre cuando supones.* No es ninguna catástrofe tener alguna hipótesis sobre las preocupaciones de tu hija sobre un determinado problema no resuelto, siempre que tengas presente también que esas hipótesis pueden ser incorrectas y que, como poco, estás esperando confirmación. El truco consiste en mantener tu hipótesis en segundo plano mientras estés perforando en busca de información. De lo contrario, corres el riesgo de perforar de manera superficial y/o de dirigir la discusión hacia un destino predeterminado.

Demasiada creatividad: adentrarse en el Plan B con una solución preestablecida

Hay muchos adultos que piensan que forma parte del trabajo parental encontrar soluciones a los problemas que afectan a la vida de sus hijas. Después de todo, nosotros sabemos más. Solo que a menudo *no* sabemos más, sobre todo cuando no tenemos información suficiente de nuestra «socia» del «equipo de resolución de problemas». Las soluciones que son viables y duraderas son aquellas que abordan las preocupaciones de ambas partes, y no puedes tratar las preocupaciones de ambas partes si no sabes cuáles son esas preocupaciones. Esa es la razón por la que el paso de la Empatía y el paso de Definir las Preocupaciones de los Adultos van antes que la Invitación. Está bien tener algunas ideas sobre cómo puede resolverse un problema, pero es importante recordar que la prueba de fuego de todas las soluciones es el grado en que son realistas y en que abordan las preocupaciones de ambas partes.

Un mal momento: confiar en el Plan B de emergencia en vez de hacerlo en el Plan B proactivo

Resolver los problemas proactivamente puede ser un gran desafío para los padres ocupados. Sin embargo, no queda más remedio que sacar tiempo. Como sabes, el Plan B de emergencia implica más calor y circunstancias menos ideales (p. e., estás conduciendo el coche, tratando de salir de casa o en medio del supermercado y tienes a otras niñas y otras personas alrededor). Además, las soluciones alcanzadas a través del Plan B de emergencia tienden a ser recursos provisionales más que duraderos. Recuerda, estás tratando de encontrar soluciones que resuelvan el problema de forma duradera, no soluciones que superen el obstáculo solo para hoy. Por eso quieres identificar los problemas sin resolver y establecer prioridades por adelantado.

Como ya sabéis, incluso cuando estés empleando el Plan B proactivamente, harías bien en avisar a tu hija con antelación del problema que te gustaría examinar. De lo contrario, podría seguir actuando como si le hubieses revelado el problema sin avisar.

Acto de desesperación: usar el Plan B como último recurso

Deseas que el Plan B se convierta en la *norma* para resolver problemas en tu familia, no en la excepción. El Plan B no es algo a lo que recurras únicamente cuando la exhortación y la extorsión han fracasado.

Quedarse sin palabras: la perforación puede ser difícil

No siempre resulta sencillo saber qué decir para que tu hija continúe hablando y para que tú consigas la información que estás buscando. Tendrás que recurrir a las estrategias de perforación que leíste en el capítulo 5; ayudan de verdad. Sin embargo, también hay algunas cosas que las niñas dicen como respuesta a: «¿Qué pasa?» que pueden dejarte confundido. He aquí algunos ejemplos:

Padre: Me he dado cuenta de que últimamente estás teniendo dificultades para completar tus palabras del vocabulario. ¿Qué pasa?

Hija: Es aburrido.

Padre (tratando de perforar): ¿Qué te resulta aburrido?

Hija: Simplemente es aburrido.

Padre: Me he dado cuenta de que últimamente no te comes lo que preparo para cenar. ¿Qué pasa?

Hija: No me gusta.

Padre (tratando de perforar): ¿Qué es lo que no te gusta?

Hija: No sabe bien.

Padre (tratando de perforar todavía): Bueno, ¿puedes decirme qué es lo que no sabe bien?

Hija: Simplemente no sabe bien.

Sí, hay niñas que comienzan a expresar sus preocupaciones de forma instantánea cuando les presentas un problema no resuelto; ahora bien, si tu hija no es una de ellas, prosigue con las estrategias de perforación. Recuerda, tu opción de perforación predeterminada es la escucha reflexiva. Veamos cómo se presenta esta estrategia de perforación (y otras) en situaciones en las que el paso de la Empatía empieza de forma lenta. Estos diálogos no te llevan hasta el final del Plan B; simplemente te muestran cómo la perseverancia de la perforación puede darte algo de impulso:

Padre: Me he dado cuenta de que últimamente estás teniendo dificultades para completar las palabras del vocabulario. ¿Qué pasa?

Hija: Es aburrido.

Padre (tratando de perforar, usando la estrategia n.º 2): ¿Qué te resulta aburrido?

Hija: Simplemente es aburrido.

Padre (tal vez observando las estrategias de perforación del capítulo 5 y escogiendo la estrategia n.º 4): Mmm. Entonces, cuando estás sentada ahí tratando de completar las palabras del vocabulario, ¿en qué piensas?

Hija: Pienso en que es aburrido.

Padre (estrategias n.º 1 y n.º 4): Ah, piensas que es aburrido. ¿En qué más piensas?

Hija: Pienso que no recordaré las definiciones en la prueba del próximo día.

Padre (estrategia n.º 1): Ah, piensas en que no serás capaz de recordar las definiciones en la prueba del próximo día.

Hija: Nunca lo hago. Esa es la razón por la que mi nota de inglés no es tan buena. Nunca saco buenas notas en las pruebas de vocabulario.

Padre: No lo sabía. Me gustaría oír más al respecto…

Bien, algo de impulso. Naturalmente, la conversación continuaría desde ahí. He aquí otra:

Padre: Me he dado cuenta de que últimamente no te comes lo que preparo para cenar. ¿Qué pasa?

Hija: No me gusta.

Padre (usando la estrategia n.º 2): ¿Qué es lo que no te gusta?

Hija: No sabe bien.

Padre (usando la estrategia n.º 3): Sabes, me he dado cuenta de que algunas noches te comes lo que he cocinado y otras no. ¿Algunas cosas de las que hago te gustan y otras no?

Hija: Me gustan los nuggets *de pollo.*

Padre: Sí, me he dado cuenta de que te gustan los nuggets *de pollo. Pero creo que hay otras cosas que preparo que te gustan.*

Hija: ¿Como qué?

Padre: La pasta.

Hija: Ah sí, la pasta. Pero solo con mantequilla. No con salsa roja. Ni tampoco con carne.

Padre: ¿Por qué no te gustan la salsa roja ni la carne?

Hija: La carne es asquerosa. Y la salsa roja simplemente no sabe bien.

Padre: ¿Hay alguna cosa más que haga y que te guste?

Hija: No.

Padre: A veces te gusta la avena.

Hija: No cuando añades pasas o nueces.

Padre: ¿Alguna cosa más que cocine y que no te guste especialmente?

Hija: No me gustan las verduras… salvo el puré de patatas.

Padre: Me alegra que estemos averiguando qué te gusta y qué no te gusta. Eso nos ayudará a resolver este problema.

Escepticismo inapropiado: tu hija expresa su preocupación o su perspectiva en el paso de la Empatía, pero no la crees

Aunque es posible que el primer intento de tu hija para identificar y articular sus preocupaciones no dé en el clavo –quizá no pensó mucho en las preocupaciones hasta que tú preguntaste–, muchos adultos se apresuran a considerar que las preocupaciones de una niña son incorrectas o falsas. En ocasiones se debe a que sus preocupaciones no coinciden con tus nociones preconcebidas. Sin embargo, las preocupaciones de tu hija *no pueden* ser incorrectas o falsas, porque no existe eso que hemos llamado preocupaciones incorrectas o falsas. Su punto de vista es tan legítimo como el tuyo, aunque quizá deba aclararse. Por ejemplo, algunas niñas se sienten avergonzadas por su preocupación o por su perspectiva, o podrían estar preocupadas por cómo responderás, pero eso no es mentir. Así pues, lo último que deberías hacer es desestimar sus preocupaciones o, peor aún, decirles que crees que están mintiendo. Entonces podrían dejar de hablarte. Cuando resuelves los problemas de manera colaborativa, en realidad no tienes que preocuparte por las mentiras, algo muy diferente de sentir que necesitas mantenerte constantemente en guardia para que no te tome por tonto o te tome el pelo. Cuando las niñas reconocen que no tienen problemas y que únicamente tienes interés en comprender su preocupación, su perspectiva o su punto de vista sobre un determinado problema sin resolver, no tienen ningún motivo para inventarse mentiras. El tono que adoptas en el paso de la Empatía no es acusatorio, conflictivo o de confrontación. Tu hija no tiene problemas. Tú no estás enfadado. El tono es de *curiosidad*. Realmente quieres comprender.

El que los adultos crean que una niña está mintiendo en el paso de la Empatía se debe a menudo a que el adulto no está preguntando por un determinado problema sin resolver, sino más bien por un *comportamiento* que alguien vio que mostraba la niña, por lo general preparando el camino para un ejercicio de *interrogación* más que de *perforación*. Así es como suena (observa que, en realidad, el adulto no está siguiendo el paso de la Empatía):

Padre: Me he enterado por tu profesora, la señorita Fornier, que pegaste a Víctor en el patio de recreo.

Niña: Yo no lo hice.

Padre: Bueno, ¿por qué la señorita Fornier se inventaría eso?

Niña: No lo sé, pero lo ha hecho. Yo no le pegué. Él me pegó a mí.
Padre: Eso no es lo que ella dijo.
Niña: Bueno, ella se equivoca.
Padre: ¡Ella dijo que lo vio con sus propios ojos!
Niña: Entonces está ciega, porque yo no le pegué. ¿Por qué no me crees?

Una de las cuestiones que debemos plantearnos es ver si la niña y la señorita Fornier relatan con precisión el episodio. Sin embargo, tratar de llegar al fondo de un *determinado episodio* está fuera de lugar, ya que lo que sucedió en ese episodio no es tan importante como resolver el *problema crónico* de la dificultad del niño y de Víctor para llevarse bien en el recreo.

¿A quién le importa? Tu hija dice que no le importa tu preocupación, así que tu entusiasmo por el Plan B se disipa rápidamente

No te ofendas si a ella no le importa tu preocupación. Afrontémoslo: en realidad puede que a ti no te importen mucho las suyas. La buena noticia es que realmente no tiene que *importarle* tu preocupación; simplemente tiene que tenerla en *cuenta* mientras buscáis juntos una solución mutuamente satisfactoria. Ella comenzará a intentar abordar tus preocupaciones poco después de que tú hayas hecho lo propio con las suyas. He aquí un ejemplo:

Padre: Jackson, me he dado cuenta de que estás teniendo dificultades para venir a cenar cuando estás jugando a tus videojuegos. ¿Qué pasa?
Jackson: Siempre me obligas a dejarlo en mitad de una partida.
Padre: Siempre te obligo a dejarlo en mitad de una partida. Es bueno saberlo. Dime, ¿en qué juego te encuentras habitualmente en mitad de la partida?
Jackson: Madden.
Padre: Ah, Madden. Juegas mucho a eso.

Jackson: Me gusta Madden.

Padre: Lo sé. Así que a veces estás en mitad de una partida de Madden. *Dime, ¿puedes pausar el juego y volver a él más tarde?*

Jackson: Sí.

Padre: ¿Por qué es tan difícil pausar el juego y volver a él más tarde?

Jackson: No me dejas volver más tarde. Me obligas a hacer mis deberes justo después de cenar. Así que no puedo volver para terminar la partida.

Padre: Ahora comprendo. ¿Hay alguna otra cosa que dificulte que vengas a cenar cuando estás jugando a Madden?

Jackson: No.

Padre: De acuerdo. Bueno, la cosa es que para mí es muy importante que cenemos juntos como una familia. Porque en realidad es el único momento del día en que podemos estar juntos y hablar unos con otros.

Jackson: No me importa que cenemos juntos como una familia.

Padre: Mmm… De acuerdo. Bueno, supongo que probablemente para mí es más importante cenar juntos de lo que lo es para ti. Pero creo que, si consiguiésemos solucionar el problema de un modo que funcione para ambos, podríamos resolverlo de una vez por todas y no seguiríamos peleando por ello.

¿Me estás preguntando a mí? Tu hija no tiene ninguna idea sobre las soluciones

Por suerte, tú tienes algunas ideas. Recuerda, el trabajo de tu hija no consiste en resolver el problema; ese es trabajo de ambos «socios» del «equipo de resolución de problemas»: tú y ella. Si tu hija verdaderamente no tiene ideas, está bien que le ofrezcas algunas proposiciones, siempre y cuando no termines por imponer una solución en el proceso. En otras palabras, con independencia de la persona que proponga la solución, esta última todavía necesita ser realista y mutuamente satisfactoria.

Consumación prematura: lidiar con soluciones que no son realistas ni mutuamente satisfactorias

Una vez que se propone una solución, tu hija y tú deberíais pensar de forma deliberada si es verdaderamente realista y mutuamente satisfactoria. Si existiese alguna duda sobre si una solución cumple esos dos criterios, deberás examinar posibles modificaciones de la idea original o considerar alternativas hasta que tu hija y tú acordéis una solución que se acerque más al objetivo. Por cierto, observa que no estás aportando docenas de ideas antes de empezar a evaluar cada una; eso podría resultar abrumador. Es mejor considerar una solución cada vez; si la primera no es realista ni mutuamente satisfactoria, perfecciónala o considera otra distinta hasta que alguna de ellas se acerque más al objetivo.

Ingredientes desaparecidos: omitir pasos

Cada uno de los tres ingredientes, cada paso, es indispensable en la resolución colaborativa de un problema. Si te saltas uno de estos pasos, estás omitiendo un ingrediente importante, y esta receta no te garantiza el éxito.

Si omites el paso de la Empatía, no conocerás las preocupaciones de tu hija y, sea cual sea la solución que se te ocurra, no abordará esas preocupaciones. Esas soluciones tienden a no funcionar muy bien. Si suena muy parecido al Plan A, puede que estés en lo cierto:

Padre: Quiero que, de ahora en adelante, hagas tus deberes antes de la práctica de hockey, ya que si no completas tus tareas antes del entrenamiento terminas quedándote hasta muy tarde para hacerlos y luego estás cansado para ir al colegio el día siguiente. ¿Cómo podemos resolver esto?

Hijo: Parece que tú ya lo has resuelto.

Si te saltas el paso de Definir las Preocupaciones de los Adultos —es aquí donde entran en juego tus preocupaciones—, en ese caso no se abordarán tus preocupaciones:

Padre: Me he dado cuenta de que los días que tienes entrenamiento de hockey te quedas hasta muy tarde para completar tus deberes. ¿Qué pasa?

Hijo: Cuando llego a casa del colegio necesito tomarme un descanso, por eso no quiero hacer mis deberes antes del entrenamiento de hockey. Y entonces acabo quedándome hasta muy tarde para terminarlos.

Padre: De acuerdo.

Pero, como leíste en el capítulo 5, a menudo sucede que los adultos introducen una solución en este paso, en lugar de una preocupación, provocando que el Plan B vuelva al Plan A. Veamos cómo podría sonar eso:

Padre: Me he dado cuenta de que los días que tienes entrenamiento de hockey te quedas hasta muy tarde para completar tus deberes. ¿Qué pasa?

Hijo: Cuando llego a casa del colegio necesito tomarme un descanso, por eso no quiero hacer mis deberes antes del entrenamiento de hockey. Y entonces acabo quedándome hasta muy tarde para terminarlos.

Padre: Entonces, cuando vuelves a casa del colegio, estás muy cansado y no quieres hacer tus deberes antes del entrenamiento de hockey.

Hijo: En ocasiones estoy demasiado cansado para hacerlos después del entrenamiento de hockey, así que tengo que despertarme muy temprano a la mañana siguiente para completarlos. Y a veces también estoy muy cansado por la mañana, así que trato de hacerlos durante mi tiempo libre.

Padre (introduciendo una solución más que una preocupación): Bueno, no quiero que te quedes hasta tan tarde ni que te despiertes tan pronto. Así que realmente necesitas hacer tus deberes antes de ir a hockey.

Hijo: ¡No quiero hacerlos antes de ir a hockey! ¡Cuando vuelvo a casa del colegio estoy cansado y necesito algo de tiempo para relajarme!

Si te saltas el paso de la Invitación, simplemente significa que has esperado dos pasos antes de volver al Plan A. Si lo haces, tu hijo perderá interés en participar en los dos primeros pasos del Plan B.

Padre: Me he dado cuenta de que los días que tienes entrenamiento de hockey te quedas hasta muy tarde para completar tus deberes. ¿Qué pasa?

Hijo: Cuando llego a casa del colegio necesito tomarme un descanso, por eso no quiero hacer mis deberes antes del entrenamiento de hockey. Y entonces acabo quedándome hasta muy tarde para terminarlos.

Padre: Entonces, cuando vuelves a casa del colegio, estás muy cansado y no quieres hacer tus deberes antes del entrenamiento de hockey.

Hijo: En ocasiones estoy demasiado cansado para hacerlos después del entrenamiento de hockey, así que tengo que despertarme muy temprano a la mañana siguiente para completarlos. Y a veces también estoy muy cansado por la mañana, así que trato de hacerlos durante mi tiempo libre.

Padre (introduciendo una preocupación): Bueno, lo que me preocupa es que no quiero que estés cansado en el colegio al día siguiente. Este es un año importante para ti, y quiero asegurarme de que estás en tu mejor momento.

Hijo: Vale.

Padre (saltándose la invitación y dirigiéndose directamente hacia una solución unilateral): Así que he decidido que no irás al entrenamiento de hockey si no has hecho tus deberes.

Hijo: ¡¿Qué?!

Padre (empleando uno de los fundamentos clásicos del Plan A): Lo hago por tu propio bien.

Hijo: Bueno, ¡esa es una idea estúpida y no pienso seguirla!

Padre: Cuida tu tono, jovencito...

Preguntas y respuestas

Pregunta: ¿Cómo sabré en qué momento estaré listo para llevar a cabo mi primer Plan B?
Respuesta: Si nunca has elaborado un Plan B, puede que nunca te sientas completamente preparado. Sin embargo, es bueno que salgas del paso en el primero. Después sigue practicando.

Pregunta: Mi primer Plan B fue un desastre. ¿Qué es lo que fue mal?
Respuesta: Tratar de asociarte con tu hija para resolver un problema nunca es un desastre. Si no fue todo lo bien que esperabas, tal vez debas releer este capítulo y el capítulo 5 para averiguar el porqué. Sin embargo, si en el paso de la Empatía recopilaste nueva información sobre las preocupaciones de tu hija con respecto a un determinado problema sin resolver, hiciste bien. Si no terminaste el paso de la Empatía, está bien; siempre hay un mañana. También hiciste bien si en el paso de Definir las Preocupaciones de los Adultos resististe la tentación de imponer soluciones y, en vez de ello, fuiste capaz de identificar tus propias preocupaciones. Si llegaste a la Invitación y fuiste capaz de colaborar con tu hija en una solución realista y mutuamente satisfactoria, es fantástico. Con suerte, la solución que tu hija y tú acordasteis resistirá el paso del tiempo. Si no lo hace, lo sabrás muy pronto y regresarás al Plan B para averiguar el motivo y para llegar a una solución más realista o mutuamente satisfactoria que la primera, o una que aborde las preocupaciones que podrían no haberse identificado en tu primer intento. Cuando creas que es el momento adecuado, pasa a otro problema no resuelto. Incluso si tu hija se negó a participar, probablemente hayas ganado puntos por haberlo intentado. Quizá esté más receptiva en la próxima ocasión.

Pregunta: ¿Qué pasa si la primera solución no funciona?
Respuesta: En el mundo real, la primera solución no suele cumplir su objetivo. En el mundo real, las soluciones duraderas

vienen después de las que no han funcionado muy bien. Lo importante es aprender de aquellas que no funcionaron muy bien para que las siguientes soluciones tengan más probabilidades de éxito.

Puede resultar tentador echarle la culpa a la niña de las soluciones que no funcionan. Recuerda, la niña no es la única que suscribió la solución.

Pregunta: ¿Qué pasa si mi hija y yo nos ponemos de acuerdo en una solución y después ella no hace lo que acordamos? ¿Debo castigarla?

Respuesta: No deberías castigarla por una solución que *ambos* acordasteis. Si tu hija no está siguiendo una solución con la que ella (y tú) estaba de acuerdo, ello suele ser una señal de que la solución no era tan realista ni mutuamente satisfactoria como pudo parecer en un principio. Eso no supone un fracaso, constituye simplemente un recordatorio de que la primera solución a un problema no suele conseguir su objetivo. Si una o ambas partes no pueden ejecutar su parte de la solución, regresa al Plan B para encontrar una solución que sea más realista. Si la solución no hubiese abordado de forma satisfactoria las preocupaciones de una o de ambas partes, regresa al Plan B para dar con una solución que aborde las preocupaciones de ambas partes. A propósito, la solución original solo puede abordar las preocupaciones que se verbalizaron en los dos primeros pasos, pero no podrá abordar las que *no* se expresaron. Vuelve al Plan B para ver si había preocupaciones que no se verbalizaron. El castigo no aumentará la probabilidad de que tu hija suscriba una solución que no es realista ni mutuamente satisfactoria, ni de que participe de nuevo en el Plan B.

Pregunta: ¿Debería esperar un 100 por cien de adhesión a una solución? Si no estoy recibiendo el 100 por cien, ¿significa eso que no era realista o que la niña necesita ayuda para lograrlo?

Respuesta: No estoy seguro de que alguien confíe al 100 por cien en las soluciones. Sin embargo, estás esperando que se resuelva en gran medida el problema cuya solución estáis buscando. En caso contrario, regresar al Plan B te ayudará a averiguar el motivo y a perfeccionar la solución.

Pregunta: ¿Tengo que imponer las soluciones?
Respuesta: Estás mezclando tu rol en el Plan A con tu rol en el Plan B. Con el Plan B, tu hija y tú os implicáis en la solución y estáis igualmente comprometidos con su éxito en la resolución de un problema, así que estás al margen de la ejecución de las soluciones que has impuesto.

Pregunta: He estado haciendo que mi hija pida perdón cuando hace algo mal. ¿Se ha conseguido algún logro?
Respuesta: Probablemente las disculpas forzadas no logren gran cosa. Además, es probable que estés haciendo que tu hija pida perdón por su *comportamiento*, cuando en realidad quieres centrarte más en colaborar con ella a fin de resolver los *problemas* que están provocando ese comportamiento. Las disculpas no solucionan los problemas.

Pregunta: ¿Dirías lo mismo del hecho de que mi hija enmiende su comportamiento?
Respuesta: Es posible que el hecho de iniciar un debate con tu hija sobre el modo de arreglar las cosas sea productivo y le ayude a pensar en la forma en que su comportamiento ha herido a otra persona. Pero, al igual que con las disculpas, reparar el daño no solucionará el problema que ocasionó el comportamiento perjudicial, así que la resolución del problema sigue siendo primordial.

Pregunta: En la historia del final del capítulo anterior, parecía que la solución requería que el niño se acordase de hacer muchas cosas nuevas. ¿Qué pasa si tiene dificultades para acordarse de hacerlas todo el tiempo? ¿Puedo recordárselo en ocasiones?

Respuesta: Si piensas que tu hija puede llevar a cabo las soluciones que habéis acordado, pero tiene problemas para recordarlas, incorporar los recordatorios a la solución podría tener mucho sentido. Si el recordatorio se convirtiese en un agobio, es probable que la solución no fuese realista y que necesite revisarse.

Pregunta: Es difícil decidir qué Plan emplear en caliente. ¿Qué estoy haciendo mal?

Respuesta: Bueno, de todas formas, no deberías tomar esa decisión de improviso casi nunca. Deberías decidir qué problemas estás tratando de resolver –y cuáles todavía no estás intentando solucionar– con antelación. Así no tendrías que tomar decisiones sobre la marcha.

Pregunta: Sí, pero, ¿es posible emplear el Plan B si aparece un problema? ¿Cómo sonaría eso?

Respuesta: En las raras ocasiones en que eso pueda suceder, sí, es posible emplear el Plan B en caliente. Simplemente no debes convertirlo en algo habitual. El Plan B de emergencia difiere del Plan B proactivo principalmente en el momento y en la formulación del paso de la Empatía. El paso de la Empatía del Plan B de emergencia no empezaría con una introducción (como en el Plan B proactivo), puesto que ya es demasiado tarde para ser proactivo. Así que te dirigirás directamente a la escucha reflexiva. He aquí unos pocos ejemplos de cómo sonaría eso:

Niña: Hoy no voy a ir al entrenamiento de hockey.

Padre: Hoy no vas a ir al entrenamiento de hockey. ¿Qué pasa?

Niña: Hoy no voy a ir al colegio. Necesito un día de descanso mental.

Padre: Hoy no vas a ir al colegio. ¿Qué pasa?

Niña: ¡No puedo hacer estos deberes!
Padre: ¡No puedes hacer esos deberes! ¿Qué pasa?

Y luego, naturalmente, debes llegar a la comprensión más clara posible de la preocupación, la perspectiva o el punto de vista de tu hija. Después de eso, continuarás con los otros dos pasos.

Pregunta: Entonces, ¿está bien no atravesar los tres pasos del Plan B en el primer intento?
Respuesta: Por supuesto. Nunca sabes cuánta información vas a recopilar en el paso de la Empatía, así que nunca sabes cuánto tiempo va a hacer falta antes de avanzar a los siguientes pasos. Resolver los problemas colaborativamente es un proceso, uno en el que no se emplea el cronómetro.

Pregunta: Empecé a usar el Plan B con mi hija, ¡y habló! De hecho, habló tanto que comencé a sentirme abrumado con toda la información que estaba obteniendo y con todos los problemas que tenía que resolver. ¿Ahora qué?
Respuesta: Es cierto, en ocasiones el Plan B abre las compuertas de la información, y descubres que había incluso más problemas para solucionar que los que identificaste en tu lista inicial. Aunque pueden resultar abrumadores, tener conciencia de todos esos problemas adicionales sin resolver es algo bueno. Tu objetivo consiste en añadir los nuevos problemas no resueltos a la lista, modificando quizá las prioridades, y en continuar con la misión de resolver un problema cada vez. Si descubres que tu hija está proporcionando una enorme cantidad de información en el paso de la Empatía, pregúntale si le parece bien ponerla por escrito; no debes olvidar nada.

Pregunta: Parece que debería eliminar de mi vocabulario las palabras «porque lo digo yo». ¿No?
Respuesta: Desde luego, esa expresión no te ayudará a asociarte con tu hija en la proposición de soluciones duraderas y

mutuamente satisfactorias a los problemas que están afectando a su vida.

Pregunta: Pero, ¿todavía puedo fijar límites?
Respuesta: Recuerda, al tener expectativas y al proponerte que tu hija las cumpla estás estableciendo límites. Si, por ejemplo, esperas que tu hija cene con la familia (y no delante de la televisión), que mantenga su habitación razonablemente limpia, que se acueste a una hora razonable, que vuelva a casa a la hora convenida, que trabaje duro en la escuela, que llegue a la escuela a tiempo y que no conduzca bajo la influencia de las drogas o del alcohol, entonces estás fijando límites.

Ahora bien, si tu hija no está cumpliendo una expectativa, tienes un problema sin resolver. *Llegado ese punto, «fijar límites» y «resolver problemas» se convierten en sinónimos.* Como sabes, si solucionas ese problema usando el Plan A no solo estás resolviendo el problema de manera unilateral, sino que también estás dando un portazo a la comprensión y a la resolución de las preocupaciones de tu hija, aumentando la probabilidad de las interacciones conflictivas, siguiendo adelante con las soluciones desinformadas y, probablemente, no resolviendo el problema de manera duradera. Cuando solucionas los problemas empleando el Plan B, te enteras de lo que se está interponiendo en el camino de tu hija, disminuyen las interacciones conflictivas, trabajas junto a tu hija en soluciones realistas y mutuamente satisfactorias, y se solucionan los problemas de forma duradera. Estás fijando límites de todas maneras. Es solo que un modo es mucho más efectivo y propicio para una asociación que el otro.

Pregunta: He hecho que mi hija firme contratos —ya sabes, contratos en los que especifico mis expectativas y donde mi hija acepta cumplir y recibir recompensas en caso de hacerlo—. ¿Es algo malo?
Respuesta: Lo más seguro es que tu hija ya tenga claras tus expectativas, así que probablemente no necesites contratos para

ello. Y si tu hija está teniendo dificultades para cumplir ciertas expectativas, seguramente haya algo interponiéndose en su camino, y ni la firma de un contrato ni esas recompensas te ayudarán a averiguarlo o a resolverlo. Así que aún tienes información pendiente de recopilar y problemas que resolver, y los contratos no te ayudarán a lograr esas dos cosas.

Pregunta: ¿Es pasivo el Plan B?
Respuesta: El Plan B no es pasivo en absoluto. Es un enfoque *muy* activo de la crianza. Muchos adultos creen que «activo» implica que sea duro y punitivo. Ahora ya lo sabes. Algunos padres también ven el Plan B como una muestra de debilidad y las consecuencias impuestas por los adultos como una señal de fuerza. Sin embargo, colaborar con tu hija para solucionar los problemas que afectan a su vida no tiene que ver con la fortaleza o la debilidad; tiene que ver con aquello que funciona.

Pregunta: Pero, ¿le dejará claro el Plan B a mi hija que me opongo a algunas de sus acciones?
Respuesta: Absolutamente. En el paso de la Definición de las Preocupaciones de los Adultos hablarás con ella de tus preocupaciones sobre las acciones que desapruebas. Y verás tus preocupaciones abordadas en la Invitación. No obstante, también es bueno recordar que sus acciones (sus *comportamientos*) son probablemente consecuencia de determinados problemas sin resolver, y que esos problemas (no sus comportamientos) van a ser el punto central del Plan B.

Pregunta: Si siempre estoy colaborando con mi hija y alcanzamos una solución aceptable para los dos, ¿no existe la posibilidad de que aprenda que únicamente tiene que cumplir mis expectativas si le apetece hacerlo? En el mundo real tendrá que hacer cosas que no necesariamente le guste hacer.
Respuesta: En realidad, tu hija ya está cumpliendo expectativas que no le apetece cumplir. Quizás no siempre quiera hacer sus

deberes (pero puede que los haga de todos modos), quizás no siempre le apetezca estudiar para un examen (pero puede que lo haga también), y quizás no siempre le guste lo que has hecho para cenar (pero se lo coma de todas formas). Estás colaborando con tu hija en las expectativas que tiene *dificultades* para cumplir.

Pregunta: ¿Qué pasa si dice: «Porque no me apetece» cuando planteo una preocupación con ella?
Respuesta: Comienza a perforar para así comprender lo que quiere decir. A continuación, colabora en la búsqueda de una solución para abordar sus preocupaciones.

Pregunta: Entonces, el Plan B no es solo una forma astuta de hacer que mi hija haga lo que yo quiera, ¿no?
Respuesta: Correcto. En realidad, el Plan B no tiene nada de astuto. Es solo el duro trabajo de resolver problemas de forma colaborativa.

Pregunta: Tengo la sensación de que mi hija adivinará la verdadera naturaleza de lo que estoy tratando de hacer cuando solucione los problemas colaborativamente con ella.
Respuesta: ¡Excelente! Porque la resolución colaborativa de los problemas es un proceso transparente. El Plan B no es una técnica destinada a engañar a tu hija para que haga las cosas a tu manera. Si tu hija sabe que estás profundamente dedicado a comprender y a aclarar su preocupación, su perspectiva o su punto de vista sobre un determinado problema no resuelto, y si comprende tu preocupación o tu perspectiva, y ambos trabajáis juntos en busca de soluciones que sean realistas y mutuamente satisfactorias, entonces no hay nada que «adivinar».

Pregunta: ¿Es el Plan B el único medio a través del cual puedo recopilar información de mi hija sobre su preocupación, su perspectiva o su punto de vista sobre un tema en particular?

Respuesta: Puedes hablar *informalmente* con tu hija y escuchar su punto de vista sobre los diferentes temas, además de los problemas sin resolver, siempre que quieras. Y, presumiblemente, has estado ofreciendo tu punto de vista sobre muchos de esos temas también, sin imponer tu voluntad, sin insistir en que tu hija adoptase tu punto de vista o sin ser despectivo o crítico sobre su punto de vista.

Pregunta: ¿No crees que el Plan A es una buena manera de forjar el carácter y de fomentar el valor y la determinación?

Respuesta: Si te refieres a la capacidad de una niña para levantarse tras haber sido derribada (por un problema) en la vida, no estoy muy seguro del modo en que el Plan A podría resultar de ayuda. Lo que sí tengo bastante claro es la manera en la que el Plan B sería de ayuda. Tu hija no necesita que seas tú quien la derribe; la vida se encargará de eso. Tu hija necesita que la ayudes a aprender el modo de levantarse. Y, como has leído, existen ciertas características adicionales que deseas promover en tu hija a toda costa −empatía, tener en cuenta cómo el comportamiento de uno afecta a otras personas, honestidad, tomar en consideración la perspectiva de otra persona, y resolver desacuerdos de modos que no entrañen un conflicto−, pero el Plan A no promueve esas características. El Plan B sí que lo hace. De nuevo, hablaremos más al respecto en el capítulo 9.

Pregunta: ¿Puedes decir algo más sobre la Vida Libre de Suposiciones?

Respuesta: Por supuesto. Se trata de un esfuerzo encaminado a darte cuenta de cuándo estás practicando una suposición sobre tu hija y a deshacerte de esta suposición −*rápidamente*−. Como has leído, los padres se caracterizan por estar seguros de conocer lo que sucede con su hija y por elaborar soluciones basándose en esas suposiciones. Naturalmente, si las presunciones están fuera de lugar, las soluciones a las que esas suposiciones dan lugar fracasarán también. Cuando puedes renunciar a esas presunciones, eres libre para averiguar lo que realmente está pasando con tu hijo. Lo bueno del Plan B es que te ofrece otras opciones además de suponer: *preguntar*.

* * *

Denise había concertado una cita con Hank para continuar con su abreviada discusión. Decidió limitar la discusión a sus dificultades para llevarse bien con su hermana (en lugar de incluir sus dificultades con Nick en este mismo debate). Puso a Nick y a Charlotte estratégicamente delante de la televisión y se sentó con Hank en la mesa de la cocina. «Sé que no quieres hacer esto», comenzó Denise, con un Hank que parecía completamente desinteresado.

«Entonces, ¿por qué me estás obligando?», dijo Hank.

«Bueno, no te estoy obligando exactamente. Pero no me gusta el modo en que nos tratamos en ocasiones, y necesito tu ayuda para hacerlo mejor».

Hank puso los ojos en blanco.

«Entonces, ¿podemos hablar un poco de las dificultades que estás teniendo para llevarte bien con tu hermana?».

«¿Cómo es que no estás hablando con ella sobre esto?».

«Hablaré con ella», dijo Denise. «Pero pensé en conocer tu opinión en primer lugar».

«Ya te he contado mi opinión de las cosas. Ella es irritante».

«Sí, recuerdo esa parte», dijo Denise. «Pero no he conseguido mucho más que eso».

Hank suspiró. «Siempre entra a mi cuarto sin permiso. Tiene su propia habitación y yo tengo que compartir la mía con Igmo», dijo Hank, empleando el apodo despectivo que había acuñado para su hermano pequeño. «Soy el mayor. ¿Cómo es que la mocosa tiene su propio dormitorio?».

Denise tuvo la tentación de responder a la pregunta de Hank por centésima vigésima séptima vez, pero decidió seguir perforando en busca de información. «Así que siempre entra en tu habitación sin permiso. Y tiene su propio dormitorio y piensas que tú deberías tener el tuyo propio porque eres el mayor».

«Correcto».

«¿Alguna otra razón por la que estés teniendo dificultades para llevarte bien con ella?».

«Siempre tiene puestos sus estúpidos programas de televisión y se pone como loca cuando quiero ver algo que me gusta. Y sabe que te pondrás de su parte si grita por ello».

«Hank, ¿te importa si pongo por escrito algunas de estas cosas?», preguntó Denise. «Quiero decir, creo que ya conocía gran parte de estas cosas, pero no quiero olvidarme de nada».

«¡Conoces todas estas cosas! ¡Pero no haces nada al respecto! Esa es la razón por la que no tiene sentido hablar de ello».

«Bueno, he tratado de hacer algunas cosas, pero lo que he intentado no ha funcionado. No os he ayudado a resolver estos problemas. Creo que no sabía cómo hacerlo. Pero quiero que me des otra oportunidad. No eres feliz con las cosas tal como están–eso está bastante claro–. Y yo no soy feliz. Tampoco creo que Nick y Charlotte sean felices. Así que creo que no tenemos más remedio que esforzarnos todavía más para tratar de solucionar las cosas».

«Bueno, como tú no has hecho nada, tengo que hacerlo yo», dijo Hank.

«¿Qué quieres decir?».

«Si ellos me molestan, yo les molesto a ellos. Y soy mucho peor».

«Sí, comprendo que esa haya sido tu estrategia. Y ahora entiendo cómo llegaste a ese punto. Pero no creo que esa estrategia esté funcionando. Solo hace que os molestéis más entre vosotros».

«La supervivencia del más apto», dijo Hank, usando una de sus frases favoritas.

«Creo que hay una mejor manera», dijo Denise. «¿Podemos seguir hablando de cómo Charlotte te está molestando?».

«Ya lo hemos visto».

«Entonces, si solucionamos estos problemas, ¿crees que podrías llevarte mejor con Charlotte?».

«No prometo nada», dijo Hank. «Aunque, de todos modos, no creo que puedas solucionarlos».

«Verás, esa es la cuestión. Todos pensábamos que *soy yo* la que se supone que debe resolver estos problemas. Pero eso me ha convertido en una árbitra. Y odio ser una árbitra. Además, no se me da muy bien. Tengo que ayudaros a resolver estos problemas entre vosotros. Puedo ayudaros a solucionarlos, pero no puedo hacerlo sola. Necesito vuestra ayuda».

«¿Qué pasa con Charlotte?».

«Voy a necesitar también la ayuda de Charlotte. Estoy hablando de esto contigo en primer lugar. Pero deja que me asegure de que tengo mi lista en orden. Ella entra en tu habitación sin preguntar. Ese es un problema que hemos de resolver. Y crees que deberías tener tu propio dormitorio porque eres el mayor. Esa es otra. Y siempre está viendo sus programas en la televisión, así que no puedes ver los que te gustan a ti. ¿He acertado?».

«Sí», refunfuñó Hank.

«¿Qué punto deberíamos resolver primero?».

«Ninguno. Esto no tiene sentido».

«Sí, quizá, pero, ¿con cuál quieres que comience a trabajar en primer lugar?».

«Con la televisión».

«Entonces, háblame un poco más sobre eso», dijo Denise, volviendo al paso de la Empatía para ese problema sin resolver específico.

«Ella tiene, digamos, televisión ilimitada. Y ve programas realmente estúpidos que yo no quiero ver. Y sabe que te pondrás de su lado, así que casi nunca consigo ver los programas a menos que ella esté en la cama, en casa de una amiga o algo por el estilo».

«Entiendo. Así que te preocupa que casi nunca puedes ver los programas que te gustan porque Charlotte tiene el monopolio de la televisión y porque siempre me pongo de su parte».

«Sí».

«¿Quieres escuchar mi preocupación?».

«Si tengo que hacerlo…».

«Me preocupa que la intimides cuando quieres ver algo en la televisión».

«¡No lo haría si dejases de ponerte de su lado!».

«Déjame acabar, por favor. Sé que ese es tu punto de vista. No puedo permitir que intimides a tu hermana pequeña. Eres más grande que ella, en ocasiones le haces daño, y no es justo que te hagas el mandón de esa manera. Hace que se sienta mal. ¿Entiendes?».

«No importa».

«Así que lo que vamos a tratar de hacer es encontrar una solución que aborde mi preocupación –no puedo permitir que trates a tu hermana de modos que hagan que se sienta mal– y tu preocupación, esto es, que quieres tener la posibilidad de ver los programas de televisión que tú quieras».

«Entonces, ¿cuál es la solución?».

«No tengo ni idea», dijo Denise. «Necesito hablar con Charlotte para averiguar cuáles son sus preocupaciones. A continuación, nos reuniremos los tres –ella, tú y yo– y hallaremos una solución que funcione para todos nosotros. No yo… *nosotros*».

«¿Hemos acabado?».

«Hemos acabado por ahora».

¿Puedes emplear el Plan B para resolver problemas entre dos niñas y no solo entre una niña y un adulto? Sí, puedes hacerlo. Pero, como acabas de leer, al principio podría parecer un poco una especie de «diplomacia itinerante» ya que puede ser mejor recopilar las preocupaciones de ambas niñas antes de juntarlas para resolver el problema. Además, también es bueno que te desprendas del rol de árbitro; es mejor para las niñas darse cuenta de que eres el Facilitador de la Resolución de Problemas, no la máquina de las soluciones.

* * *

Dan se despertó a mitad de la noche con la sensación de que Kristin ya no estaba en la cama con él. Se estiró para confirmarlo. Definitivamente, Kristin no estaba en la cama. Mientras trataba de orientarse, le pareció notar a Kristin caminando de un lado a otro en la oscuridad.

«¿Kristin?».

«Sí».

«Qué haces?».

«Caminar de un lado para otro».

Dan se apoyó en una almohada. «¿Por qué caminas de un lado para otro?».

«No puedo dormir».

«¿A causa de Taylor?». Era una apuesta segura, ya que Taylor era la principal preocupación de Kristin.

«Sí, es por Taylor», confirmó Kristin.

«Vuelve a la cama. No puedes dejar que te consuma de esta manera».

«Bueno, no puedo evitarlo».

«¿En qué estás pensando?».

«En todo».

«¿Qué es todo?».

«Hablar de ello no ayuda».

«Vamos –cuéntame–», la persuadió Dan, palmeando la cama para que Kristin se sentara.

«No duerme lo suficiente. Sé que aún no ha comenzado su trabajo final de literatura. Todavía no ha estudiado lo suficiente para las pruebas de acceso a la universidad. No sé dónde está la mitad del tiempo. Quiero que entre en una buena universidad. Quiero que sea feliz. Quiero llevarme bien con ella». Kristin se sentó con pena en la cama.

«Lo sé».

«¿Pensabas tanto en David y en Julie?», preguntó Kristin, haciendo referencia a los hijos del primer matrimonio de Dan.

Dan trató de escoger sus palabras cuidadosamente, pese a que estaba medio dormido. «Mmm, en ocasiones. Pero no tanto como piensas tú en Taylor».

«Entonces, ¿qué me pasa?».

«Te preocupas mucho por ella. Pero creo que hay algo llamado pre-ocuparse demasiado. No puedes preocuparte por ella hasta el grado de volverte loca. Ella está bien. Simplemente está desplegando sus alas un poco. Es lo que se supone que debería estar haciendo a su edad».

«Sé que es lo que se supone que debería estar haciendo. Solo pienso que ha comenzado a hacerlo mucho antes que la mayoría de niños. Me resulta difícil. Soy una fanática del control».

«Te gusta que las cosas sean "así"». Dijo Dan. «Solo que Taylor no es una niña "así". Es Taylor. Y Taylor va a ser Taylor».

«Sí, bueno, eso no significa que no deba responder al teléfono cuando la llamo».

«Creo que necesitamos tratar de acercarnos a ella de un modo diferente», dijo Dan, usando de forma estratégica la palabra *nosotros* en vez de *tú* para ver si eso hacía que fuese más fácil escuchar. No funcionó.

«Quieres decir *yo*, ¿verdad?» fue la respuesta de Kristin. «Ella te *ama*. Nunca dices que no».

«En realidad quería decir *nosotros*», dijo Dan. «Estaría bien que estuviésemos en la misma onda».

«Bueno, tú no estarás en *mi onda*, así que deberíamos tener claro la onda de la que estamos hablando».

«¿Esto es algo que podemos hablar sin convertirlo en una pelea?», preguntó Dan.

«Bueno, hagámoslo a tu manera. Dejemos que me pisotee».

«No creo que debas permitir que te pisotee. Parece que te pisotee porque dibujas una línea en la arena que no puedes respetar. En mi trabajo, eso recibe el nombre de andarse con bravuconadas. Y cualquier buen abogado va a descubrir mi farol. No creo que debas adoptar decisiones "todo o nada" con ella. Solo consigues que ella adopte decisiones "todo o nada" contigo».

«No sé qué hacer entonces».

Dan reflexionó sobre esto. «Hace mucho tiempo, tuvimos algunas dificultades con Julie», dijo, haciendo referencia a su hija mayor. «Vimos a una terapeuta en un par de ocasiones. Y nos enseñó cómo resolver los problemas que teníamos con ella de un modo que no provocase ningún conflicto».

«¡Te deseo buena suerte en tu intento de conseguir que Taylor vaya a un terapeuta!», se burló Kristin. «¿Sabes cuántos libros he leído sobre la crianza?».

«No digo que necesitemos ir a un terapeuta. Solo pienso que aprendí algunas cosas para tratar con Julie que podrían sernos de utilidad con Taylor. Ahora que lo pienso, es probable que siga aplicando con Taylor lo que aprendí con Julie sin ni siquiera darme cuenta de ello».

Kristin no se lo creyó. «No voy a dejar que me pisotee».

«No se trata de dejar que te pisotee. Se trata del modo en que los padres hablan a sus hijos. Y de cómo les escuchamos. Y de cómo solucionamos los problemas juntos».

Kristin parecía agotada de la conversación. «Estoy cansada de escuchar todo lo que hago mal con Taylor y todo lo que hiciste bien con Julie, y de escuchar que todos los problemas de Taylor son por mi culpa».

Kristin volvió a la cama. Dan se alegró al ver que la conversación en medio de la noche parecía llegar a su fin. Sin embargo, no pudo resistirse a responder. «Los problemas de Taylor no son todos por tu culpa. Y son *nuestros* problemas, no *sus* problemas. Creo que necesitamos comenzar a trabajar en ellos conjuntamente».

Por supuesto que nos preocupamos por nuestras hijas. Son nuestras *hijas*. Y, como es natural, hay padres que están más estresados por los problemas no resueltos que otros. Si estás pensando que deberíamos examinar esas realidades un poco más, solo tienes que pasar la página.

CAPÍTULO 7

La angustia parental

En los primeros capítulos de este libro examinamos el rol que desempeñas en la vida de tu hijo y tus opciones para tratar de cumplirlo, y pusimos un énfasis en tu papel como compañero. A continuación, leíste mucho sobre el modo de solucionar los problemas de forma colaborativa y, en el último capítulo, aprendiste las dificultades potenciales que entraña hacer esto. Ahora vamos a hablar un poco más de ti, ya que este capítulo trata de uno de los mayores impedimentos para la asociación que estás tratando de crear con tu hijo: *tu ansiedad*.

Es bueno que te tomes en serio tu trabajo como padre y que te preocupes por el devenir de tu hijo. Y también es bueno que no quieras que tu hijo cometa los mismos errores que tú, o que se provoque un daño irreparable a sí mismo o a su futuro. Sin embargo, si tu ansiedad se apodera de ti, puede cegarte. Los árboles podrían impedirte ver el bosque. Puede provocar que te aferres muy fuerte o que presiones demasiado. Puede hacer que te enfurezcas, que reacciones de manera exagerada. Puede nublar tu juicio y hacer que respondas con mayor urgencia de la necesaria. Puede empujarte a tomar el autobús expreso de vuelta al Reino Dictatorial.

¿Qué te está causando ansiedad?

- Sentir que a tu hijo no le está yendo bien, que no está aprovechando al máximo sus oportunidades, o que está teniendo dificultades para cumplir algo más de lo que corresponde a su parte de las expectativas.

- Sentirte avergonzado de tu hijo o sentir que las expectativas que está teniendo dificultades para cumplir hablan mal de ti y de tu crianza.

- Sentir que, pese a tus mejores esfuerzos, las cosas no mejoran.

Al haber puesto tú mucho en juego con ese niño, es fácil que tu visión de la vida esté fuertemente influenciada –demasiado– por el modo en que lo está haciendo tu hijo. ¿Su club de inversión del instituto quedó en primer lugar a nivel estatal? Te sientes flotando en las nubes. ¿Suspendió su examen de matemáticas en séptimo grado? Desastre. ¡Nunca llegará en la universidad! Y, si llega, será a una de segunda categoría. ¿No tiene hábitos de estudio adecuados a los seis años? Catástrofe. ¡Será mejor que arreglemos eso de inmediato, o las cosas se pondrán feas cuando tenga dieciocho años!

Pero, como ya hemos proclamado, tu crianza no es el único factor determinante en lo que hace tu hijo y en lo bien que lo hace. Dado que no eres la única influencia en la vida de tu hijo y dado que tu acervo genético puede expresarse de formas muy dispares, tu hijo es un reflejo de muchas cosas –una vez más, una *sinfonía* de factores–, muchas de las cuales no tienen que ver necesariamente contigo ni están totalmente (ni siquiera en cierto modo) bajo tu control. Para algunos padres, esa difusión de la responsabilidad es un alivio. Para otros –quizá para quienes operan bajo la ilusión del control completo y total y sienten que solo si tocan la bocina lo suficientemente fuerte serán escuchados por encima del estruendo–, solo produce más ansiedad.

Definitivamente, tu rol consiste en ejercer cierta influencia en aquellos casos en que tu hijo tome una dirección que provoque que tú o que otros adultos os preocupéis. Y ahora ya sabes cómo hacerlo. Pero, especialmente cuando esas expectativas no satisfechas te hacen sentirte como un padre inadecuado, o cuando te preocupa que a tu hijo no le esté yendo bien, o cuando el chico está esforzándose por cumplir muchas expectativas, o cuando te sientes avergonzado porque las cosas no mejoran rápidamente, resulta tentador permitir que se te vaya la mano por lo que respecta a la influencia y que sientas que el hecho de volverlo a poner en el rumbo correcto, de manera firme y decisiva, debe tener lugar *en ese preciso momento*. Y es entonces cuando muchos padres trazan un camino de vuelta al Plan A.

Los seres humanos –padres incluidos– tendemos a ponernos más ansiosos cuando nos sentimos impotentes: incapaces de lograr ciertos resultados deseados, incapaces de introducir los cambios deseados. Sentirnos impotentes nos lleva con frecuencia a aplicar más poder. Aunque, a menudo, cuanto más poder aplicamos, más impotentes nos sentimos.

Sin embargo, tú no eres impotente como padre. Tienes una herramienta muy poderosa para ayudarte: el Plan B. Saber que puedes influir en tu hijo sin el uso del poder es algo muy…, bueno, muy *poderoso*. Va a ayudarte a suavizar las cosas en tu cabeza, a mantener tu perspectiva. Va a ayudarte a mantener el equilibrio.

¿Qué equilibrio? El equilibrio entre las habilidades, las preferencias, las creencias, los valores, los rasgos de la personalidad, las metas y el rumbo de tu hijo y tu experiencia, tu sabiduría y tus valores. Mantener ese equilibrio no es un arte perfecto. Es difícil. Pero es preferible que sea difícil a que sea impotente.

Conservar tu perspectiva es crucial para mantener tu ansiedad bajo control. He aquí algunos recordatorios que podrían resultarte de ayuda:

- Tu hijo necesita libertad para probar que tal le sienta su identidad emergente, sin tener la sensación de que el hecho de tener que pulir las cosas un poco o de disfrutar de una segunda oportunidad tenga que ser un desastre absoluto. Estás siendo un buen padre cuando permites que eso suceda. Si reaccionas de manera excesiva o le atas demasiado corto, no tendrá espacio para crecer.

- Tu hijo también necesita espacio para cometer errores y para aprender de ellos. También eres un buen padre cuando permites que eso suceda. Si te esfuerzas demasiado en controlar los resultados o eres demasiado crítico cuando tropieza con sus propios pies, le preocupará demasiado cometer errores y no tendrá la oportunidad de aprender de ellos.
- Tu hijo también necesita la oportunidad de enderezar el barco por sí mismo cuando se encuentra en aguas turbulentas. Y necesita que mires atentamente para que veas cómo lo está haciendo. Si no le sigues lo suficientemente de cerca, podría cansarse de luchar por mantenerse a flote y darse por vencido. Si le tiras el chaleco salvavidas nada más comenzar a pasarlo mal, nunca aprenderá a nadar. Si es capaz de enderezar el barco con bastante frecuencia, terminarás teniendo fe en su capacidad para hacerlo. En realidad, puede que tenga un historial de enderezamientos de barco bastante decente –aunque tus recuerdos de las ocasiones en las que no se manejó tan bien en aguas turbulentas pueden ser más conmovedores–, y es bueno reflexionar sobre ello.
- Tu hijo necesita que sepas el modo de ayudarle a enderezar el barco en caso de que él no pueda hacerlo por sí mismo. En eso consiste el Plan B. Si dependes demasiado del Plan A para estabilizar el barco, no tendrás un Compañero para Resolver Problemas; simplemente tendrás muchos conflictos.

Pero, ¿no es normal que los niños y los padres discutan unos con otros?

Si «normal» significa la *norma*, entonces puede que la respuesta sea sí. Si «normal» significa *necesario*, entonces no. El conflicto entre tu hijo y tú no puede darse por supuesto; no es inevitable. *Tu relación con tu hijo no tiene por qué ser conflictiva.* La receta para el conflicto padre-hijo te resulta familiar ahora:

- Vierta en una olla las expectativas no cumplidas.
- Incorpore el fracaso al identificar las preocupaciones.
- Añada soluciones contradictorias (luchas de poder) a la mezcla.
- Sazone al gusto con una pizca (o más) de ansiedad parental.
- Lleve a ebullición con soluciones impuestas (Plan A).

Ahora bien, si estás resolviendo los problemas de manera colaborativa, estás cambiando la receta. A propósito, una *pizca* de ansiedad parental probablemente sea algo bueno; te mantendrá alerta y te avisará de los problemas que necesitan ser resueltos. Es el *desbordamiento* de la ansiedad lo que provocará que pierdas la perspectiva y que respondas de formas contraproducentes. Una pequeña frustración parental es, asimismo, algo bueno. Tu frustración indica también que existe una expectativa que tu hijo está teniendo problemas en cumplir y que necesitas información sobre lo que hace difícil que cumpla esa expectativa. Sin embargo, si hay demasiada frustración, reaccionarás de manera excesiva. Por cierto, existen algunos padres que responden a los altos niveles de ansiedad y frustración con respecto a las expectativas no satisfechas de sus hijos reaccionando en el sentido opuesto: al final dejan por completo de preocuparse y de tratar de resolver los problemas. Como es natural, esto puede ser tan contraproducente como las reacciones exageradas. *De igual modo que el comportamiento de tu hijo comunica que existe un problema que necesita resolverse, tu ansiedad y tu frustración indican eso mismo.*

Cuando era un padre novato, tendía a ponerme extremadamente ansioso si uno de mis hijos –la primera de ellos, en concreto– se ponía con fiebre. *¿Qué pasa si tiene algo terriblemente malo? ¿No estoy siendo negligente si no la llevo al pediatra de inmediato? ¿No es lo que haría un buen padre? ¿Cómo voy a saber si me retraso y si le está pasando algo realmente serio?* Así que, debidamente alarmado, la llevaba rápidamente –sin un minuto que perder– al pediatra. Siempre me sentía muy aliviado al saber que había diferentes microbios dando vueltas, que los síntomas de mi hija encajaban en el perfil de al menos uno de ellos, y que probablemente estaría bien después de entre uno y tres días. Con mi ansiedad ahora reducida, podía centrarme en darle a mi hija la empatía y los cuidados que necesitaba. Con el tiempo, aprendí algunas cosas. En primer lugar, que probablemente podría rebajar un poco el consumo de paracetamol. La fiebre es algo bueno, un signo de que el sistema inmunitario de mi hija se había movilizado para combatir una infección y que era bastante bueno en eso. La fiebre terminaría por desaparecer; los vómitos se acabarían; estaría bien. Si mi hija no hubiese podido combatir la infección por sí misma, o en caso de haber tenido un problema serio, como yo estaba observando con atención, me habría asegurado de que recibiera los cuidados adicionales que hubiese precisado. Y, quizá lo más importante, *aprendí que el hecho de mostrar que me preocupaba no necesariamente se expresaba mejor asumiendo el control o exagerando en la intervención.*

Esto no es muy diferente de los demás aspectos del desarrollo de tu hijo.

Veamos algunos de los signos reveladores de que tu ansiedad es desmesurada.

- Que no puedas dejar de pensar en tu hijo, en cómo lo está haciendo y en los problemas que podrían interponerse en su camino.
- Que estés perdiendo el sueño por problemas del desarrollo bastante triviales.
- Que grites mucho.
- Que te descubras a ti mismo corrigiendo, dirigiendo, instruyendo y criticando de manera excesiva con el objetivo de que las cosas salgan bien.
- Que no puedas dejar de preguntarle a tu hijo por cada detalle de su existencia.

¿Cómo te ayudará el enfoque descrito en este libro a mantener tu perspectiva?

- En primer lugar, te proporciona nuevas lentes: *los niños lo hacen bien si pueden –si un niño puede hacerlo bien, lo hará bien, porque hacerlo bien es preferible–*. Cuando te sientas abrumado por la ansiedad o tengas la tentación de imponer una solución a tu hijo, este es un mantra valioso.

- En segundo lugar, te proporciona un nuevo plan de juego. Vas a identificar y a priorizar los problemas sin resolver antes de tiempo, así que no trates de resolverlos todos a la vez ni de manera urgente, en caliente. Cuando tienes un enfoque concreto y proactivo, te sientes menos abrumado.

- En tercer lugar, cuando comiences a lograr cierto éxito con el Plan B, las expectativas no satisfechas ya no te darán miedo porque confiarás en que tu hijo y tú podréis enfrentaros a ellas. Juntos. El Plan A no va a proporcionarte esa confianza. Con el Plan A estás volando en solitario, y los problemas siguen sin resolverse. Con el Plan B, la presión desaparece. No tienes que encontrar soluciones por tu cuenta. Tienes un compañero de equipo.

- El Plan B también va a garantizar que recopilas información de tu hijo para que tengas claras sus preocupaciones y lo que se está entrometiendo en su camino. Y él sabrá cuáles son tus preocupaciones. Su voz será escuchada. Tu voz será escuchada. Cuando tu hijo participe en el proceso de resolución de problemas, tendrás la seguridad de que es resiliente y capaz.

- El Plan B también te libera de la presión de determinar quién tiene razón y quién no. En lugar de rumiar sobre la solución o las consecuencias que debes imponer, y de tener miedo a iniciar una gran pelea o al esfuerzo necesario para obligar a tu hijo a obedecer, colaborarás con tu hijo en las soluciones que sean realistas y mutuamente satisfactorias. En vez de chocar continuamente entre vosotros, tu hijo y tú trabajaréis juntos.

- Cuando no chocas con tu hijo, comienzas a tener la libertad necesaria para aprender sobre sus habilidades, sus preferencias, sus creencias, sus valores, los rasgos de su personalidad, sus metas y su rumbo. Podría impresionarte lo que has aprendido de él, incluso si no es lo que habías planeado. Y, cuando tu hijo no choca contigo, tiene la libertad de aprender sobre tu experiencia, tu sabiduría y tus valores. Serás capaz de transmitírselos y, al hacerlo, dejarás que tu mente descanse mejor.
- Tu nuevo enfoque debería ralentizar las cosas para ti y ayudarte a lograr un nivel de desapego y cierta perspectiva. Si tu hijo y tú entráis en el ritmo del Plan B, comenzaréis a sentir una menor presión para intervenir *en este preciso momento*. Llegarás a reconocer que, por lo general, hay menos de qué preocuparse de lo que pensabas, y que tienes más tiempo del que parecía.
- El nuevo enfoque también va a ayudarte a permanecer centrado en tus objetivos como padre. Estás tratando de ayudar a que tu hijo averigüe quién es y de tener influencia al mismo tiempo. Estás intentando comunicarte bien. Estás tratando de tener una buena relación. Y estás intentando criar a un ser humano, fomentar en él las características humanas que son más admirables, no las que hacen aflorar el lado menos deseable de ambos.
- Tu nuevo enfoque también te ayudará a mantenerte alejado de los patrones de comunicación contraproducentes que hacen extremadamente difícil que tu hijo y tú escuchéis y esclarezcáis las preocupaciones del otro, y que aumentan la probabilidad de conflicto. He aquí unos cuantos de ellos:

Leer la mente: De este modo es como los padres y los hijos infieren los motivos o los pensamientos del otro:

Kristin: *La razón por la que Taylor no nos dice dónde está ni nos responde al teléfono es que está haciendo cosas que no quiere que sepamos.*

Es bastante común que las personas hagan inferencias sobre los demás. El problema es que nos *equivocamos* en un porcentaje significativo de ocasiones. El otro problema es que no *creemos* que nos estemos equivocando en un porcentaje significativo de ocasiones, así que respondemos a nuestros hijos basándonos en lo que suponemos o deducimos, más que en la información. El paso de la Empatía del Plan B es un modo mucho más productivo de averiguar lo que tu hijo está pensando *en realidad*. Probablemente nunca seas un gran lector de mentes, pero, con un poco de práctica, podrás volverte un experto en el paso de la Empatía.

Los adultos no son los únicos que pueden depender excesivamente de la inferencia; después de un tiempo, los niños se unen a la lucha:

Taylor: La razón por la que me llamas tanto por teléfono es que quieres controlar mi vida.

Las probabilidades que tiene tu hijo de llegar a ser un experto en la lectura de la mente tampoco son gran cosa. Existe una mejor manera de que sepa cuáles son tus preocupaciones: el paso de Definir las Preocupaciones de los Adultos.

Ser catastrofista: Los padres exageran enormemente el efecto del comportamiento actual en el futuro bienestar de un niño.

Kristin: Bueno, no respondas al teléfono. Arruina tu vida. Si quieres echar a perder tus opciones de entrar en una buena universidad, es tu elección.

A menudo los padres —sobre todo quienes sienten que sus preocupaciones no se están escuchando— exageran sus preocupaciones con la creencia errónea de que, al hacerlo, se transmitirá el mensaje. Pero, como has leído, los niños cuyas preocupaciones son escuchadas, reconocidas y abordadas tienden a estar mucho más dispuestos a tener en cuenta las preocupaciones de los demás. Así pues, no necesitas exagerar las cosas para que se te escuche. Y si tu hijo y tú sois compañeros colaborativos, tus preocupaciones se abordarán.

Interrumpir: Con frecuencia los padres se sienten tan poco seguros de que sus preocupaciones serán escuchadas y abordadas que hacen prácticamente imposible que un niño exprese sus propias preocupaciones. La interrupción genera interrupción; las voces elevadas generan voces elevadas. Ahora bien, cuando estás empleando el Plan B, sabes que tus preocupaciones serán escuchadas y se abordarán. Simplemente hace falta cierta práctica para comenzar a experimentar una sensación de seguridad al respecto.

Una de las cosas buenas del Plan B es que estructura el flujo de información y el proceso de resolución de problemas. Las preocupaciones de los adultos no se discuten en el paso de la Empatía. Las preocupaciones de los niños no se discuten en el paso de Definir las Preocupaciones de los Adultos. Las preocupaciones de ambas partes tienen la misma legitimidad, así que no hay necesidad de que una parte hable por encima de la otra. Todas las preocupaciones se escucharán, así que no es necesario interrumpir.

¿Vas a preocuparte todavía de que tu hijo se caiga, de que esté en peligro? Sí, sin duda. Cuando mis propios niños eran más pequeños, yo sentía que necesitaba estar hipervigilante para asegurarme de que no se hacían daño. Era agotador. E incluso, pese a toda mi vigilancia, no podía protegerlos todo el tiempo. Un ejemplo: mi hija con tres años. Siempre había dejado que mi hija se subiese a un taburete para que pudiese ayudarme a hacer huevos revueltos en la cocina, y había aprendido que, cuando la placa estaba de color naranja, estaba caliente. No se le ocurrió que la placa que yo había apagado unos pocos minutos antes –y que ya no estaba naranja, sino que había vuelto a su color negro– todavía estaba muy caliente. Así que, un día, cuando yo estaba de espaldas, ella la tocó. Estuvo gritando durante horas. ¿Le marcó ese episodio de por vida? Es difícil decirlo con seguridad, pero aparentemente no. En realidad, ni se acuerda (a propósito, hay otra historia sobre una mano quemada que involucra a mi hijo y al horno, pero no se me permite contarla en este libro porque se produjo bajo la supervisión de su abuela paterna).

Ya no me preocupan tanto las quemaduras o los huesos rotos. Ahora que mis hijos tienen quince y dieciocho años, existen diferentes aspectos de sus vidas que han llamado mi atención y que me preocupan. Hablaremos con más detalle de ello en el próximo capítulo.

¿Te avergonzará tu hijo en ocasiones? Seguro. Quizá te ayude recordar que, a lo largo de los años, te has avergonzado a ti mismo en más de una ocasión y que, por suerte, aprendiste de la experiencia, le restaste importancia y seguiste adelante. Trata de no preocuparte de lo que piensen los demás padres, los vecinos o tu familia extensa. Trata de no compararte con ellos o con sus hijos. Permitir que nos supere la vergüenza o la preocupación por lo que pensarán de nosotros solo nublará nuestra capacidad para ver a tu hijo como lo que es. Como padre, tu atención se centra ante todo en el desarrollo de tu hijo, y el desarrollo no se produce en línea recta. Hay baches en el camino y, por mucho que sintamos la tentación de alejar a nuestros hijos de ellos, los baches son buenos.

Y, por cierto, cuando se trata de pasar vergüenza, recuerda que tú no tienes el monopolio. Cuando tu hijo llegue a la adolescencia temprana, será él quien se avergüence de ti.

Vale la pena señalar aquí que el Plan B no puede hacerlo todo. También necesitarás la perspectiva que proporciona saber qué problemas sin resolver es probable que surjan en diferentes puntos del desarrollo y saber cuáles son motivo de mayor alarma que otros. Una vez más, nos encargaremos de esto con mayor detalle en el próximo capítulo.

Preguntas y respuestas

Pregunta: ¿No crees que mi hijo necesita que, en ocasiones, me limite a tomar el control?

Respuesta: A veces, quizá. Pero esos momentos deberían ser raros.

Pregunta: Entonces, ¿el Plan A no es el único modo de asegurarme de que a mi hijo le irá bien?

Respuesta: No hay forma de estar seguro de que a tu hijo le irá bien. Solo existen maneras de *mejorar sus probabilidades* de que le vaya bien. El Plan A podría reducir tu ansiedad de manera temporal –te hace sentir como si en realidad estuvieses haciendo algo decisivo–, pero no va a conseguir que te sientas menos ansioso a largo plazo, ya que concentra en *ti* toda la responsabilidad de que a tu hijo le vaya bien. Comenzarás a estar menos ansioso cuando le des a tu hijo la oportunidad de probar que si se cae, puede volver a levantarse, a menudo sin tu ayuda.

Pregunta: Tengo muy claro el modo en que deberían discurrir las cosas, y me gusta que las cosas salgan «perfectas» por lo que respecta a mi hijo. Mi esposa dice que mi crianza adolece de la «maldición de la certeza». ¿Tienes algún consejo que darme al respecto?

Respuesta: Bueno, podríamos esperar una mayor probabilidad de incompatibilidad entre tu hijo y tú, ya que es posible que sus ideas sobre el modo en que deberían discurrir las cosas y su definición de «perfectas» sean diferentes de las tuyas, al menos en algunas esferas de la vida. La realidad es que el proceso de criar a los hijos está repleto de incertidumbre. No puedes conocer ni controlar el resultado. Lo mejor que puedes hacer es criar de un modo que equilibre tu deseo de tener influencia con las características de tu hijo; en otras palabras, jugar la mano de cartas que te han repartido. Es probable que eso sea lo más cerca de la «perfección» que te encuentres.

Pregunta: No sé si soy capaz de no mostrar mis emociones al hablar con mi hijo de cosas que me importan mucho.

Respuesta: Puede que tengas razón. Podría resultar muy emotivo hablar de ciertos problemas. A tu hijo podría parecerle bien que fueses un poco emocional –e incluso podría interpretar la emoción como una señal de preocupación–, pero puede que tenga menos tolerancia al *desbordamiento* emocional. Así que tal vez deberías tratar de no exagerar, sabiendo que cuanta más emoción expreses, más difícil será que tu hijo participe en el proceso. Sin embargo, también sucede que muchas de las emociones reprimidas que expresan los padres se deben al hecho de que ellos no han tenido un mecanismo para que sus preocupaciones se abordasen, así que estas se expresan con más fuerza de la necesaria. Cuando tu hijo y tú lleguéis a reconocer que el Plan B proporciona ese mecanismo —y cuando ambos experimentéis cierto éxito en la resolución de problemas—, es probable que esas discusiones se vuelvan mucho menos emocionales.

Pregunta: La ansiedad parental no es lo único que está dificultando que lleve a cabo el Plan B. Es el tiempo, o la falta de él. Entre el trabajo, el colegio, el entrenamiento de béisbol y de *lacrosse*, las clases de piano, los deberes y los diferentes horarios de los niños, ¿cuándo se supone exactamente que debo llevar a cabo el Plan B?
Respuesta: Todas esas actividades son maravillosas, pero encontrar el tiempo para resolver los problemas con tu hijo es más importante. Necesitas comprometerte a encontrar tiempo. Además, no siempre tienes que fijar una hora para resolver los problemas de forma colaborativa con tu hijo; puede hacerse de camino al entrenamiento de béisbol, a la hora de acostarse, cuando estáis lavando los platos juntos después de cenar... en cualquier momento. De lo contrario, básicamente estarás diciendo que no tienes tiempo para ayudar a tu hijo a resolver los problemas que afectan a su vida. Y sabemos que no es eso lo que quieres. Además, como sabes, hacer frente a diario a los mismos problemas no resueltos lleva mucho más tiempo que el dedicar el tiempo necesario para solucionarlos.

Pregunta: ¿Por qué estoy priorizando la resolución de problemas? A las universidades no les preocupa el modo en que mi hijo resuelve sus problemas. Les importan las notas y los resultados de las pruebas de acceso a la universidad y las actividades extracurriculares.

Respuesta: Sin ninguna duda, a las universidades les importan las notas, los resultados de las pruebas de acceso a la universidad y las actividades extracurriculares. Sin embargo, muchas facultades y universidades –y los empleadores potenciales– también quieren conocer el modo en que tu hijo reflexiona y enfoca los problemas, así como si puede colaborar con otra gente y adoptar la perspectiva de otra persona. Saben que esas habilidades van a ser realmente importantes en el mundo real.

Pregunta: Mi marido se preocupa por mi hija más de lo que lo hago yo. Piensa que sale hasta muy tarde y que necesitamos establecer límites más firmes. Yo creo que ella está bien. ¿Cómo resolvemos la diferencia en nuestros niveles de ansiedad?

Respuesta: En primer lugar, tu pregunta no sugiere necesariamente que tengáis diferentes niveles de ansiedad, aunque parece que tenéis diferentes expectativas sobre la hora de llegar a casa. Tendréis que resolverlo entre vosotros antes de poder decidir si existe un problema sin resolver que necesitéis tratar con vuestra hija. Pero digamos que tu marido y tú tenéis diferentes niveles de ansiedad. Cuando un alto nivel de ansiedad provoca que el padre ansioso reaccione de manera excesiva, es habitual que el padre menos ansioso sienta la necesidad de inclinar la balanza en una dirección o en otra, bien sea uniendo fuerzas con el otro padre y aplicando en tándem el Plan A con el hijo (sin duda, una demostración bienintencionada de apoyo por parte del otro padre, pero despectiva con respecto a las preocupaciones del niño) o bien desestimando las preocupaciones del otro padre (lo que, comprensiblemente, ocasiona que este se sienta debilitado, e incluso más ansioso). Sin embargo, el rol de «inclinador de la balanza» no suele ser especialmente productivo. Ser un facilitador de la resolución de problemas será mucho más productivo.

Pregunta: Me gusta pedir consejo a mis amigos, y también leo muchas opiniones de expertos en internet o en las noticias. Pero, a veces, intentar aclararlo todo hace que no esté seguro de lo que estoy haciendo con mi hijo. ¿Cómo sé qué es lo correcto?

Respuesta: Todas esas personas que te están dando consejos probablemente no conozcan muy bien a tu hijo y, casi con toda seguridad, no tengan ni idea de su preocupación, de su perspectiva o de su punto de vista sobre un determinado problema no resuelto. Así que lo mejor que pueden hacer a menudo es proporcionarte cualquier variedad de teorías y de soluciones unilaterales y desinformadas. La persona a quien deberías estar escuchando es, ante todo, a tu hijo.

Pregunta: ¿Qué hay del amor? ¿No es lo que más necesita mi hijo de mí?

Respuesta: El amor es maravilloso, aunque insuficiente. Por no mencionar el hecho de que, como has leído, hay cosas que los padres hacen a sus hijos en nombre del «amor» –pegarles, por ejemplo– que no son amorosas en absoluto. No solo le demuestras amor a tu hijo cuando lo abrazas, cuando lo arropas por la noche, cuando pasas tiempo con él, cuando juegas con él y cuando le compras ese videojuego que quería, sino también cuando dedicas tiempo a escucharle, cuando aprendes de él y cuando colaboras con él para ayudarle a resolver los problemas que afectan a su vida.

Pregunta: ¿Y la paciencia? Es buena, ¿verdad?

Respuesta: La paciencia es también algo maravilloso, y se presenta de diferentes maneras. Está la paciencia con el ritmo de desarrollo de tu hijo y con su disposición a superar los nuevos obstáculos del desarrollo. Muestras tener paciencia al observar si tu hijo puede superar las incompatibilidades de forma independiente. Y muestras tener paciencia al colaborar con tu hijo en las soluciones a los problemas sin resolver. Tan solo ten en cuenta que la paciencia por sí sola no resuelve esos problemas.

* * *

Denise y Charlotte estaban juntas en el coche de camino al supermercado.

«Charlotte, ¿podemos tratar de solucionar otro problema juntas?».

«Sí, mami. Me gusta resolver problemas contigo».

Denise sonrió. «Oh, bien. Bueno, me he dado cuenta de que a veces Hank y tú tenéis dificultades para ver la televisión juntos, y esperaba que pudieses hablarme de ello».

«Es malo», dijo Charlotte.

«¿Cómo que es malo?».

«Y también es un mandón. Siempre viene cuando estoy viendo la televisión y me hace ver sus programas. Dice que mis programas son para bebés».

«Eso es lo que imaginaba que estaba pasando. ¿Y a ti no te gustan sus programas?».

«No. Todo son deportes y *Negociando con tiburones*».

«Entonces, a ver si lo he comprendido. No quieres ver los programas que él ve, y él no quiere ver los programas que tú ves. Y cuando tú estás viendo tus programas, él entra y te hace ver los suyos. ¿Estoy en lo cierto?».

«Sí. Sus programas son estúpidos».

«¿Hay algo más que dificulte que Hank y tú veáis la televisión juntos?».

«Mmm… Creo que no».

«De acuerdo… bueno, me preocupa que, cuando Hank y tú tenéis dificultades para ver la televisión juntos, se convierte en una pelea y entonces, por lo general, te enfadas y tengo que ser la árbitra, y en realidad no me gusta ser la árbitra. Entonces, me pregunto si existe un modo de que tú veas los programas que te gustan y de que Hank pueda ver los programas que le gustan sin que haya una pelea y sin que yo tenga que ser la árbitra».

Denise pudo ver en el espejo retrovisor que Charlotte estaba reflexionando sobre el asunto.

«Podríamos comprar otra televisión», sugirió Charlotte. «Así, yo podría tener una televisión y Hank podría tener otra».

«Bueno, esa es una posibilidad. El caso es que no creo que tengamos dinero para comprar otra televisión, así que no sé daría resultado».

Charlotte siguió reflexionando. «Podríamos tener un horario».

«¿Qué clase de horario?».

«Como en el colegio. Podría haber momentos en los que yo viese la televisión y momentos en los que la viese Hank. Nick siempre está jugando a videojuegos, así que en realidad no le importa ver la televisión».

«Esa es una idea interesante. ¿Hay determinadas horas en las que quieras ver especialmente la televisión?».

«Antes de cenar. Es cuando se emiten mis programas».

«Vale. En realidad, no sé cuándo hacen los programas de Hank, así que tendremos que preguntárselo».

«Hank graba sus programas», comentó Charlotte, «así que realmente no hace falta que los vea».

«Ya veo. Bueno, creo que esa podría ser una gran idea. Pero creo que necesitamos sentarnos con Hank y hablar de ello para que podamos llegar a una solución que también sirva para él. ¿Crees que podrías hacerlo?».

«Si no es malo... ¿Tú estarás?».

«Sí –yo os ayudaré a hablar de las soluciones–. Pero me gusta mucho tu idea de los horarios. Veremos qué piensa Hank».

La diplomacia itinerante continúa. Ahora existe una comprensión de las preocupaciones de ambas partes. El facilitador de la resolución de problemas está preparado para reunir a los niños a fin de considerar las posibles soluciones.

*   *   *

Dan estaba listo para su primer Plan B formal con Taylor. Unos días antes, mencionó que le gustaría hablar con ella sobre el hecho de que los tuviese informados a él y a Kristin de su paradero. Aunque su hija frunció el ceño, no rechazó la idea. Acordaron ir a desayunar juntos el domingo por la mañana, una de sus costumbres ocasionales.

Durante el desayuno, Taylor parecía estar de muy buen humor, así que Dan se sentía bastante optimista. «Bueno, ya sabes, me gustaría hablar contigo de que a veces no sabemos dónde estás», comenzó Dan. «Me gustaría escuchar lo que piensas al respecto».

Taylor levantó la mirada de la taza de chocolate que había pedido y retiró parte de la nata montada. «¿Realmente tenemos que hacerlo?».

«Bueno, no tenemos que hacerlo», dijo Dan. «Pero estoy pensando que estaría bien que lo tratásemos de una vez por todas. Para ser honesto, no me divierte escuchar todas las discusiones que se producen entre tu madre y tú. Doy por hecho que tú también estarás cansada de las discusiones» (la expresión de Dan de sus preocupaciones fue un poco prematura, ya que todavía no se había completado el paso de la Empatía).

Taylor resopló. «Sí, pero estás dando por sentado que, si hablamos de ello, algo cambiará».

«No sé si cambiará algo. Pero quiero escuchar tu punto de vista al respecto».

«Mira, en realidad no me importa que sepáis dónde estoy. No es que esté haciendo ninguna locura. Pero tengo dieciséis años, así que no creo que necesitéis saber dónde estoy cada segundo».

Dan se alegró de que Taylor estuviese hablando. «De acuerdo, no te importa que sepamos dónde estás, pero no tenemos que saber dónde estás cada segundo».

«Eso es», dijo Taylor. «Pero lo más importante es que no quiero que mi madre me llame cada cinco minutos para averiguar dónde estoy y para asegurarse de que estoy bien. Es vergonzoso. Y es realmente molesto».

Dan se preguntaba si Taylor se enfadaría si seguía replicando sus palabras, pero practicó una escucha un poco más reflexiva. «Es vergonzoso tener a tu madre llamándote cada cinco minutos para averiguar dónde estás y para estar segura de que estás bien».

«Sí, quiero decir, es genial que se preocupe por mí, y me alegra que se interese por mí, pero es que es muy exagerada».

Dan asintió. Taylor continuó hablando.

«Y no importa el número de veces que se lo diga, no cambia nada».

Dan volvió a asentir. Taylor habló un poco más. «Así que en realidad no sé por qué estamos hablando de esto. Yo no puedo cambiarla, tú no puedes cambiarla… es una especie de sinsentido».

Puede que tengas razón, pensó Dan. Resumió las preocupaciones de Taylor: «De acuerdo, déjame ver si lo he entendido todo. Te alegra que tu madre se preocupe por ti; no te importa que sepamos dónde estás; no crees que tengamos que saber dónde estás cada segundo; no quieres que ella te llame cada cinco minutos para averiguar dónde estás; no importa las veces que trates de que pare, ella continúa haciéndolo; y no crees que ninguno de los dos podamos hacer demasiado al respecto. No va a cambiar nada».

«Lo has entendido».

«¿Hay algo más que necesite saber al respecto?».

«No, que yo recuerde». Taylor parecía contenta de que el camarero le hubiese traído su desayuno. «¿Podemos no hablar de esto mientras desayunamos?».

«Está bien», dijo Dan. «¿Podemos hablar un poco más de ello después?».

«Supongo».

Cuando acabaron de comer, Dan volvió a resumir lo que había escuchado. Y continuó: «Entonces, no creo que necesitemos saber dónde estás cada segundo. Pero nosotros necesitamos saber qué tú estás bien. Si no, tu madre se preocupa hasta morir… y entonces te llama al teléfono móvil. Y, si tú no respondes, eso empeora las cosas. Así que sigue llamándote. Y en algún momento estarás conduciendo, por lo que estará todavía más nerviosa».

Taylor puso los ojos en blanco. «Como te he dicho, no me importa que sepáis que estoy bien. Sí que me importa que me llamen al teléfono móvil cada cinco minutos».

Dan reunió sus pensamientos a fin de recapitular ambos conjuntos de preocupaciones. «Entonces, me pregunto si existe un modo de que nosotros sepamos que estás bien y de estar seguros de que no te llamaremos al teléfono móvil cada cinco minutos. Verás, creo que es como el huevo y la gallina: tu madre te llama para asegurarse de que estás bien, tú no respondes porque es molesto, ella sigue llamándote y tú sigues sin responder».

Taylor no parecía estar en desacuerdo con esta afirmación. «¿Crees que dejaría de llamarme si supiese que estoy bien? No solo me llama para asegurarse de que estoy bien. Me llama con preguntas estúpidas que puedo responderle más tarde. Piensa que todo es urgente».

«Entonces, no quieres que te llame más».

«Podría soportar que me llamase de vez en cuando por algo que fuese realmente urgente, pero ella piensa que todo es realmente urgente».

«Así que es probable que el hecho de llamarte no sea el mejor modo de que sepamos que estás bien».

«Exacto».

«Entonces, ¿cómo podrías informarnos de que estás bien –y quizá de dónde estás– sin una llamada?».

«Podría mandaros un mensaje de vez en cuando».

«¿Y cómo sería eso?».

«Podría escribiros cada dos horas o así. Si ella promete no llamarme».

«Bueno, sea lo que sea lo que acordemos, vamos a tener que consultarlo con tu madre, para estar seguros de que va a funcionar en su caso».

«¿Por qué ella no participa en esta conversación?».

Buena pregunta, pensó Dan. «Pensé que sería mejor que yo hablase contigo de esto primero».

«Sí, pero tú no eres el problema. Es ella».

«Bueno, yo también quiero estar seguro de que estás bien. Pero necesitamos una solución válida para tu madre. Y, ahora que lo pienso, creo que un mensaje cada dos horas no va a ser suficiente para ella, al menos al principio».

«Nunca os he dado motivos para no confiar en mí», dijo Taylor.

Dan pensó en esto. «Bueno, recuerdo la vez que nos dijiste que estabas en la biblioteca cuando en realidad estabas en casa de Marco».

«Eso es porque sabía que mamá se pondría como una loca si se enteraba de que estaba estudiando con un chico».

«Cierto. Pero eso solo hizo que ella confiase incluso menos en ti. Y no creo que la confianza sea la cuestión más importante aquí. Solo queremos saber dónde te encuentras y que estás bien».

«¿Qué te parece si os envío un mensaje cada hora? ¿Es suficiente?».

«Bueno, eso estaría bien por mi parte. ¿Y podrías decirnos dónde estás en el mensaje?».

«Sí».

«¿Qué pasa si te olvidas?».

«Entonces ella puede escribirme. Al menos, si ella me escribe, puedo fingir que es otra persona».

«Creo que esto podría funcionar», dijo Dan. «Déjame que se lo consulte a tu madre y que vea si esa solución funcionará en su caso».

Taylor lo aprobó asintiendo con la cabeza.

«Gracias por hablar de esto conmigo», dijo Dan. «Prefiero esto a las peleas».

Taylor asintió de nuevo. «Quizá mamá pueda armarse de valor y participar la próxima vez».

«Quizá», dijo Dan.

¿Cuál es la moraleja de este diálogo? Existen varias. En primer lugar, una vez más, tu hija puede ser una participante un tanto reacia en el proceso. Sin embargo, ella quiere que sus preocupaciones se escuchen, por consiguiente, es bueno que el paso de la Empatía sea el primero. En segundo lugar, como sabes, los niños cuyas preocupaciones se escuchan se muestran mucho más receptivos a escuchar las preocupaciones de otra persona. Por esa razón, es bueno que el paso de Definir las Preocupaciones de los Adultos ocupe el segundo lugar. En tercer lugar, la niña podría mostrar cierto escepticismo sobre si la conversación va a serle de ayuda realmente. Eso está bien. En cuarto lugar, las preocupaciones de ambas partes tienen la misma legitimidad. Y, en quinto lugar, mientras te aferres a las preocupaciones –y, a continuación, a las posibles soluciones que aborden esas preocupaciones–, debería irte bien. Todo lo demás es probablemente superfluo.

CAPÍTULO 8

Una asociación duradera

En este capítulo, vamos a echar un vistazo a algunas de las expectativas que las niñas tienen dificultades para cumplir en diferentes momentos del desarrollo y las diferencias significativas entre las respuestas unilaterales (Plan A) y las respuestas colaborativas (Plan B) a estas incompatibilidades. Y, por si te preguntas cuándo debería buscarse una opinión profesional, también lo abarcaremos. Este no es un resumen exhaustivo, sino una muestra con fines ilustrativos.

Primera infancia

Comer, dormir, saber tranquilizarse solo y desarrollar las primeras habilidades sociales son, por supuesto, algunas de las expectativas más cruciales depositadas en los bebés. Un bebé comunica mucho sobre sus habilidades evolutivas, sobre sus preferencias y sobre los rasgos de su personalidad en su reacción a estas expectativas y en su capacidad para cumplirlas. Y los padres comunican mucho a su bebé según el modo en que le responden si está teniendo dificultades para cumplir esas expectativas.

Hay muchos bebés que cumplen esas expectativas sin mayor dificultad. Y la mayoría de padres tienden a ser bastante flexibles y están dispuestos a adaptarse a las preferencias de un bebé sobre expectativas tales como comer. Sin embargo, muchos padres son mucho menos flexibles cuando se trata de dormir. Digamos, por ejemplo, que los padres tienen la expectativa de que su bebé duerma en una cuna en su propia habitación. Si el bebé no tiene dificultades para cumplir esa expectativa, no es necesario ningún plan. Sin embargo, si el bebé *está* teniendo dificultades para cumplir esa expectativa, entonces los padres tienen tres opciones que nos resultan familiares.

Si los padres decidiesen dejar de lado la expectativa, al menos por ahora (Plan C), probablemente permitirían que su bebé durmiese en la cama con ellos. Pero si los padres no quisieran dejar de lado la expectativa, tendrán que lidiar con la dicotomía «unilateral frente a colaborativa» para resolver el problema. Una solución unilateral posible, y muy popular, consistiría en dejar que el bebé llorase hasta que se durmiese en la cuna. Por duro que resulte escuchar los sollozos y los gritos detrás de una puerta cerrada, la mayoría de bebés captan finalmente el mensaje —«Vas a dormir en una cuna en tu propia habitación, te guste o no»— y comienzan a dormir sin protestar demasiado en la cuna de su propio cuarto. Sin embargo, merece la pena reflexionar sobre los demás mensajes que también podrías estar enviando:

Nuestro deseo de intimidad y de dormir supera cualquier preocupación que tengas por el hecho de dormir en una cuna en tu propia habitación.

Nuestro deseo de que estés bien —nuestro pediatra nos recomendó no tenerte en la cama con nosotros— supera cualquier preocupación que tengas por el hecho de dormir en una cuna en tu propia habitación.

No estamos abordando tus preocupaciones sobre este problema.

¿Y el Plan B? Puesto que los bebés todavía no pueden emplear palabras para comunicar sus preocupaciones, los padres deben tratar de averiguarlas. Como has leído, al tratar de averiguar lo que le preocupa a tu bebé —con respecto a este o a cualquier otro problema no resuelto—, los padres demuestran empatía y capacidad de respuesta. Tus esfuerzos por ser sensible —aplicando soluciones que aborden sus preocupaciones percibidas– son una primera forma de colaboración. Aunque tu bebé no sea capaz de colaborar directamente contigo en las soluciones, estará encantado de darte información sobre si tu suposición era correcta y sobre si tu intervención aborda sus preocupaciones.

Así pues, digamos que los padres han supuesto –o incluso han observado– que el movimiento –mecer o conducir en el coche– parece ayudar a que su bebé se quede dormido. Y digamos que, una vez dormido, es posible trasladar al bebé sin problemas del coche, o de ser mecido, a la cuna. Si la solución consiste en mecer al bebé o conducir el coche hasta que se quede dormido, y si esa solución funciona bien, entonces tu primer intento con el Plan B ha tenido éxito. En caso contrario, hay que volver al punto de partida del Plan B. Quizá el bebé esté más cómodo y en mejores condiciones de quedarse dormido si está cerca de sus padres por la noche. Otra solución, correspondiente a esta preocupación, consiste en colocar la cuna en la habitación de los padres, al menos hasta que decidan que les preocupa ese escenario.

¿Qué mensaje envías cuando abordas las cosas de esta manera?

Te escuchamos. Te comprendemos (al menos, lo estamos intentando).

Estamos ansiosos por averiguar qué te preocupa y por tratar de abordar tus preocupaciones.

Queremos que nuestras preocupaciones también se aborden.

Todos estos mensajes son buenos. Tu hijo y tú vais a estar juntos en este viaje durante mucho tiempo. Es bueno que comencéis asociándoos y colaborando desde el principio.

Alimentarse, dormir y tranquilizarse por sí mismo son, ciertamente, expectativas que deben tomarse en serio, y si tu bebé está teniendo dificultades para cumplirlas y tus suposiciones y tus soluciones no están dando resultado, existen una variedad de profesionales –pediatras, médicos de familia, especialistas en lactancia, etc.– que tienen experiencia con bebés, con sus preocupaciones potenciales y con las posibles soluciones (preferiblemente una variedad de soluciones mutuamente satisfactoria) para abordar esas preocupaciones. También deberás buscar asesoramiento en caso de que te preocupe el hecho de que las habilidades de socialización tempranas –responder a los estímulos sociales, expresiones faciales de emoción, e intentos del cuidador por tranquilizar– se están desarrollando como era de esperar. Tu pediatra o tu médico de familia debería preguntar sobre estas expectativas de forma rutinaria durante las visitas del niño sano, pero no deberías esperar a estas visitas si tienes preocupaciones de antemano.

Niños en edad de caminar / niños de preescolar (1-3 años)

Las expectativas aumentan considerablemente a medida que los niños van llegando a los años en que comienzan a caminar, sobre todo en lo relativo a las esferas de la comunicación y de la locomoción. Existen variaciones significativas entre los niños por lo que respecta al desarrollo de las habilidades comunicativas y locomotrices, y realmente vale la pena buscar la orientación de un pediatra, de un médico de familia, de un logopeda, o de un terapeuta ocupacional si tienes preocupaciones sobre el modo en que está progresando tu hijo. A medida que tu hijo desarrolla la capacidad de hablar, la vida se vuelve más desafiante en cierto modo, pero esta habilidad emergente también puede facilitar la colaboración en las soluciones. Cada vez es más posible emplear el Plan B con unas dificultades que antes se trataban con el Plan C.

Por ejemplo, si los padres de una niña usaron el Plan C con la expectativa de que durmiese de manera independiente durante la primera infancia, podrían decidir durante los años en que comienza a caminar que ya es hora de subir un poco el nivel –y de mejorar sus propias probabilidades de dormir más–, en cuyo caso comenzarían a esperar que *sus* preocupaciones sobre las condiciones apropiadas para dormir se abordasen también. También durante esta etapa, las niñas comienzan a reconocer la angustia en los demás, lo que constituye una primera señal de la habilidad de la empatía. El modo en que respondes a la angustia de tu hija en edad de caminar sirve de primer modelo para orientarla en su respuesta a la angustia en los demás.

Entre las expectativas que provocan una gran angustia en los padres, y ciertos problemas en sus hijas, está el uso del orinal. Al igual que con cualquier otro aspecto del desarrollo, existen grandes diferencias en cuanto al modo en que las niñas responden y manejan esta expectativa y, de nuevo, no vamos a preocuparnos especialmente por lo bien o lo mal que la hija de otra persona lo hace en comparación con la tuya. Muchos padres no dudarán en hablarte del increíble progreso que su hija está logrando en una esfera en particular, pero podrían ser un tanto menos sinceros sobre las expectativas en las que su hija no se muestra tan excelente.

Como sucede con cualquier otro aspecto del desarrollo, la respuesta de tu hija a la expectativa del uso del orinal te proporciona información sobre la evolución de su perfil de habilidades, preferencias y rasgos de su personalidad. Algunas niñas están ansiosas por iniciar el proceso del uso del orinal, quizá porque han visto a un hermano mayor o a alguien de su misma edad que está respondiendo a la expectativa. Algunos no tienen ningún tipo de interés. Si estás determinado a terminar con el uso del orinal, te perderás mucha información; y si la línea temporal de tu hija no es compatible con la tuya, también ocasionarás un gran conflicto.

Ahora bien, ¿qué pasaría si no admitiesen a una niña en la guardería deseada a menos que ya emplease el orinal? Con el Plan C, los padres dejarían de lado la expectativa, al menos por ahora —quizás es una expectativa para la que crean que su hija no está preparada, o tal vez no estén interesados en ir un paso más allá—. Si así fuera, quizá matriculasen a su hija en una guardería distinta, una que fuese más flexible con respecto al uso del orinal.

Pero, si los padres decidiesen no dejar de lado la expectativa, se enfrentarían, una vez más, a la dicotomía «unilateral frente a colaborativa» para resolver el problema. En el Plan A, los padres forzarían la cuestión, pidiéndole tal vez a la niña que se sentase en el orinal hasta que hiciese sus cosas. *Como con la mayoría de expectativas, he visto que se ha hecho mucho más daño al intentar presionar para apresurar el uso del orinal que al dejar que la disposición de la niña sea la guía principal para la elección del momento oportuno.* En efecto, si la hija no está tan entusiasmada como sus «padres insistentes» en seguir adelante, el uso del orinal representará una excelente oportunidad para que comiencen las luchas de poder. ¿Qué mensajes estamos enviando cuando procedemos de esta manera?

Nuestro deseo de que vayas a esta guardería sobrepasa cualquier preocupación que tengas con respecto a comenzar a usar el orinal.

Nuestro deseo de dejar de lidiar con los pañales y de limpiarte sobrepasa cualquier preocupación que tengas con respecto a comenzar a usar el orinal.

No estamos abordando tus preocupaciones sobre este problema.

¿Y el Plan B? El paso de la Empatía es, como siempre, el punto de partida. Si la niña emplea ahora palabras para comunicarse, las suposiciones se verán reemplazadas por el diálogo. En caso contrario, seguirás por el momento en el campo de las suposiciones. He aquí un ejemplo del aspecto que podría presentar el diálogo:

Madre: Emily, ¿quieres intentar sentarte en el orinal pequeño durante unos minutos? ¿Solo para ver cómo es?

Emily: ¡No!

¿No? Vamos hacer un paréntesis durante un momento para hablar del uso de la palabra «*no*» por parte de tu hija, que tiende a ser un término bastante popular entre las niñas pequeñas. Aunque, claro está, «*no*» también es una palabra bastante popular entre sus padres. Sin embargo, no hay motivo para permitir que «*no*» sea el impulso que dispare las luchas de poder. Es mejor averiguar que significa el «*no*» de tu hija, algo que no se logrará diciendo: «¡Nada de "no"! ¡Sí!». Podría significar: «Solo estoy diciendo lo que tú sueles decirme a mí». También podría significar: «No tengo la misma sensación de urgencia que tú con respecto a esa expectativa». Y podría significar: «Ahora mismo estoy en medio de algo», o: «En realidad todavía no he pensado demasiado en la expectativa». Y podría ser solo una «negatividad refleja» en la que la niña está diciendo *no* a casi cualquier nueva idea. Ciertamente no significa: «No siento la necesidad de cumplir ninguna de tus expectativas», o: «Estoy desafiando tu autoridad».

De vuelta al uso del orinal.

Madre: Me he dado cuenta de que te gusta ver a mamá cuando está sentada en el orinal grande. ¿Por qué no quieres sentarte en el orinal pequeño?

Emily: No quiero.

Madre: No tienes que hacerlo. Tan solo me preguntaba por qué no querías.

Emily: Da miedo.

Madre: Ya veo; da miedo. ¿Qué es lo que da miedo?

Emily: Da miedo.

Madre: Sí, he escuchado que decías eso. ¿Puedes decirme qué te da miedo de eso?

Emily: Podría caerme.

Madre: Ah, te preocupa que puedas caerte. Es bueno saberlo. ¿Hay alguna cosa más que dé miedo de sentarse en el orinal pequeño?

Emily: No.

Madre: ¿Estás segura?

Emily: Solo eso.

Madre: ¿Solo la parte de caerte?

Emily: Y no quiero hacerme pipí o caca encima.

Madre: Ah, no quieres hacerte pipí o caca encima. ¿Y podría suceder eso si hicieses pipí o caca en el orinal pequeño?

Emily: Ajá.

Madre: Es bueno saberlo. ¿Haces pipí y caca cuando llevas puesto un pañal?

Emily: Sí.

Madre: ¿No te importa cuando llevas puesto un pañal?

Emily: No.

Madre: Pero ¿te molestaría si estuvieses sentada en el orinal pequeño?

Emily: Sí.

Madre: De acuerdo. ¿Hay algo más que deba saber sobre el hecho de no querer sentarte en el orinal pequeño?

Emily: No.

Madre: Vale. Bueno, me he dado cuenta de que has estado hablando de que querías llevar ropa interior de niña mayor, y si quieres llevar ropa interior de niña mayor tendrías que hacer pipí y caca en el orinal.

Emily: Ahora no quiero llevar ropa interior de niña mayor.

Madre: Ah, vale. Bueno, no tienes que vestir ropa interior de niña mayor. Tan solo lo he mencionado porque estabas hablando de ello. Pero quizá exista un modo de asegurarnos que no te caes dentro del orinal y de que el pipí o la caca no caigan sobre ti para que puedas vestir ropa interior de niña mayor mucho más.

Emily: Podrías aguantarme.

Madre: ¿Podría aguantarte mientras te sientas en el orinal pequeño?

Emily: Y podría sentarme en el orinal y no hacer pipí o caca.

Madre: Sí, podrías hacer eso. Creo que es una muy buena idea. Entonces, ¿te sentarás en el orinal, pero sin hacer pipí o caca?

Emily: Sí.

Madre: ¿Cuándo deberíamos intentarlo?

Emily: Después de cenar. Porque es antes de mi baño.

Madre: Parece un buen momento.

Emily: Sí.

Madre: Vale, intentémoslo luego.

Emily: Pero solo un poquito.

Madre: De acuerdo. Pararemos cuando digas que has terminado.

¿Acaso la madre y Emily han recorrido todo el camino para conseguir que esa expectativa se cumpla? Todavía no. ¿Está bien? Sí –el progreso en la resolución de la mayor parte de problemas es gradual–. La mayoría de expectativas no se cumplen de una sola vez. ¿Tienes que llevar a cabo el Plan B formalmente para lograr la misión? No necesariamente. Sin embargo, el Plan B tiende a estructurar las cosas para que no olvides ninguno de los ingredientes.

Espera, ¿en serio? ¿El Plan B con una niña de tres años?

Sí, en serio.

¿Acaso tienen preocupaciones las niñas de tres años?

Por supuesto que las tienen. Recuerda, incluso los bebés tienen preocupaciones.

¿Y las niñas de tres años pueden expresar sus preocupaciones?

Si no pueden, tienen diversas de estrategias para ayudarte a reunir información sin necesidad de palabras. Las preocupaciones pueden representarse mediante dibujos, y las imágenes de Google son muy útiles en este sentido. Solo tienes que introducir una palabra para una preocupación y tendrás muchos dibujos entre los que elegir. Puedes crear una ficha plastificada con varias preocupaciones representadas mediante dibujos para que una niña pueda señalar uno de ellos a fin de comunicar sus preocupaciones. El mismo enfoque puede emplearse para crear un «menú» de soluciones. Aunque la edad cronológica puede parecer el factor crucial cuando se trata de participar en el Plan B empleando palabras, he trabajado con niñas de tres años a las que les resultaba más fácil participar verbalmente que a algunas chicas de diecisiete años (encontrarás algunos dibujos a modo de ejemplo en la sección «Recursos» de la página web de mi organización sin ánimo de lucro, Lives in the Balance: www.livesinthebalance.org).

Algunas niñas simplemente son reacias a hablar. Aunque en ocasiones resulta productivo ver si una niña hablará de *eso*, hay otra estrategia que puede ser de utilidad con los habladores reacios. Enséñale a la niña a evaluar la exactitud de las afirmaciones que haces usando sus dedos: mostrar cinco dedos equivale a «muy cierto», cuatro equivale a «bastante cierto», tres equivale a «en parte cierto», dos equivale a «no muy cierto», y uno equivale a «nada cierto». A continuación, adivina las preocupaciones de tu hija sobre un determinado problema sin resolver y observa cómo las evalúa. Tal vez te hagas de oro con una de ellas. ¡Quizá tu hija se frustre ante tu falta de conocimiento y comience a hablar!

Si el Plan B no resuelve con éxito las dificultades de tu hija para usar el orinal, deberás buscar orientación de profesionales que tengan experiencia en este ámbito, aunque debes tener cuidado con aquellos que más aprecio sientan por el Plan A como el enfoque recomendado para solucionar este problema. Las edades a las que deberías preocuparte por las dificultades a la hora de cumplir esta expectativa varían en función de la cultura; en algunas culturas, el uso del orinal se produce en una etapa mucho más temprana del desarrollo que, por ejemplo, en América del Norte. En los Estados Unidos, la mayoría de niños de cinco y seis años siguen mojando la cama al menos dos veces por semana, habitualmente porque tienen dificultades para despertarse en respuesta a las señales corporales que dicen: «Despiértate ahora... ¡antes de que sea demasiado tarde!». Ahora bien, si tu hija sigue mojando la cama a esas edades (e incluso después), sería conveniente decírselo a su pediatra o a tu médico de familia. Y si tu hija está teniendo dificultades para hacer de vientre en un retrete a esas edades –por lo general, esto se debe, lo creas o no, al estreñimiento o a otros problemas médicos–, también es algo de lo que deberías hablar con un médico. Definitivamente, no quieres que estos problemas sean una fuente de conflicto entre tu hija y tú; el conflicto no te ayudará a averiguar lo que está dificultando que tu hija cumpla las expectativas, y no os ayudará ni a tu hija ni a ti a resolver el problema juntos.

Niños de preescolar (3-6 años)

Las niñas de cinco años suelen tener ideas muy particulares sobre lo que prefieren vestir y comer, sobre lo que prefieren hacer para divertirse, sobre aquello con lo que se sienten cómodas al hacerlo de manera independiente, sobre el modo de responder frente a la adversidad, y sobre lo cómodas que se sienten lejos de sus padres. En otras palabras, las niñas proporcionan a esta edad algunas señales muy claras sobre sus habilidades, sus preferencias, sus creencias, sus valores, los rasgos de su personalidad, sus metas y su rumbo.

Una de las expectativas que provoca más dificultades a esta edad es el hecho de separarse de los propios padres, normalmente con el propósito de ir al colegio. Una vez más, existe una variación tremenda entre las niñas con respecto a esta expectativa. Algunas niñas se aventuran y no miran nunca atrás. Con frecuencia, los padres de estas niñas, si bien aliviados por la facilidad de la separación, sienten también la punzada que acompaña al reconocimiento de que la niña está bien sin ellos. Otras hijas se muestran absolutamente paralizadas ante la perspectiva de quedarse con unos perfectos desconocidos, sin importar lo entusiasmados que estén los adultos ante esa posibilidad.

Es probable que tu hija te haya advertido previamente de cómo responderá a esta expectativa, ya que posiblemente hubiese peticiones de separación mucho antes del primer día del colegio de infantil, como al ir a la guardería, o cuando se quedaba con la cuidadora o con los abuelos. Independientemente de que tu hija mostrase ciertas dudas o dificultades para separarse en el pasado o de que no lo haya hecho, hay mucho que decir sobre el modo de enfocar una preparación previa: hablar del primer día del colegio mucho antes de que llegue el día, y averiguar los pensamientos de tu hija al respecto, tal vez con juegos de rol con muñecas y otros personajes ficticios. Visitar el cole antes del primer día también puede resultar útil, a fin de que tu hija y tú podáis llegar a conocer un poco a esos perfectos desconocidos. Aun así, algunas niñas te sorprenderán: estás seguro de que tu preparación previa ha engrasado los mecanismos, y al final se aferran a tu pierna de todos modos.

Históricamente, y por desgracia, este problema no resuelto se ha manejado a menudo empleando el Plan A: deja a la niña con los desconocidos y, si se asusta o se pone como loca, los desconocidos parecen saber lo que están haciendo; y, en cualquier caso, no serán desconocidos para siempre. Aunque algunas niñas aprenden a arreglárselas cuando se aplica esta solución, merece la pena considerar si la misión podría haberse cumplido de otro modo –y si los mensajes dirigidos a tu hija eran los que pretendías enviar–:

La vida está repleta de cosas que no queremos hacer; estarás bien.

Mi deseo de no llegar tarde al trabajo sobrepasa cualquier duda que puedas tener con respecto a quedarte con desconocidos.

No estoy abordando tus preocupaciones sobre este problema.

Una respuesta alternativa sería el Plan C. Quizá los maestros de infantil dejen que el padre o la madre pase un rato en la clase durante algunas semanas, en cuyo caso la petición de separación se dejaría de lado, al menos por ahora, quizá como un primer paso hacia un progreso más gradual en la expectativa. Aunque esto podría atraer las miradas de otros padres, mantente firme; conoces a tu hija mejor que ellos. Puede resultar embarazoso que tu hija se esté quedando un poco atrás en la expectativa de la separación, pero tu conocimiento de la variabilidad del desarrollo te ha preparado bien para no perder la perspectiva. Y aunque estés encantado de que los demás niños no estén teniendo dificultades con la separación, tú estás centrado en *tu* hija en este momento. Por supuesto, no siempre será posible llevar a cabo el Plan C; te preocupa la viabilidad de pasar el rato en la clase de infantil durante el año entero. Así que, en algún momento, probablemente necesites desplazarte al Plan B:

Madre: Me he dado cuenta de que te está costando estar en el cole sin mí. ¿Qué pasa?

Rachelle: No lo sé.

Madre: Bueno, pensemos en ello. Porque sé que está siendo difícil para ti.

Rachelle: ¿Por qué tengo que ir al cole?

Madre: Te estás convirtiendo en una niña mayor. Y es bueno que pases el rato con otras niñas y que aprendas cosas nuevas. Además, hay partes de él que realmente te gustan.

Rachelle: No quiero ser una niña mayor. Quiero estar contigo.

Madre: Lo sé. A mí también me gusta estar contigo. Pero hablemos de lo que te resulta más duro de quedarte en el cole sin mí.

Rachelle: Te echaré de menos.

Madre: Ah, me echarás de menos. ¿En qué piensas cuando piensas en que me echarás de menos?

Rachelle: No lo sé. Pienso en tu cara.

Madre: ¿En mi cara?

Rachelle: Sí.

Madre: ¿Así que te imaginas mi cara? ¿Qué piensas cuando te imaginas mi cara?

Rachelle: Eres mi mamá y quiero estar contigo.

Madre: ¿Algo más?

Rachelle: No.

Madre: ¿Segura?

Rachelle: Mmm…

Madre: Tómate tu tiempo.

Rachelle: Es solo un sentimiento.

Madre: Un sentimiento. ¿Qué sentimiento?

Rachelle: No lo sé. No sé cómo decirlo. Es solo un sentimiento.

Madre: ¿Un sentimiento triste? ¿Un sentimiento de preocupación?

Rachelle: Solo un sentimiento.

Madre: Creo que sé a qué te refieres. Bueno, esto es lo que pasa. No me van a dejar estar contigo en el cole para siempre. Además, mamá tiene que hacer muchas cosas durante el día, y no puedo hacerlas si estoy en el cole contigo.

Rachelle: Podrías hacerlas después del cole. Yo podría hacerlas contigo.

Madre: Oh, no te preocupes —todavía podremos hacer muchas cosas juntas una vez que te vaya a buscar—. Pero tengo que hacer algunas cosas mientras tú estás en el cole. Así que me pregunto si hay algo que podamos hacer con respecto al tema de echarme de menos para que no me quede allí todo el tiempo y pueda hacer las cosas que tengo que hacer. ¿Tienes alguna idea?

Rachelle: No.

Madre: Bueno, pensemos en ello.

Rachelle: No quiero quedarme en el cole sin ti.

Madre: Lo sé. Pero me pregunto si hay alguna forma de que me eches de menos pero que no te moleste demasiado.

Rachelle: ¿Podrías estar en mi clase durante un tiempo y después sentarte en la biblioteca? Así podría saber que estás ahí, aunque no pueda verte.

Madre: Mmm. Es una idea interesante. ¿Entonces estaría contigo un rato y después me sentaría en la biblioteca? ¿Y así te acabarás acostumbrando a que no estuviese ahí mismo?

Rachelle: Sí.

Madre: Bueno, podemos intentarlo. Creo que es un buen paso hacia delante.

¿Está totalmente resuelto este problema? Todavía no. ¿Están de camino? Sí. ¿Cuál será el siguiente paso gradual? Les corresponde a la madre y a la hija discutirlo. ¿Qué pasa si la madre no puede quedarse en la biblioteca? ¿Qué pasa si tiene que ir a trabajar? Entonces esa solución no sería realista ni mutuamente satisfactoria y necesitarían colaborar para llegar a una solución diferente.

¿Qué le estás comunicando a tu hija cuando enfocas los problemas de este modo?

Te escucho. Te comprendo. Soy de fiar. Me preocupo por ti y por tus preocupaciones.

No voy a abandonarte en la tierra salvaje de la resolución de problemas si no puedes cumplir esta expectativa por ti misma.

Soy tu compañera.

Estoy ansiosa por averiguar lo que te perturba y por intentar abordar tus preocupaciones.

También quiero que se aborden mis preocupaciones.

Si los problemas de tu hija relacionados con la separación no se resuelven mediante el uso del Plan B, es probable que debas buscar la orientación de un profesional de la salud mental con experiencia en la ayuda de esa expectativa. No necesitas un diagnóstico –simplemente algo de ayuda por parte de alguien que haya tratado el problema antes y que pueda tener un repertorio de soluciones más amplio.

Niños de primaria

El mundo no va a darle un respiro a tu hija durante los años de la escuela primaria. De hecho, las presiones sociales, conductuales, académicas y deportivas van a volverse mucho más intensas. Y muchas de las personas que plantean demandas a tu hija van a confiar en el Plan A para «ayudar» a tu hija cuando tenga dificultades.

Por supuesto, estos años pueden ser muy divertidos. Con frecuencia a las niñas les gusta pasar tiempo con sus padres a esta edad. Pero, si todavía no ha sucedido, es probable que estos también sean los años en los que tu hija sea un poco menos receptiva a recibir asistencia para resolver los problemas que afectan a su vida. Esta es una buena señal; demuestra que está avanzando hacia una mayor independencia. Por supuesto, esta disminución de la receptividad a la asistencia podría ser una señal de que tu hija se ha acostumbrado a esperar el Plan A por parte de muchos adultos, de que se ha vuelto cada vez más recelosa con respecto a ese enfoque y de que está comenzando a responder del mismo modo.

En primer lugar, centremos nuestro debate en los desafíos académicos. Digamos que tu hija está teniendo dificultades para memorizar las tablas de multiplicar. Si dejas de lado la expectativa de aprender las tablas de multiplicar por ahora –quizá porque tu hija tiene otras dificultades académicas que tienen mayor prioridad–, entonces estás usando el Plan C. O si piensa ella que puede arreglárselas ella sola y tú decides seguirle la corriente por el momento, eso también es el Plan C. Limítate a seguir observando de cerca y a contactar con ella periódicamente para ver cómo está. Si resuelve el problema por sí sola, magnífico; aumentará su autoeficacia –la confianza en su capacidad para completar las tareas y lograr los objetivos– para solucionar futuros problemas. Pero si las cosas no van muy bien, necesitarás un plan, y, una vez más, tendrás que decidir entre la opción unilateral y la colaborativa.

Es probable que el maestro de tu hija tenga algunas ideas sobre cómo ayudarla a memorizar las tablas de multiplicar. Digamos que el profesor recomienda encarecidamente el uso de fichas de estudio para resolver ese problema. Si le impones las fichas a tu hija como la solución, estás llevando a cabo el Plan A. ¿Y el Plan B? Ya conoces la rutina:

Padre: Me he dado cuenta de que estás teniendo dificultades para aprender las tablas de multiplicar. ¿Qué pasa?

Jordan: A muchos niños todavía no se les da bien.

Padre: Es bueno saberlo. Pero yo estoy más preocupado por ti.

Jordan: Bueno, no es que no lo esté intentando.

Padre: No, sé que lo estás intentando. Simplemente me he dado cuenta de que todavía tienes dificultades con ello, y me preguntaba si podías hablarme de ello.

Jordan: No soy bueno memorizando cosas.

Padre: De acuerdo. Tampoco yo era bueno en eso.

Jordan: ¿No lo eras?

Padre: No. Solía tener que memorizar largos pasajes cuando estudiaba español, y después tenía que recitarlos delante de toda la clase, y era realmente difícil para mí. Así que puedo comprender lo duro que te resulta memorizar las tablas de multiplicar.

Jordan: ¿También tuviste problemas para memorizar las tablas de multiplicar?

Padre: No, que yo recuerde. Pero la abuela solía practicarlas conmigo en el coche, así que quizá esa sea la razón.

Jordan: ¿La abuela las practicaba contigo en el coche?

Padre: Sí. Íbamos en el coche y no teníamos mucho que hacer salvo escuchar la música de la abuela, que no me gustaba mucho, así que practicaba las tablas de multiplicar conmigo.

Jordan: ¿Te gustaba?

Padre: Sí, eso lo hacía divertido.

Jordan: Odio las matemáticas.

Padre: Sí, bueno, quizá sea porque estás teniendo problemas con las tablas de multiplicar.

Jordan: El señor Jarrett quiere que use fichas para aprenderlas.

Padre: ¿No te gusta esa idea?

Jordan: No. No me sirve de ayuda.

Padre: Bueno, pienso que el señor Jarrett cree que es realmente importante que las aprendas. También yo lo creo. Hace que las matemáticas que están por venir sean mucho más fáciles.

Jordan: Sí, es lo que él dijo.

Padre: Pero eso no significa que las fichas sean la mejor solución.

Jordan: Cierto.

Padre: Así que, me pregunto si existe otro modo de ayudarte a memorizar las tablas de multiplicar —además de emplear las fichas— para que las matemáticas que están por venir no te resulten tan difíciles. ¿Se te ocurre alguna idea?

Jordan: ¿Podríamos hacer lo que hacía la abuela?

Padre: ¿Te refieres a practicar en el coche?

Jordan: Sí.

Padre: Podríamos hacerlo. ¿Crees que te resultaría de ayuda?

Jordan: Podríamos intentarlo. Pero no cuando mis amigos estén en el coche.

Padre: De acuerdo.

Si las dificultades de tu hija con las tareas académicas no se resuelven mediante el uso del Plan B, deberás hablar de ello con el personal docente y quizá también debas buscar la orientación de un profesional de la salud mental o un neuropsicólogo para ver si una evaluación podría proporcionar información útil sobre las dificultades de tu hija y para ampliar la consideración de las posibles soluciones. Una vez más, estás buscando algo más que un diagnóstico, aunque puede que *necesites* un diagnóstico si es algo que requiera la escuela para proporcionarle ayuda adicional a tu hija. Lo que tú estás buscando es una comprensión del perfil de habilidades de tu hija y una idea de los factores que están interfiriendo en su progreso en determinadas tareas académicas. Dado que parte del personal docente todavía prefiere la «escasa motivación» y la «falta de esfuerzo» para explicar las dificultades académicas, deberás recordar algunos de nuestros temas clave –sobre todo *las niñas lo hacen bien si pueden* y *es preferible hacerlo bien*– para estar en condiciones de cuestionar las explicaciones motivacionales de las dificultades de tu hija.

Naturalmente, la parte académica no es la única en la escuela. El aula también presenta muchas expectativas conductuales, entre las que se incluyen quedarse quieto y prestar atención durante largos períodos de tiempo, escuchar las instrucciones, trabajar y jugar con los demás, pasar de una actividad a otra sin interrupciones, etc. Si tu hija tiene dificultades para cumplir esas expectativas, la vida va a ponerse interesante. Algunos educadores se muestran mucho más empáticos con respecto a las diferencias individuales en el *aprendizaje* que con respecto a las diferencias individuales en el *comportamiento*, aun cuando ambos campos involucren habilidades. Y aunque podrías sentirte presionado para aceptar los tópicos habituales que se aplican frecuentemente a las niñas con problemas de comportamiento –llaman la atención, son manipuladoras, están desmotivadas, ponen a prueba los límites, etc.–, tu desafío consiste en cuestionar la sabiduría convencional sobre el comportamiento, así como en insistir cuidadosamente en que las dificultades de tu hija se vean a través de lentes más precisas, compasivas y productivas. Vale la pena señalar aquí que entre el 70 y el 80 por ciento de los problemas conductuales en la escuela pueden atribuirse a tareas académicas específicas que un estudiante tiene dificultades para completar. Así pues, por lo general no tiene sentido tratar de separar el comportamiento de la parte académica; a menudo van de la mano.

Así que es importante determinar las condiciones específicas en las que se originan los problemas conductuales de tu hija en la escuela –por ejemplo, durante la clase de matemáticas, cuando se sienta en círculo, durante el recreo o en el autobús escolar–. El comportamiento ayudará a determinar las expectativas *específicas de esos contextos* que está teniendo dificultades para satisfacer. Por ejemplo, si tu hija es poco atenta, si tiene dificultades para completar el trabajo y si habla con sus compañeras principalmente durante las tareas que implican mucha escritura, entonces las tareas que impliquen la escritura serán los problemas sin resolver, y no los comportamientos que son la consecuencia de esos problemas. Si la intervención se centra en los comportamientos, los problemas nunca se identificarán, se comprenderán ni se resolverán. Una vez más, los comportamientos son lo que sucede *río abajo*. Tú debes centrarte en lo que ocurre *río arriba*.

Como siempre, el Plan A implicaría imponer una solución unilateral a esos problemas –por ejemplo, haciendo que la niña se quede en el recreo para practicar la escritura–. El Plan C podría implicar dejar esos problemas de lado, adaptarlos o modificarlos, o ver si la niña puede resolver la incompatibilidad por sí misma. ¿Y el Plan B? Así podría sonar el debate entre un profesor y una estudiante. Sí, este es un libro para padres, pero no hay motivo alguno para limitar el Plan B a la resolución de problemas entre el padre y el hijo. También es bueno que los profesores entren en acción; después de todo, son una de las profesiones dedicadas a la ayuda:

Profesor: Me he dado cuenta de que estás teniendo dificultades para escuchar las instrucciones en el laboratorio de ciencias. ¿Qué pasa?

Caryn: No lo sé.

Profesor: Bueno, reflexionemos sobre ello un minuto. Porque me he dado cuenta de que esto sucede principalmente en el laboratorio de ciencias, no durante otras actividades.

Caryn: Nos dejas hablar más en el resto de actividades.

Profesor: Cuéntame más.

Caryn: En las otras actividades, no te importa que hablemos entre nosotros o que bromeemos. Cuando hablamos durante el laboratorio de ciencias te enfadas con nosotros.

Profesor: Ah, ya veo. Supongo que es cierto; estoy un poco más relajado durante el resto de actividades.

Caryn: Sí, así que, si la gente habla o hace el tonto durante el laboratorio de ciencias, te enfadas y nos mandas al pasillo.

Profesor: Sí, así es. ¿Eso es todo? ¿Es esa la razón por la que has tenido problemas para escuchar las instrucciones durante el laboratorio de ciencias? ¿Porque os dejo hablar y bromear más durante el resto de actividades?

Caryn: Bueno, imagino que me resulta difícil dejar de hablar y de bromear.

Profesor: Creo que lo entiendo. ¿Alguna idea de lo que te resulta más duro de eso?

Caryn: No lo sé. Imagino que soy sociable.

Profesor: Sí, eres muy sociable. Esa es una de las cosas que me gusta de ti.

Caryn: No te gusta durante el laboratorio de ciencias.

Profesor: No, en el laboratorio de ciencias no. Verás, lo que me preocupa es que en el laboratorio de ciencias trabajáis con productos químicos, que podrían hacer daño a la gente o explotar, así que necesito ser mucho más estricto. Así que imagino que no puedo estar muy relajado cuando los productos químicos están fuera, porque no quiero que la gente salga herida. ¿Tiene sentido?

Caryn: Sí.

Profesor: Entonces, me pregunto si hay algo que podamos hacer con respecto a la socialización durante el laboratorio de ciencias —sobre todo cuando trabajamos con productos químicos— para asegurarme de que nadie sale herido.

Caryn: No soy la única que habla y bromea.

Profesor: No, estoy totalmente de acuerdo con eso. También hablaré de esto con algunos de tus compañeros.

Caryn: No sabía el motivo por el que eres más estricto durante el laboratorio de ciencias. No creo que me resulte difícil ser más seria ahora que lo sé. Y podría ayudar a que el resto de chicos sean también más serios.

Profesor: Oh, eso sería estupendo. ¿Qué debería hacer si veo que sigues teniendo algún problema al respecto?

Caryn: Podrías recordármelo. Pero no me mandes fuera de clase.

Profesor: Bueno, te lo he estado recordando y no ha funcionado del todo bien. Esa es la razón por la que te he mandado fuera de clase.

Caryn: Sí, pero ahora comprendo lo que ocurre. Creo que el hecho de recordármelo funcionará. Pero no creo que vayas a necesitar recordármelo muy a menudo.

¿Existen realmente educadores que usen el Plan B? Sí, muchos. Pero, por desgracia, no los suficientes —todavía no—. En algunos casos, esto se debe a que siguen teniendo una mentalidad anticuada por lo que respecta al comportamiento y a la disciplina. Pero en muchos casos se debe a que su rendimiento laboral se está juzgando ahora en función de los resultados que obtienen sus estudiantes en los *tests* que inciden en las posibilidades académicas de los alumnos [*high-stakes tests*, muy usados en los Estados Unidos]. Aunque los estándares son algo maravilloso, la obsesión con los resultados en los exámenes ha hecho que muchos profesores se sientan como técnicos —como robots preparadores de exámenes— más que como personas que desempeñan un rol crucial en la preparación de un niño para las diferentes demandas y expectativas del mundo real. Como has leído, entre las demandas más destacadas se encuentran la toma de perspectiva, la empatía, la resolución de problemas y la colaboración, y estas habilidades no se enseñan mediante ese tipo de *test*. A los profesores les resulta difícil mantener la perspectiva sobre el papel fundamental que desempeñan en las vidas de las niñas, ya que la descripción actual de sus funciones les empuja en una dirección diferente. Aunque debas mostrar tu empatía con los profesores, también debes estar seguro de que ellos muestran empatía con tu hija. No lo olvides, por la forma en que los adultos resolvemos los problemas con las niñas, estamos estableciendo un modelo sobre el modo en que las niñas resolverán los problemas con nosotros y con los demás, tanto ahora como en el futuro.

Si los problemas conductuales de una niña son más crónicos, si afectan a múltiples situaciones y si el Plan B no ha mejorado las cosas, tal vez sea conveniente que consultes a un profesional de la salud mental, para ver si él o ella puede arrojar algo de luz sobre ciertas cosas y ampliar los repertorios de soluciones. Es probable que en otros problemas conductuales se mencione la medicación como una opción, especialmente en el caso de la hiperactividad, del escaso control de los impulsos, de la falta de atención, de la irritabilidad, de la ansiedad, de las obsesiones y del carácter explosivo. La medicación puede resolver algunas de estas cuestiones y aumentar las posibilidades de que un niño cumpla las demandas del ambiente, pero piénsalo bien antes de tomar esta opción. Es importante que tengas en cuenta que los comportamientos por los que la gente está preocupada no solo se ven influenciados por las características de tu hija, sino también por las características del ambiente. Puede haber modificaciones ambientales que aborden los problemas conductuales antes de probar con la medicación. Y puede haber modificaciones ambientales que sean necesarias incluso *después* de que se haya recurrido a la medicación.

No es que la medicación deba evitarse a toda costa; en ocasiones resulta útil. Sin embargo, debes evitar ver a la niña como «el problema» y como la persona que necesita ser «arreglada». Y, sobre todo en los Estados Unidos, algunos profesionales de la salud mental son demasiado rápidos con el gatillo de la medicación.

La adolescencia temprana

Las demandas y las expectativas depositadas en tu hija durante la escuela primaria son significativas, pero en secundaria las demandas académicas y sociales se incrementan de manera exponencial. Las relaciones entre iguales se vuelven aún más intensas, y los propios compañeros son capaces tanto de una compasión como de una crueldad mayores. Tu hija está entrando en la pubertad –aunque a veces de forma más rápida o más lenta que otros compañeros de la misma edad–, que no es el acontecimiento vital traumático que a menudo se hace ver, pero que ciertamente aumenta su conciencia de otros aspectos de la vida de los que podría no haberse preocupado demasiado anteriormente. En el colegio, tu hija tiene ahora muchos profesores –y ya no solo uno o dos, como sucedía en la escuela primaria–, y esos profesores enseñan a cientos de estudiantes en un día, en vez de hacerlo solo a veinte o a treinta. Además, algunos de esos profesores tienen una mentalidad de que «o nadas o te hundes» por lo que respecta a la escuela secundaria, y piensan que tienen la responsabilidad de arrancar a tu hija del «útero» de la escuela primaria y de arrastrarla hacia el duro mundo de la educación secundaria (por suerte, muchos educadores reconocen que la escuela secundaria es, probablemente, la etapa más dura del desarrollo de los niños y asumen un papel más compasivo y útil). A todo esto, añade que tu hija podría volverse menos comunicativa y receptiva a tus esfuerzos por ayudarla a navegar en su vida. La niña que solía contártelo prácticamente todo es ahora menos locuaz. La niña a la que una vez le gustaba pasar tiempo contigo podría sentir vergüenza de que la viesen en público contigo.

Todos estos factores pueden aumentar la tensión entre padres e hijos. Y todavía debemos agregar el hecho de que ahora tu hija lo revisa todo de manera mucho más activa, da sentido y trata de sentirse cómoda con sus habilidades, sus preferencias, sus creencias, sus valores, los rasgos de su personalidad, sus metas y su rumbo y que, en ocasiones, parece un poco desquiciada con el proceso (aunque se esfuerza mucho por no estarlo). El proceso de revisión puede dar lugar a preferencias, a creencias y a valores sobre los hábitos alimenticios, sobre la forma de vestir, sobre los peinados y sobre las perforaciones corporales, y a puntos de vista sobre diversas cuestiones que no sean compatibles con tus valores, con tu experiencia y con tu sabiduría.

Parafraseando a Thomas Paine, *estos son los tiempos que ponen a prueba las almas de los padres*[1]... y que a menudo provocan que estos aspiren a controlar, más que a influir. Así que todavía no hemos terminado con la dicotomía «unilateral frente a colaborativa». También son estos los tiempos en los que la parte ayudadora de vuestra asociación colaborativa se vuelve especialmente importante, particularmente porque se relaciona con tener la piel curtida y con no tomarse las cosas como algo personal. Si ya tuviste discusiones sobre el Plan B con tu hija antes de la escuela secundaria, te vendrán bien ahora –te han ayudado a sentar las bases de la comunicación y de la resolución de problemas–, pero no garantizan que tu hija se entusiasme extremadamente con la participación en los debates del Plan B que están por venir. ¿Qué pasa si todavía no has comenzado a emplear el Plan B? No hay mejor momento que el presente.

Muchas niñas hacen frente a las nuevas demandas y expectativas de la adolescencia temprana sin grandes dificultades, aunque todas ellas tienen sus problemas. Pero supongamos que tienes conocimiento de que tu hija está siendo maltratada por algunos de sus compañeros. En los Estados Unidos, hemos dedicado mucho tiempo y dinero a ayudar a que los niños se traten unos a otros amablemente y como miembros de una comunidad (lamentablemente, esos esfuerzos tienden a ser mucho más intensos en la escuela primaria que más adelante), y la mayoría de los estados han ordenado que las escuelas adopten políticas en contra del acoso escolar. Por desgracia, en muchos lugares estas políticas tienen una fuerte orientación hacia el Plan A, que ignora el hecho de que los acosadores a menudo han sido acosados y carecen de habilidades por sí mismos –en particular, la empatía, la toma de perspectiva y la apreciación de cómo el comportamiento de

---

[1] La frase de Thomas Paine es: «estos son los tiempos que ponen a prueba las almas de los hombres» (*these are the times that try men's souls*) y aparece en un panfleto publicado en 1776, en el contexto de la lucha por la independencia de los EEUU (NdR).

una persona afecta a las demás– y que a menudo llevan el acoso a la clandestinidad.

Si el plan de estudios y las políticas en contra del acoso escolar no hacen su trabajo, entonces es muy probable que tu hija esté siendo maltratada por sus compañeros. Si decides observar con atención para ver si tu hija puede encargarse de las cosas por sí misma, o si adoptas la mentalidad de que las niñas tienen que arreglar las cosas entre ellas mismas, estarás empleando el Plan C. Si decides no dejar el problema de lado, el Plan A hará que adoptes algunas medidas unilaterales sin ninguna contribución por parte de tu hija o sin su consentimiento –tal vez llamar al director de la escuela o al orientador académico para exigir que se emprendan acciones decisivas e inmediatas contra el responsable–. Dada la mayor sensibilidad de tu hija al modo en que es percibida por sus compañeros y a su creciente aversión a las intervenciones parentales unilaterales, quizá esta no sea la ruta ideal, ya que le transmite a tu hija que tus preocupaciones con respecto al acoso escolar sobrepasan sus preocupaciones sobre el modo en que vas a conseguir que se aborden tus preocupaciones.

¿Y el Plan B?

Padre: Me he dado cuenta de que últimamente no has ido a casa de Karla para pasar el rato con ella. ¿Qué pasa?

Jen: Nada.

Padre: ¿Estás segura?

Jen: Mmm, creo que ya no quiere ser mi amiga.

Padre: Mmm. ¿Y eso?

Jen: No lo sé. Es como si me hubiese dado la espalda.

Padre: Te ha dado la espalda. ¿Cómo es eso?

Jen: Pero no quiero que llames a su madre ni nada.

Padre: No, no llamaré a su madre. No a menos que quieras que lo haga.

Jen: No quiero que lo hagas.

Padre: Entendido.

Jen: Bien.

Padre: Entonces, ayúdame a comprender qué quieres decir con que te ha dado la espalda.

Jen: Bueno, se estaba portando mal con Margaret. Y a Margaret no se le da muy bien defenderse. Así que comencé a pasar más tiempo con Margaret. Y creo que Karla se enfadó por eso. Es como si ya no quisiese quedar conmigo nunca más.

Padre: Es una situación difícil. Aunque has sido muy amable apoyando a Margaret.

Jen: Sí, bueno, ahora Margaret es la única persona que quiere pasar tiempo conmigo. Karla ha convencido a todas las demás para que me ignoren.

Padre: Lo siento.

Jen: Como siempre dice el abuelo, toda buena acción tiene su justo castigo.

Padre: No estoy seguro de que el abuelo tenga razón en eso. Pero siento mucho que tu buena acción no haya funcionado muy bien, al menos hasta ahora.

Jen: No importa.

Padre: Mmm. ¿Estás bien?

Jen: Sí. Quiero decir, Margaret es amable. Es muy tranquila, pero en realidad es muy divertida cuando se abre. Y todavía sigo teniendo a mis amigas del fútbol.

Padre: Pero supongo que debe ser un tanto difícil que las chicas de las que has sido amigas comiencen a ignorarte.

Jen: Sí.

Padre: ¿Quieres que te ayude con esto?

Jen: No. Quiero decir, no sé qué podrías hacer.

Padre: Bueno, no te preocupes. No haría nada sin haberlo hablado contigo. Pero me pregunto si hay algo que yo pueda hacer para que las cosas vayan mejor.

Jen: Ya conoces a Karla. Una vez que toma una decisión sobre alguien, todo está acabado. Es decir, me gusta ser su amiga, pero no me gusta cuando es mala. Así que ahora está siendo mala conmigo.

Padre: Cierto. ¿Lo sabe alguien en el colegio?

Jen: ¿Quieres decir los profesores?

Padre: Sí.

Jen: A ellos no les importan estas cosas.

Padre: Bueno, deberían. Vaya, se supone.

Jen: ¡No llames a mis profesores!

Padre: Jen, no te preocupes —no voy a llamar a nadie–. Simplemente estamos hablando. Como hacemos siempre.

Jen: Ni siquiera debería estar hablando contigo de esto.

Padre: ¿No? ¿Cómo es eso?

Jen: No lo sé. Debería ser capaz de manejar estas cosas por mi cuenta.

Padre: Ya veo. ¿Y eso?

Jen: Porque las niñas de mi edad no deberían necesitar ayuda de sus padres.

Padre: Mmm. No sabía eso. Todavía hablo con la abuela y el abuelo de cosas que me preocupan.

Jen: ¿Lo haces?

Padre: Por supuesto. En ocasiones tienen ideas en las que yo no había pensado. Y a veces es agradable tener a alguien con quien hablar las cosas.

Jen: Bueno, no creo que pueda hacerse nada al respecto.

Padre: Quizá no. Entonces, ¿qué vas a hacer?

Jen: Supongo que veré qué pasa durante un tiempo. Puede que Karla se relaje.

Padre: Vale. Avísame si las cosas empeoran… o si mejoran. Porque no creo que queramos dejar que esto continúe así. ¿Sabes lo que quiero decir?

Jen: Sí.

Al principio comenzó como un Plan B y, a continuación, se transformó en un Plan C, al menos por el momento, por deferencia a los deseos de la niña. Sin embargo, el padre reunió información importante sobre el problema. Si el padre hubiese decidido no dejarlo correr, habría regresado al Plan B para discutir las líneas de acción potenciales que eran realistas y mutuamente satisfactorias. Naturalmente, las características específicas de la situación determinarían tu sensación de urgencia en la intervención.

¿Está «funcionando» el Plan B incluso si se necesita cierto tiempo para resolver el problema? Sí, está funcionando si sabes más de las preocupaciones de tu hija de lo que habrías podido saber de otro modo. Está funcionando si tu hija escucha y comprende tus preocupaciones. Está funcionando si tu hija y tú trabajáis juntos para abordar vuestras respectivas preocupaciones. Está funcionando porque le estás comunicando a tu hija que se puede confiar en ti, que sientes curiosidad, que te preocupas y que sabes cómo ser un buen compañero.

Si el Plan B no resuelve las dificultades que está teniendo tu hija con el mundo académico o con los compañeros —y sobre todo si esas dificultades se vuelven más crónicas—, deberás buscar orientación profesional. Sin embargo, tendrás más éxito a la hora de que tu hija trabaje con un ayudador contratado si decides adoptar esa línea de acción de forma colaborativa y no unilateral.

La adolescencia

Para algunas niñas, la adolescencia significa que el período más tumultuoso del desarrollo ya ha quedado atrás. Otras niñas, cuya preadolescencia ha sido relativamente tranquila, comienzan ahora a revolucionar el motor. Las relaciones entre iguales y el mundo académico siguen siendo muy intensos durante estos años, pero la cultura juvenil ha añadido ahora las drogas, el alcohol y el sexo a la mezcla (aunque estas adiciones pueden entrar en la mezcla incluso antes), junto con cosas como el empezar a conducir, las pruebas de acceso a la universidad y las solicitudes para la universidad. Tu deseo de tener cierta influencia no se ha desvanecido, y la posibilidad de la incompatibilidad todavía se cierne amenazante.

A estas alturas, presumiblemente tu hija está bastante familiarizada con tus valores, con tu sabiduría y con tu experiencia. La gran pregunta es si tu hija y tú tenéis claras tus *expectativas*.

Si no tienes expectativas claras, tu hija (y sus pares) supondrán que tienes la mentalidad del «todo vale», en cuyo caso puede ser que obtengas «casi cualquier cosa». Será difícil saber si tu hija está cumpliendo tus expectativas si ninguno de los dos sabéis cuáles son.

Por supuesto, si tienes claras tus expectativas, tus opciones serán las mismas: observar muy de cerca y ver si tu hija puede resolver las cosas por sí misma (Plan C); modificar o dejar de lado una determinada expectativa, al menos por el momento (también Plan C); imponer soluciones unilaterales (Plan A); o trabajar juntos en soluciones realistas y mutuamente satisfactorias (Plan B).

Así las cosas, vayamos al grano. ¿Cuáles son tus expectativas por lo que respecta a la experimentación con la marihuana y con su consumo? ¿Estás de acuerdo con que lo intente, o tu expectativa es la abstinencia total? ¿Cómo de flexible estás dispuesto a ser si tu hija y tú no os ponéis de acuerdo en la parte de la abstinencia total? Si te parece bien que la pruebe, ¿tienes expectativas sobre las condiciones en las que esto se producirá? ¿O piensas que fumar marihuana es un rito de iniciación relativamente inofensivo? Después de todo, tú lo hiciste (y quizá lo sigas haciendo). A propósito, solo por el hecho de que muchos estados hayan despenalizado o legalizado la marihuana no significa que sea una sustancia benigna; solo quiere decir que las autoridades estaban cansadas de tratar de hacer cumplir lo inexigible y de gastar una fortuna en el intento. Que exista o no incompatibilidad entre tu hija y tú sobre el tema de la marihuana depende por completo de dónde os posicionéis tu hija y tú con respecto a estas preguntas. Si no quieres que fume marihuana y ella no tiene interés en probarla, probablemente estés a salvo del dominio de la incompatibilidad. Si existe una incompatibilidad –ahora ya conoces el mantra–, tendrás un problema que resolver.

¿Qué pasa con el alcohol? ¿Te parece bien que beba algunas cervezas en una fiesta? ¿Te parece bien que sean unas pocas más, siempre y cuando haya un conductor sobrio? ¿O tu expectativa es la abstinencia total? En caso afirmativo, ¿cómo de flexible estarías dispuesto a ser si tu hija y tú no estuvieseis de acuerdo en poner el listón en la abstinencia total? ¿Qué pasa con el resto de sustancias? ¿Éxtasis? ¿Cocaína? La heroína es cada vez más popular hoy en día.

¿Y te gustaría saber el modo en que los novios y las novias deberían tratarse entre sí? Aunque las hormonas (y quizá su novio y sus amigos) puedan decirle *vamos, vamos, vamos*, necesitarás ser claro sobre si tu expectativa es *no, no, no* o *despacio, despacio, despacio*, o si te parece bien que navegue por esas aguas ella sola. ¿Te parecen bien los encuentros sexuales casuales o crees firmemente que la parte física debería estar acompañada de cierto significado? Más allá del coito, ¿te parece bien prácticamente todo? ¿Estás de acuerdo con el coito siempre y cuando no haya enfermedades de transmisión sexual ni embarazos? ¿Estás dispuesto a proporcionar métodos anticonceptivos? ¿Te parece bien que en el colegio suministren métodos anticonceptivos?

¿Hasta qué punto deseas implicarte para estar seguro de que tu hija prepara las pruebas de acceso a la universidad? ¿Hasta qué punto deseas implicarte en ayudar a tu hija con las solicitudes para la universidad? ¿Hasta qué punto deseas implicarte en ayudar a que tu hija escoja una universidad o un camino diferente?

Pensemos ahora en tus opciones para hacerte cargo de la incompatibilidad, aunque no es que hayan cambiado. Digamos que tu hija y su novio han estado saliendo en serio desde hace un tiempo y sospechas —o tal vez de algún modo estás al tanto de ello— que actualmente están considerando tener relaciones sexuales. Podrías observar detenidamente para ver si ella puede arreglárselas sola, diciéndole tal vez que confías en sus instintos y que es lo suficientemente inteligente para saber la manera de evitar quedarse embarazada y contraer una enfermedad de transmisión sexual (Plan C). En el Plan A le prohibirías que tuviese relaciones sexuales y, en caso de que se negase a aceptarlo, le prohibirías que saliese con el chico. Podrías tener un problema de cumplimiento en este último caso, y también existe la posibilidad de que el enfoque termine también con la comunicación civilizada sobre el tema. ¿Y el Plan B?

Madre: Hay algo de lo que deberíamos hablar en algún momento.

Claire: No, por favor.

Madre: No, por favor, ¿qué?

Claire: Es sobre Robbie, ¿no?

Madre: Sí, en realidad sí.

Claire: No quiero hablar de Robbie.

Madre: No pensaba que lo harías. Y no tenemos que hablar de ello ahora mismo. Pero hay un par de cosas de las que me gustaría hablar contigo.

Claire: Esto no puede estar sucediendo.

Madre: Puedo ver que vais bastante en serio, y no creo que sea un crimen hablar de ello un rato.

Claire: ¡Esto es muy vergonzoso!

Madre: No creo que tenga que ser vergonzoso.

Claire: ¿De qué estás preocupada? ¡No ha pasado nada!

Madre: Bueno, sé que cuando los chicos de tu edad habéis salido durante un tiempo, suceden cosas. Quiero asegurarme de que estás bien.

Claire: ¡Estoy bien! Gracias.

Madre: Sí, bueno, esperaba algo más que eso.

Claire: ¿No crees que es asunto mío?

Madre: Creo que es asunto tuyo. Pero creo que también es asunto mío.

Claire: Bueno, ¡pero no ahora! Tengo que prepararme para esto.

Madre: ¿Cuándo?

Claire: El domingo por la noche. No, espera —los domingos por la noche estoy estresada por el colegio—. Mmm... el sábado por la tarde, después del entrenamiento de lacrosse.

Madre: ¿Estás segura?

Claire: ¡No! ¡Ni siquiera quiero hablar contigo de esto!

Madre: No creo que vaya a ser tan malo como piensas.

Claire: Creo que será peor de lo que me imagino. ¿Qué tal si te prometo que si pasa algo realmente serio usaremos un condón?

Madre: Mmm, ¿acaso va a pasar algo realmente serio?

Claire: No estoy segura.

Madre: ¿Quieres que pase algo serio?

Claire: No estoy segura.

Madre: ¿Quiere Robbie que pase algo serio?

Claire: Sí.

Madre: ¿Sabe Robbie que tú no estás segura?

Claire: Sí. Esa es la razón por la que no lo hemos hecho todavía.

Madre: ¿Te está presionando Robbie?

Claire: En realidad no.

Madre: Así que parece que estamos hablando de esto ahora. ¿Deberíamos continuar?

Claire: Dios mío.

Madre: ¿Tan malo es que hablemos de ello?

Claire: No, en realidad no. Solo que es privado. Es… mi vida.

Madre: Sí. Estoy de acuerdo en que es tu vida. Pero mi función siempre ha sido la de asegurarme que estés a salvo y de que pienses bien las cosas, y todavía no estoy lista para dejar eso atrás. Eso no significa que no crea que eres capaz de pensar bien las cosas por ti misma. Solo quiere decir que me preocupo por ti y que quiero estar segura de que haces las cosas que tienen sentido para ti.

Claire: Siempre me has dicho que el amor no tiene sentido.

Madre: Sí, bueno, quedarse embarazada tendría todavía menos sentido. Y contraer una enfermedad también tendría menos sentido.

Claire: En el colegio nos dan condones gratis.

Madre: Sí, creo que lo sabía. ¿Alguno de los dos sabe cómo usarlos?

Claire: Recibí un curso de educación para la salud en el colegio hace como 6 años. ¡No es complicado!

Madre: ¿Puedo decir sin temor a equivocarme que, si no sabes si estás preparada, entonces es que no estás preparada?

Claire: No lo sé.

Madre: Porque, ya sabes, cuando las cosas se calientan, es más difícil decir que no.

Claire: ¡Dios mío!

Madre: ¿Estoy en lo cierto?

Claire: ¡No me puedo creer que estemos hablando de esto!

Madre: ¿Por qué no deberíamos estar hablando de esto?

Claire: No lo sé.

Madre: Bueno, me parece que no sientes que te estén obligando a nada.

Claire: Es un poco insultante que pienses que dejaría que me obligasen a algo… y que pienses que yo saldría con alguien que actuaría de esa manera.

Madre: No pienso ninguna de las dos cosas. Simplemente quería hablar contigo. Y parece que la parte de la anticoncepción la tienes cubierta.

Claire: Sí, mamá.

Madre: ¿Hablarás conmigo si tienes alguna preocupación sobre estas cosas?

Claire: Tal vez.

Madre: ¿Sientes que estás preparada para la parte emocional de las cosas?

Claire: No haré nada hasta que me sienta preparada. Y, como sueles decir, no siempre sabes si estás preparada hasta que ocurre algo. Pero si sucede –y no te estoy diciendo que vaya a suceder– y no me siento bien al respecto, te lo diré.

Madre: Muy bien.

Claire: ¿Hemos acabado?

Madre: Hemos acabado.

Claire: Creo que ha sido más difícil para ti que para mí.

Madre: Creo que estás en lo cierto.

Aquellos modelos para la resolución de problemas y para el manejo de la angustia para los que sentaste las bases en los primeros años parecen estar sirviéndote en la adolescencia. No te garantizan que las cosas serán perfectas, pero te vendrán bien.

La universidad y los años subsiguientes

¿Crees haber terminado cuando tus hijas abandonan el nido? ¡Cielos, ni mucho menos! En este punto, sin embargo –si no ha sucedido todavía–, la gran mayoría de padres están totalmente convencidos de que ya no tienen ningún control sobre las vidas de sus hijas. Con suerte, tu hija tendrá ahora un sentido mejor definido de sus habilidades, de sus preferencias, de sus creencias, de sus valores, de los rasgos de su personalidad, de sus metas y de su rumbo, pese a que ese viaje siempre está sujeto a cambiar de dirección en función de los acontecimientos de la vida. Sin embargo, tú todavía tienes experiencia, sabiduría y valores que ofrecer, y tu hija podría ser incluso más receptiva a lo que estás poniendo sobre la mesa. De hecho, podría incluso buscarlo. Tu hija todavía necesita un compañero, aunque quizá no tanto y ahora casi totalmente bajo sus condiciones. Los ingredientes del Plan B no varían a través de los tiempos.

* * *

El modo en que te ocupes de los problemas que afectan a la vida de tu hija –y lo que le transmites al hacerlo– influye en muchas cosas en la relación entre vosotros, en el modo en que te comunicas, en si tienes influencia y en si se resuelven los problemas. Perdón por la repetición, pero verdaderamente cosechas lo que siembras. He escuchado a muchos padres decir lo felices que están de que sus hijas sean ahora adultas, ya que su relación durante su adolescencia –y en ocasiones incluso en la infancia– fue horrible, pero que ahora finalmente pueden hablarse. Es estupendo que las cosas vayan mejor ahora, pero podrían haber estado hablando y colaborando todo el tiempo. Por supuesto, he conocido a otros padres y a otras hijas cuya relación mutua nunca llegó a recuperarse del conflicto y la acritud de esos primeros años.

Quieres ser el compañero de tu hija en el desarrollo, a lo largo del mismo. Aunque tu hija pueda necesitar cosas diferentes a las que tú necesitas durante el transcurso de su desarrollo, va a necesitar que seas su compañero en cada paso del camino. Y, cuando comience a decirte que ya no necesita tanto un compañero, tendrás la confirmación sólida de que has sido un muy buen compañero.

Preguntas y respuestas

Pregunta: ¡Muchos ejemplos del Plan B hacen que parezca muy sencillo! ¿Por qué mis intentos por llevar a cabo el Plan B han sido tan duros?

Respuesta: A decir verdad, no es sencillo. Has leído algunos ejemplos del Plan B en los que todo iba bastante bien y otros ejemplos en los que ha resultado más difícil. Hay temas más fáciles de hablar que otros. Sin embargo, las mayores dificultades suelen surgir cuando una niña es una participante reacia en el proceso, muy a menudo porque se ha acostumbrado al Plan A y no se ha dado cuenta de que estás enfocando las cosas de un modo menos punitivo y más colaborativo. Puede llevar un tiempo que lo comprenda; mientras tanto, como has visto en algunos ejemplos, su respuesta al Plan B tal vez sea desagradable. Resiste. Incluso cuando parece que tu hija te está apartando, a menudo hay señales de que cada vez está participando más en el proceso, si bien a regañadientes. Eso es progreso.

Sin embargo, incluso las niñas que han pasado por muchos Planes B no siempre se muestran entusiasmados por compartir información —este es un signo común de una mayor independencia— y podrían transmitir esa falta de entusiasmo de modos que no sean tan civilizados como los padres preferirían. Intenta por todos los medios que el tono de voz o la actitud de tu hija no te afecte. Si está manifestando preocupaciones, escuchando las tuyas y ofreciendo posibles soluciones, eso es progreso, aunque esté perdiendo puntos de estilo. Demasiados padres quedan atrapados en el comportamiento de sus hijas y dejan de darse cuenta de que en realidad su hija está participando en el proceso. Puede que no sea bonito, pero es mejor que la alternativa.

Pregunta: Este capítulo está haciendo que me acuerde de cuando mi hija era muy pequeña. Por aquel entonces tenía muy claro el tipo de relación que quería tener con ella. Es fácil perder el rumbo a lo largo del camino. La vida simplemente toma el control. ¿Algún pensamiento al respecto?

Respuesta: Es fácil perder la perspectiva. Estamos muy ocupados. Y muchos padres se vuelven mucho menos colaborativos a medida que sus hijas crecen, que las expectativas aumentan y que los riesgos son incluso más altos. Puede ser útil pensar en lo que quieres que tu hija diga de ti como padre o como madre cuando crezca. Tal vez sea bueno ponerlo por escrito cuando sea pequeña para poder hacer referencia a ello más adelante; estás en lo cierto —las cosas pueden volverse un poco confusas conforme pasen los años—. Hay muchas posibilidades:

> *Se ponía siempre tan loca por todo que nunca podíamos hablar de nada.*
> *Era muy bueno escuchando.*
> *Era muy cariñosa.*
> *Él me entendía.*
> *Nunca hablábamos. Creo que estaba demasiado ocupado ganándose la vida.*
> *En realidad, mi madre nunca mostró interés por lo que a mí me interesaba.*
> *No creo que mi padre me comprendiese muy bien.*
> *Trabajaba duro, pero casi nunca se perdía mis partidos.*
> *Me cubría las espaldas, incluso cuando metía la pata.*
> *Sentía que no podía cometer errores —él siempre reaccionaba de manera exagerada.*
> *Creo que se mantuvo durante mucho tiempo en un rol autoritario, y yo necesitaba algo más cuando me hice mayor.*
> *Tenía que tener razón en todo.*

Siempre me hizo sentir que no era lo suficientemente buena.

Siempre tenía que tener el control.

Era muy inteligente, y podía darse cuenta de cuándo estaba lista para escuchar su sabiduría.

Mi madre me quería, pero en realidad yo nunca estuve segura de si le gustaba.

Mi padre me aceptaba tal y como era.

Demostró que se preocupaba por mí criticándome –me gustaría que lo hubiese demostrado de otra manera.

¿Qué quieres que tu hija diga de ti? Podría ser algo bueno comenzar a pensar en esto.

Pregunta: ¿Qué pasa si, en el Plan B, mis preocupaciones y las preocupaciones de mi hija entran en conflicto directo?

Respuesta: En realidad, las preocupaciones no pueden entrar en conflicto directo, aunque reflejen perspectivas completamente diferentes. Cuando te saltas las preocupaciones y vas directo hacia las soluciones puede aparecer el conflicto, no en la forma de preocupaciones conflictivas, sino más bien en la de *soluciones conflictivas* (un escenario al que ya nos hemos referido como una lucha de poder). Este es un buen ejemplo:

Niña: ¿Te parece bien si duermo esta noche en casa de Caitlin?

Madre: Claro, si su madre está en casa.

Niña: Creo que su madre trabaja en el turno de noche, así que no estará en casa.

Madre: Entonces no.

Niña: ¿Por qué no?

Madre: ¿Quién más va a ir?

Niña: Theresa y Joni.

Madre: Debes estar bromeando. Theresa y Joni son demasiado salvajes –sabes que sus padres les dejan beber y tomar drogas–. Y por lo que me has dicho, Caitlin se vuelve un poco salvaje cuando está con ellas.

Niña: Ya, bueno, yo no bebo ni me drogo.

Madre: No quiero que caigas en la tentación. Si las tres están bebiendo y tomando droga, creo que es muy difícil que no te veas arrastrada a eso.

Niña: Ellas saben que yo no hago esas cosas. Así que no tratan de arrastrarme.

Madre: Esto no admite discusión. No voy a dejar que vayas a dormir si la madre de Caitlin no está ahí.

Niña: ¿Crees que la madre de Caitlin va a hacer que dejen de beber o de drogarse? En realidad, no importa que ella no esté allí.

Madre: Lo siento, pero mi respuesta es no.

Niña: ¿Puedo ir un rato y no dormir allí?

Madre: No.

Niña: ¡Esto es una mierda! ¿Por qué no confías en mí?

Muy bien, así que este es el Plan A. Y ahora, la gran pregunta: ¿Es el Plan A la mejor estrategia a largo plazo sobre esta cuestión? En otras palabras, ¿es realista creer que el hecho de privar a la niña de la compañía de sus amigas alcohólicas y drogadictas va a evitar de forma fiable que ella tome drogas y alcohol? ¿Existe otro modo de que la madre consiga la tranquilidad que está buscando? ¿Deberíamos darle otra oportunidad al Plan B?

Niña: ¿Te parece bien si duermo esta noche en casa de Caitlin?

Madre: Claro, si su madre está en casa.

Niña: Creo que su madre trabaja en el turno de noche, así que no estará en casa.

Madre: No me gusta la idea. ¿Quién más va a ir?

Niña: Theresa y Joni.

Madre: ¿De verdad? ¿Por qué tienes tantas ganas de salir con ellas?

Niña: Bueno, en realidad me gustaría pasar el rato con Caitlin. Pero también ha invitado a Theresa y Joni. Son mis amigas y quiero estar con ellas. No puedo quedarme en casa los sábados por la noche tan solo porque algunas de mis amigas beban o consuman drogas.

Madre: Comprendo. ¿Aparecerá algún chico?

Niña: Ningún chico.

Madre (suspirando): Sé que no quieres quedarte en casa los sábados por la noche. Y sé que tienes algunas amigas que beben y que toman drogas. No me gusta que la madre de Caitlin no vaya a estar para echar un vistazo.

Niña: Mamá, no importaría que la madre de Caitlin estuviese ahí. Ella no sabe lo que pasa en el sótano.

Madre: Fenomenal. Entonces creo que lo que me preocupa es que no quiero que Theresa y Joni te presionen para beber y para consumir drogas con ellas.

Niña: Mamá, saben que no hago eso. Así que no intentarán atraerme.

Madre: ¿No te presionan lo más mínimo?

Niña: Me ofrecen. Yo lo rechazo. Pero ellas no me ridiculizan si no participo. No son así.

Madre: ¿Y no te sientes excluida?

Niña: No. En cierto modo sienta bien.

Madre: ¿Tienes que pasar allí la noche?

Niña: No. Quiero decir, me gustaría… es más divertido. Pero no si eso te asusta.

Madre: Mmm… creo que me sentiría mejor si no durmieses allí cuando la madre de Caitlin no está. Pero si realmente quieres hacerlo, creo que tengo que confiar en tu juicio.

Niña: Solo vamos a ver una película de miedo e irnos a dormir. Estoy bien.

Madre: Odias las películas de miedo.

Niña: Lo sé. Pero estaré bien.

Madre: ¿Me llamarás para que te recoja si pasa algo con lo que no te sientes bien?

Niña: Sí.

Madre: Tendré el teléfono móvil cerca de mí.

Niña: Te llamaré en caso de necesitarte.

Pregunta: Mi pareja no quiere usar el Plan B –ni siquiera leer este libro–. ¿Algún consejo?

Respuesta: Implementa el Plan B con tu marido o con tu mujer. En el paso de la Empatía, deberías descubrir en qué está pensando. ¿Todavía lleva esas antiguas lentes? ¿Acaso no se siente seguro con respecto a sus habilidades del Plan B? ¿Sigue pensando todavía que colaborar es lo mismo que rendirse? ¿Tiene miedo de que, al usar el Plan B, sus preocupaciones no sean escuchadas ni se aborden?

Muchos adultos emplean el Plan A por pura costumbre. En realidad, es posible que no tengan fuertes creencias que guíen su uso del Plan A; simplemente es la manera en la que crecieron, y nunca han pensado mucho en el tema. El objetivo, por supuesto, consiste en ayudarles a reflexionar sobre este asunto, sobre todo por lo que respecta a si la disciplina aplicada a la antigua usanza está funcionando.

Una opción –como estás a punto de ver con Dan y Kristin– es que el cónyuge reacio esté presente en el Plan B como observador. El mero hecho de que esté presente en las discusiones sobre el Plan B es un buen primer paso. Cuando vean que esta opción funciona y qué pinta tiene, serán más receptivos a intentarlo ellos mismos.

Pregunta: Pero mi marido dice que el Plan A funcionó en su caso cuando era un niño. ¿Cómo respondo a eso?
Respuesta: Depende de lo que quiera decir con que «funcionó». Quizá después de pensarlo un poco llegue a reconocer que habría sido bueno que sus preocupaciones hubiesen sido escuchadas durante su infancia y que hubiese participado en la resolución de problemas que afectaban a su vida. Puede que incluso piense que esa habría sido una buena preparación para el mundo real.

Pregunta: Me han enseñado que es bueno que los padres sean coherentes entre sí delante de la niña para que esta no pueda crear ninguna «división». ¿Qué consejo les darías a los padres si uno de ellos estuviese empleando el Plan A sobre una cuestión y el otro no estuviese de acuerdo?

Respuesta: La niña no es quien crea la división en este escenario. Si un padre sigue usando el Plan A para resolver los problemas y el otro no está de acuerdo con ese enfoque, entonces los padres *ya* están divididos por lo que respecta al modo de resolver los problemas con su hija. Si uno de los padres cree que un determinado problema es de máxima prioridad y el otro no lo cree, también están divididos en esta cuestión. Así pues, los padres necesitan hablar entre ellos y llegar a un consenso sobre los problemas no resueltos en los que van a trabajar con su hija y sobre cuáles van a dejar de lado por el momento. A continuación, necesitan reflexionar sobre si es probable que el Plan A resuelva los problemas de máxima prioridad. Finalmente, necesitan mejorar en el Plan B, juntos.

Pregunta: ¿Puedes hablar un poco del modo en que el Plan B se relaciona con la resiliencia y la autoestima?
Respuesta: La resiliencia y la autoestima son palabras de moda hoy en día, pero deberíamos pensar en lo que realmente significan. Resiliencia es la capacidad de hacer frente a los desafíos, de trabajar en ellos paso a paso, y de salir de ellos más fuerte que antes. Cuando la primera solución a un problema no consigue su objetivo, fomentas la resiliencia reconsiderando el problema y colaborando en una solución que sea más realista y mutuamente satisfactoria. La autoestima refleja el autoconocimiento y la sensación de dominio de una persona para cumplir las diferentes expectativas de la vida. Muchos padres me dicen que sus hijas tienen una baja autoestima, que no se sienten muy bien consigo mismas. Sin embargo, contribuyes a que una niña tenga conocimiento de sí misma y a que logre una sensación de dominio ayudándola a abordar los problemas de una manera sistemática, organizada, proactiva y colaborativa. Cuantos más problemas resuelva, mayor será su sensación de dominio, no solo por lo que respecta a esos problemas, sino también en relación con los que no han aparecido todavía.

Pregunta: ¿Y el autorrespeto?
Respuesta: Si tu hijo está seguro de que sus preocupaciones son válidas; si tiene confianza en sí mismo para expresar esas preocupaciones de un modo que los demás puedan comprender; si tiene la capacidad necesaria para generar soluciones que sean realistas y mutuamente satisfactorias; si se siente cómodo y vive una vida que sea congruente con sus habilidades, sus preferencias, sus creencias, sus valores, los rasgos de su personalidad, sus metas y su rumbo; y si ha tenido el beneficio de tu sabiduría, de tu experiencia y de tus valores; probablemente esté en muy buena situación en lo que se refiere al autorrespeto.

Pregunta: Es difícil colaborar si tu hija está siendo deshonesta, ¿no es así?
Respuesta: La deshonestidad es, por lo general, una consecuencia del Plan A, dado que las niñas están tratando de evitar tu cólera o que te enfades. Sin embargo, tu cólera no promueve la honestidad. Como has leído, no hay razón para que tu hija mienta cuando estáis explorando sus preocupaciones y resolviendo sus problemas de manera colaborativa.

Pregunta: ¿Puedes hablar un poco más de la falta de respeto?
Respuesta: El comportamiento irrespetuoso de las niñas hacia los adultos suele ser también consecuencia del Plan A. Cuando los adultos se informan sobre las preocupaciones de las niñas y las clarifican, cuando no juzgan esas preocupaciones y las reconocen, las niñas se sienten respetadas y corresponden a ese respeto. Así pues, cuando tu hija dice: «Eres el peor padre del mundo», hay un problema no resuelto (que probablemente se esté manejando con el Plan A) que deberías solucionar de manera colaborativa. Y cuando dice: «Te odio», hay un problema sin resolver (que probablemente se esté manejando con el Plan A) que deberías solucionar de manera colaborativa. Cuanto más uses el Plan B, menos dirá tu hija esas cosas.

* * *

Después de hablar con Cheryl en el trabajo, Kayla fue directa a la habitación de Brandon, como de costumbre. En esta ocasión estaba sentado en la cama, con varios libros delante de él.

«¿Estás despierto?».

«No podía dormir».

Kayla se sentó en la cama al lado de Brandon. «Perdona. ¿Qué estás leyendo?».

«Historia».

«Mmm. Creo que ni siquiera sé lo que estás estudiando en historia».

«Ahora mismo, la Primera Guerra Mundial».

«¿Es interesante?».

«Más o menos. Pero no del modo en que la enseña la señorita Ott. Se limita a explicar todo el tiempo y se supone que debemos tomar nota de todo, y la mitad del tiempo no entiendo lo que dice».

«Ya veo», dijo Kayla. «¿Así que estás estudiando ahora para su clase?».

«Sí, pero no va a servirme de ayuda, ya que en sus exámenes solo hace preguntas sobre lo que dice en clase».

«Y no eres capaz de seguir lo que dice en clase».

Brandon asintió. «Esa es la razón por la que no lo estoy haciendo demasiado bien en sus exámenes».

Tony apareció por la puerta. «¿Todo va bien por aquí?».

«Sí, estamos bien», respondió Kayla.

«¿Cómo es que aún no está fuera de la cama?».

«Estamos hablando», dijo Kayla. «Estamos bien».

Tony sostenía el boletín de notas. «Sí, bueno, esto no está bien», dijo Tony. Kayla recordó repentinamente que había dejado el boletín de notas en su tocador antes de irse al trabajo. Brandon miró horrorizado.

«De eso estábamos hablando», dijo Kayla.

Tony entró en la habitación. «En mi opinión, se habla demasiado por aquí. Si quieres dejar que te ponga una venda sobre tus ojos, es tu maldito problema. Pero yo no voy a permitir que la gente me tome por tonto, especialmente los niños pequeños».

«No creo que esté poniendo una venda en los ojos de nadie», dijo Kayla.

«Le pregunto cada noche si necesita mi ayuda con las tareas escolares, y siempre me dice que todo está bajo control. Pues suspender historia no está "bajo control". Y aprobar matemáticas por los pelos tampoco está "bajo control". ¡Por Dios! ¿Cuánto tiempo vas a creerte sus estupideces?».

«No me estoy creyendo nada», dijo Kayla. «Él sabe que necesita sacar mejores notas».

«¿"Él sabe"? ¿Eso es todo? ¿"Él sabe"?», Tony fulminó a Brandon con la mirada. «Sal de la cama de una puñetera vez».

Brandon, con los ojos como platos, no se movió.

«Tony, no necesito tu ayuda con esto», imploró Kayla.

«¡Demonios, claro que sí!», dijo Tony. Trató de agarrar el brazo de Brandon para sacarlo de la cama. Kayla le apartó la mano.

«No le toques», espetó. «Te dije que no necesita tu ayuda con esto».

Tony trató de coger a Kayla con sus brazos para quitarla de en medio. Brandon se levantó de un salto y agarró el brazo de Tony. Tony giró rápidamente y tiró a Brandon al suelo.

«¡Déjale estar!», gritó Kayla.

Brandon se levantó del suelo y trató de enfrentarse a Tony, que era más del doble de grande. Tony volvió a tirarle al suelo. Kayla puso su cuerpo entre Tony y Brandon. *«¡Te he dicho que lo dejes estar!»*.

Tony se quedó mirando a Kayla y sonrió con superioridad. «No necesito esto», dijo. «Si quieres dejar que arruine su vida, es tu elección. Es tuyo».

Tony salió airado de la habitación. Kayla comenzó a llorar. Brandon se acercó para tranquilizarla. «Lo siento, mamá».

¿Podemos extraer alguna idea principal de este escenario? Solo lo que ya sabes: los seres humanos corren el riesgo de exhibir sus características menos deseables cuando se ignoran sus preocupaciones y cuando se aplican soluciones unilaterales y desinformadas.

* * *

Denise había organizado un encuentro entre Charlotte, Hank y ella, y los tres estaban sentados ahora en la mesa del comedor. Se aseguró de que Hank y Charlotte no estuviesen sentados el uno al lado del otro.

«¿Puedo sentarme en tu regazo, mamá?», preguntó Charlotte.

«Preferiría que te sentases en una silla por el momento», dijo Denise. «Pero podrás sentarte en mi regazo después de que hayamos solucionado este problema».

Hank comenzó a bromear: «Os he convocado a todos a esta reunión porque…», anunció con una voz oficiosa fingida.

Denise interrumpió: «Empecemos. Todavía tengo que hacer la cena… o quizá simplemente pida una *pizza*».

«¡Quiero *pizza*!», interrumpió Hank.

«Mmm… quizá… pero en realidad no vamos a hablar de esto ahora». Denise respiró hondo y lanzó el Plan B. «He hablado con los dos sobre el problema de la televisión, así que tengo una buena percepción de las preocupaciones de cada uno de vosotros. Ahora quiero que volvamos a poner sobre la mesa esas preocupaciones para que podamos encontrar una solución que funcione para todos».

Ninguno de los dos respondió de forma desfavorable a este orden del día, así que Denise continuó. «Hank, lo que te preocupa es que Charlotte a menudo está viendo la televisión, por lo que no puedes ver tus programas cuando te gustaría. Charlotte, a ti te preocupa que Hank te obliga a ver sus programas de televisión. ¿Estoy en lo cierto?».

«Pienso que lo estás haciendo bien, mamá», dijo Charlotte.

«No te olvides de la parte de que ella es tu favorita y siempre te pones de su lado», dijo Hank.

«Bueno, ella no es mi favorita, y sé que sientes que siempre me pongo de su lado, pero ahora mismo no estoy de lado de nadie –en realidad, creo que estoy del lado de todos… bueno… no importa–. Pienso que, si conseguimos resolver este problema, no tendrás la sensación de que siempre estoy de su parte, ya que encontraremos una solución que funcione para los dos».

No hubo ningún comentario adicional por parte de Hank o de Charlotte, así que Denise continúo: «Me pregunto si existe algún modo», comenzó, sabiendo que tenía que recapitular las preocupaciones de ambos, «de procurar que Hank pueda ver en ocasiones algunos de sus programas sin tener que obligar a Charlotte a verlos». A continuación, les dio a sus hijos la primera oportunidad para que llegasen a una solución. «Bueno, los dos me comentasteis algunas ideas que habíais tenido sobre el modo de resolver eso, así que vamos a escucharlas de nuevo ahora que estamos hablando de esto juntos».

«Podrías pedirle a papá que te dé algo de dinero para que puedas comprarme una televisión nueva», dijo Hank.

Denise no sabía si Hank hablaba en serio. «Mmm, no creo que tu padre vaya a darme más dinero», dijo. «Charlotte, ¿cuál era tu idea?».

«Dije que podríamos tener un horario», dijo Charlotte. «Habría veces en las que yo podría ver la televisión y otras en las que podría hacerlo Hank».

Denise miró a Hank. «Qué piensas de esa idea?». Le preocupaba que rechazase de manera instantánea cualquier idea que propusiese su hermana pequeña. Pero se llevó una sorpresa.

«Entonces, ¿tú verías la televisión en ciertos momentos y yo la vería en otros?».

Charlotte asintió. «Mamá, ¿puedo sentarme en tu regazo ahora que se ha resuelto el problema?».

«¿Qué eres, un perrito faldero?», se burló Hank.

Denise trató de mantener las cosas en el buen camino. «Hank, déjalo. En serio, ¿qué piensas de la idea de un horario de televisión?».

«Suena bien», dijo Hank. «De todas formas, grabo todos mis programas. Es solo que Charlotte piensa que es dueña de la televisión, así que no consigo verla a menos que tome el control del mando a distancia».

«No creo que sea la dueña de la televisión», respondió Charlotte.

«Bueno, ¿entonces cómo es que siempre estás…?».

Denise cortó de raíz este desvío. «¡Eh! ¡Yo soy la dueña de la televisión! ¿Podemos volver a reencaminarnos? Charlotte, ¿cuándo te gustaría ver la televisión?».

«Justo después de volver a casa tras haber estado con la señorita Travano», dijo Charlotte, haciendo referencia a su cuidadora de la escuela.

«Eso es alrededor de las seis de la tarde», aclaró Denise. «Hank, la mayoría de días vienes directo a casa, así que te da tiempo a ver la televisión antes de que Charlotte llegue».

«Sí, pero hago mis deberes justo después de llegar del colegio», dijo Hank. «Así que no quiero ver la televisión entonces. Prefiero verla después».

«Así que llegas a casa alrededor de las tres y media. ¿Cuánto tiempo empleas para hacer los deberes?».

«Al menos dos horas».

«¿Y los haces justo después de llegar a casa?».

«No», dijo Hank. «Antes me relajo un poco. Pero no viendo la televisión».

«¿Y no ves la televisión cuando estoy acostando a Charlotte?».

«Sí, supongo».

«Por eso, si vamos a probar con un horario, necesitamos averiguar cuándo veríais la televisión».

Hank tenía una propuesta. «¿Qué tal si Charlotte mira la televisión durante una hora a partir de las seis de la tarde, cuando llega a casa después de haber estado con la señorita Travano, y yo la veo a partir de las siete?».

«¿Cuánto tiempo puedo verla?», preguntó Charlotte.

«Una hora», respondió Hank. «Eso son dos episodios de *Modern Family*... o uno de *Phineas y Ferb* y uno de *Mi perro tiene un blog*».

Charlotte parecía satisfecha.

«¿Te parece bien, Charlotte?».

Charlotte asintió.

«Y Hank, ¿tú la verías después de ella?», preguntó Denise.

«Sí».

«¿Y qué pasa si quiero que cenemos en familia, como hacemos en ocasiones?», preguntó Denise. «¿Cómo afecta eso al calendario?».

Hank fue maleable al respecto. «Charlotte puede verla durante una hora, aunque la cena esté en el medio».

Charlotte pensó en algo más. «¿Puedo ver lo que esté viendo Hank?».

Hank la miró sorprendido. «¿Quieres decir *Negociando con tiburones*?».

«Sí. Creo que Lori es muy guapa. Y viste ropa bonita».

«Puedes verlo conmigo», dijo Hank. «Pero no me fastidies para que cambie de canal. Y no me pidas que te explique lo que está pasando».

«No te haré preguntas», dijo Charlotte. «Mamá, ¿puedo sentarme ahora en tu regazo?».

«¿Hemos acabado?».

«Por mi parte, sí», dijo Hank.

«Y por la mía también», dijo Charlotte subiéndose al regazo de Denise.

«¿Es necesario que ponga esto por escrito?», preguntó Denise.

«No –lo hemos entendido–», respondió Hank.

No ha sido para tanto, pensó Denise. Entonces llamó a la pizzería.

Tu primer intento del Plan B con dos hermanos podría desarrollarse sin problemas o no. Probablemente no. Podrías tener que eliminar muchos antiguos hábitos comunicativos contraproducentes. Sin embargo, quédate con lo básico: en primer lugar, las preocupaciones de un hermano, preferiblemente sin que el otro le interrumpa; a continuación, las preocupaciones del otro hermano, también sin que haya interrupciones; más tarde, la exploración de las soluciones que aborden las preocupaciones de ambas partes. Eres el facilitador, no el árbitro.

* * *

Dan y Kristin estaban en el coche de camino al centro comercial.

«Hablé con Taylor sobre el problema de que a menudo no sabemos dónde está», anunció Dan.

«¿Lo hiciste?».

«Sí, hace un par de días».

«¿Y?».

«Y creo que llegamos a una posible solución. Pero quiero estar seguro de que a ti te sirve».

«¿Cuál es la solución?».

«Va a enviarnos un mensaje de texto cada hora para decirnos que está bien y dónde está. Y, si no nos escribe, podremos hacerlo nosotros».

«¿Cuál es la diferencia con que la llame? ¡Jesús! Esta niña nunca está satisfecha».

«Bueno, pienso que sí que hay diferencia», dijo Dan. «Cuando la llamas, sus amigas saben que eres tú. Es vergonzoso. Cuando recibe un mensaje de texto, puede ser cualquier persona. Así que es más anónimo».

«¡Como si fuera tan vergonzoso tener a tu madre asegurándose de que estás bien!», resopló Kristin.

«Creo que a esta edad resulta vergonzoso que tu madre te llame para asegurarse de que estás bien. Sobre todo, si tu madre te llama frecuentemente».

«¿Y qué pasa si no nos escribe? ¿Qué pasa si no responde a mis mensajes? ¿Entonces qué?».

«Entonces volveremos a hablar de ello. Pero pienso que, en realidad, esa solución podría funcionar. Y lo que estamos haciendo ahora segurísimo que no está funcionando».

Kristin se calló un comentario sarcástico y respiró hondo. «De acuerdo, entonces esa es la solución. Me alegra que tu hija y tú hayáis sido capaces de hablar. Lástima que yo no haya hecho lo mismo».

«Bueno, esa es la cosa. Todavía no hemos acordado la solución. Le dije que necesitaba tu contribución. Creo que necesitamos juntarnos –los tres– para cerrar el trato».

«¿Los tres? Eso lo arruinará todo. Me parece bien el trato. Díselo. No quiero echarlo a perder».

«Mmm, en realidad no quiero ser el único que resuelva los problemas con Taylor», dijo Dan.

«¿Por qué? ¡Eres bueno en eso! Yo ni siquiera puedo hablar con ella».

«Bueno, me gustaría que tratásemos de hacer algo al respecto».

«Entonces, ¿qué? ¿Vamos a sentarnos para una pequeña asamblea familiar? ¿Vamos a cantar el "kumbayá"?».

«Kristin, para. Sé que esto no es fácil, pero vamos a intentarlo. No tienes que decir nada. Yo puedo encargarme de toda la charla».

«Eso será muy natural», dijo Kristin. «Me limitaré a sentarme con las manos cruzadas».

«Solo estoy diciendo que, si te resulta más sencillo, no tienes que decir nada si no quieres hacerlo».

«¿Ella está dispuesta a hacerlo?».

«Bueno, no es que le entusiasme demasiado la idea, pero está dispuesta. Le entusiasma que nos llevemos mejor, aunque duda sobre si realmente es posible». Dan llevó el coche a una plaza de aparcamiento.

«Bueno, no quiero ser el punto débil aquí», dijo Kristin.

Unos pocos días después, Dan, Kristin y Taylor se sentaron en la habitación de Taylor para tratar la reunión preacordada.

Taylor puso en marcha la reunión: «Esto es *muy* raro».

«Sí, parece un poco extraño», dijo Dan. «No nos sentamos ni hablamos de este modo muy a menudo».

«¡*Nunca* nos sentamos ni hablamos de este modo!», dijo Taylor. «Bueno, no los tres». Taylor miró a Kristin. «¿Vas a decir algo?».

«Probablemente no demasiado», dijo Kristin. «Creo que es mejor que seáis papá y tú los que llevéis la conversación».

«¡Papá y yo ya hemos hablado!», dijo Taylor.

«Sí», dijo Dan, «pero quería que tu madre fuese parte de lo que acordásemos, así que esa es la razón por la que estamos haciendo esto justo ahora».

Kristin puso los ojos en blanco. «Bueno, terminemos con esto».

«Entonces», comenzó Dan, «tú y yo nos pusimos de acuerdo en que nos enviarías un mensaje de texto cada hora para decirnos dónde estás y si estás bien. Y a tu madre le parece bien esa solución».

«Entonces, esto es solo cuando no esté en el colegio o en clases de baile o en el entrenamiento de vóleibol, ¿no?», preguntó Taylor.

«Sí. Si ya sabemos dónde estás, no hay ninguna necesidad de que nos escribas», dijo Dan.

«¿Y cuándo se supone que tengo que hacerlo? ¿Cada hora en punto?», preguntó Taylor.

«Sí, eso funcionaría», dijo Dan, mirando a Kristin en busca de su aprobación. Kristin asintió.

«¿Qué pasa si estoy en medio de la clase de baile? No puedo escribir entonces», señaló Taylor.

«No, ese sería uno de los momentos en los que no sería necesario que nos escribieses», dijo Dan.

«¿Y qué pasa si me olvido?».

«Entonces podemos escribirte nosotros», dijo Dan. «Tal y como acordamos».

«¿Y ella dejará de llamarme?», preguntó Taylor.

«Si este plan funciona, ella no tendrá ninguna necesidad de llamarte», dijo Dan.

«¿Qué pasa si tiene alguna pregunta estúpida que no puede esperar hasta más tarde?», preguntó Taylor.

«Esperará hasta más tarde», dijo Dan, mirando de nuevo a Kristin. Ella volvió a asentir.

«De acuerdo, entonces ese es el trato», dijo Taylor. «¿Algo más?».

Kristin no pudo aguantar más. «¿Vas a cumplirlo?».

«¡Sabía que no podías quedarte callada!», vociferó Taylor.

«Solo quiero saber si realmente vas a cumplirlo», dijo Kristin.

«¿Vas a dejar de llamarme cada cinco minutos?», preguntó Taylor.

«¡Eh! ¡Vale ya!», dijo Dan. «Estoy dando por sentado que todos nosotros podemos hacer lo que hemos acordado. De otro modo, no deberíamos llegar a un acuerdo. Si la solución no funciona, volveremos a hablar de ello».

Taylor y Kristin estaban en silencio.

«Así pues, empecemos con esa solución y veamos cómo va», dijo Dan.

«¿Hemos terminado?», preguntó Taylor, cogiendo su teléfono móvil.

«Sí, creo que sí», dijo Dan.

Dan y Kristin salieron de la habitación de Taylor.

«¡Es tan condenadamente irrespetuosa!», dijo Kristin cuando llegaron a la cocina.

«No sé; creo que ha ido bastante bien», dijo Dan. «En cualquier caso, fue mucho mejor que gritaros la una a la otra».

«Bueno, no va a cumplirlo», dijo Kristin.

«Puede que no. Pero en realidad creo que sí que lo hará».

«Entonces, ¿tenemos que hacer eso cada vez que tengamos que resolver un problema con Taylor?», preguntó Kristin.

«Claro, ¿por qué no?», dijo Dan. «Y ahí va lo mejor. No voy a hacerlo cada vez que tengamos que resolver un problema con ella. No quiero ser yo el mediador cada vez. Creo que tú también necesitas intentarlo».

¿Pasa algo si un padre es mejor en el Plan B que el otro, al menos al principio? En realidad, puede que sea inevitable. ¿Está bien que haya un padre que sea la persona de confianza del Plan B? Es preferible que no, pero es mejor que no tener ninguna persona de confianza del Plan B. Sin embargo, el objetivo del padre al que el Plan B le resulta más connatural consiste en ayudar a que el otro padre mejore en él, más que en pensar despectivamente que el Plan B no surgirá de forma tan natural en el otro padre. Los escenarios menos ideales son los que se producen cuando los padres no llegan a un acuerdo sobre sus expectativas –de modo que el niño tiene que navegar en las aguas de unas expectativas variables–, o cuando un padre sigue recurriendo al Plan A mientras el otro trata de resolver los problemas usando el Plan B. La crianza requiere también una asociación. Necesitáis colaborar entre vosotros.

CAPÍTULO 9

El panorama general

Por fin hemos llegado al tan esperado capítulo 9. Ahora sabes más sobre la resolución colaborativa de problemas de lo que hubieras creído posible. Ahora estamos listos para considerar de manera más explícita la que quizá sea la razón más importante para criar a los hijos del modo descrito en este libro: quieres fomentar en tu hijo cualidades que se encuentren en el lado más positivo de la naturaleza humana.

De todas las cualidades que forman parte del lado más positivo de la naturaleza humana, ¿cuáles son las más importantes? ¿Cuáles necesitamos modelar con mayor urgencia y asegurarnos de que las adquieren nuestros hijos? Estas son, como has leído, algunas de las más cruciales:

- Empatía.
- Comprensión de cómo las acciones de cada uno afectan a los demás.
- Resolver los desacuerdos de modos que no ocasionen conflicto.
- Adoptar la perspectiva del otro.
- Honestidad.

Cuando estas habilidades están presentes, los humanos mostramos compasión y cooperación. Cuando estas habilidades están ausentes, aparece el aspecto más nocivo de la naturaleza humana –la insensibilidad, el conflicto, el egoísmo, la depravación y la destrucción–. Como hemos tenido ocasión de ver anteriormente en el libro, todos nosotros somos capaces de mostrar ambos extremos del espectro en diversas ocasiones.

Yuval Noah Harari (autor de *Sapiens: de animales a dioses: una breve historia de la humanidad*) y Steven Pinker (autor de *Los ángeles que llevamos dentro: el declive de la violencia y sus implicaciones*) nos han dicho que la tierra es ahora un lugar menos violento de lo que nunca ha sido. Pero lo cierto es que no da esa impresión. Las personas desprotegidas o marginadas que se encuentran entre nosotros parecen estar cada vez más dispuestas a llevar a cabo actos extremos de violencia para que sus voces sean escuchadas y para que sus preocupaciones se aborden, y cada vez tienen un mayor acceso a las armas para hacerlo. A menudo parece que a nuestros líderes regionales, nacionales y mundiales les resulta cada vez más difícil escuchar las preocupaciones de los demás, encontrar un terreno común y trabajar en pro de soluciones mutuamente satisfactorias. El resultado es el estancamiento, la polarización y la hostilidad absoluta. Resulta que los líderes regionales, nacionales y mundiales son propensos a los mismos patrones contraproducentes que los padres y los hijos. También son humanos.

Así pues, volvamos a una pregunta que se planteó en la introducción. ¿Acaso los modos en que estamos disciplinando, enseñando e interactuando con nuestros propios hijos –y resolviendo los problemas que afectan a sus vidas– están fomentando las cualidades situadas en el extremo más deseable del espectro? Por desgracia, en demasiados casos la respuesta es no. En nuestro entusiasmo constante por el Plan A, todavía seguimos modelando el uso de la fuerza para resolver los problemas, y seguimos perdiendo oportunidades para ayudar a que nuestros hijos aprendan el modo de trabajar en resoluciones que no solo tengan en cuenta sus preocupaciones, sino también las de los demás.

Otra tendencia preocupante: como nos recuerda David Brooks en *The Road to Character*, los estudiantes universitarios de hoy en día obtienen calificaciones un 40 por ciento más bajas que sus predecesores en su capacidad para comprender lo que está sintiendo otra persona, y el índice medio del narcisismo ha aumentado un 30 por ciento en dos décadas. Brooks argumenta que el espacio mental que en una ocasión estuvo ocupado por la lucha por actuar de forma moral ha sido gradualmente ocupado por la lucha por conseguir resultados. Dado que las comunicaciones se han vuelto más rápidas y ajetreadas, resulta más difícil prestar atención a las voces que vienen de nuestro interior. El aumento de la presión competitiva significa que todos nosotros tenemos que emplear más tiempo, más energía y más atención en la escalada hacia el éxito. El sistema meritocrático nos empuja a ufanarnos, a engrandecernos, a estar completamente seguros de nosotros mismos, y a mostrar y exagerar nuestros logros.

Parece que hemos reemplazado el dicho *el padre [father] sabe lo que es mejor* –según el cual las preocupaciones de un individuo se ven sobrepasadas por las preocupaciones de una figura de autoridad– por *todo gira en torno a mí*, en la que el individuo está consumido únicamente por sus propias preocupaciones. De ser así, necesitamos un reajuste de nuestros valores. Ello no quiere decir que necesitemos volver a los «buenos tiempos pasados», porque en realidad no eran tan buenos. Quiere decir que necesitamos un modelo diferente, uno que salve la distancia entre el ensimismamiento y el altruismo total.

Así pues, pensemos en la apariencia que tendrá ese modelo diferente. Este modelo comienza con el reconocimiento de que todos queremos que nuestras preocupaciones se escuchen, se reconozcan y se aborden. Y continúa con una tecnología que nos permite lograr soluciones que aborden esas preocupaciones. Las personas –niños, padres, cualquiera– se enfadan, se frustran, quedan marginadas, desprotegidas, aisladas, y cada vez son más propensas a la violencia y a la polarización cuando esas cosas no suceden.

Lo que estamos buscando aquí es una clase diferente de poder. *El verdadero poder de nuestra especie es nuestra capacidad para alcanzar las características que se encuentran en el lado más positivo del espectro.* Los niños necesitan que los adultos críen, enseñen, disciplinen e interactúen de modos que fomenten esas características. No pueden llegar ahí por sí solos.

Y todos tenemos nuestros puntos ciegos: los factores que provocan que reaccionemos de manera excesiva a los problemas y a los comportamientos, y que respondamos de un modo más urgente, poderoso y unilateral de lo que sería necesario. Ya has leído acerca de la angustia parental; he aquí unos pocos puntos más.

Estrés: La vida es intensa. La crianza de los niños es intensa. Su carrera hasta la «cima» es intensa, para tu hijo *y* para ti. Ese estrés incrementa el riesgo de perder la perspectiva, de presionar demasiado, de actuar de modo reactivo y unilateral. Por mucho que quieras cosas buenas para tu hijo y para ti mismo, la relación con tu hijo es más importante. Tu valor como padre no radica principalmente en las cosas que ayudas a tu hijo a conseguir —eso a lo que Brooks denomina las «virtudes del currículum»—, sino en el tipo de persona en que le ayudas a convertirse. Aunque el que tu hijo sea aceptado en una buena universidad es un indicador objetivo de un trabajo bien hecho como padre, sus actos de compasión y de empatía también lo son.

Superioridad: Sin duda, tú tienes una experiencia y una sabiduría que tu hijo no posee. Sin embargo, tu hijo también tiene sabiduría —sobre sus habilidades, sus preferencias, sus creencias, sus valores, los rasgos de su personalidad, sus metas y su rumbo—. Empleada del modo correcto, esa sabiduría combinada puede ser algo maravilloso. Usada del modo equivocado, puede contribuir a mentalidades del tipo *nosotros-frente-a-ellos* y *correcto-frente-a-incorrecto*, y estas mentalidades pueden provocar que dediquemos más energía a subestimarnos y a desestimarnos que a reconocer la legitimidad de las preocupaciones de cada uno y a trabajar para lograr resultados mutuamente satisfactorios.

Sentir que tu hijo se está aprovechando: Sí, por la mera configuración de las cosas, existe un desequilibrio en el intercambio de bienes y servicios entre tu hijo y tú. Y sí, en ocasiones va a darlo por sentado. A veces también ignorará tus preocupaciones. Y cuando sientes que tus preocupaciones se han ignorado, tú –al igual que todo el mundo– corres el riesgo de responder de forma muy poderosa y unilateral con vistas a cambiar las tornas de manera convincente e inequívoca, en ocasiones amenazando con retirar tus bienes y servicios. Probablemente sea mucho mejor recordarle a tu hijo que también tú tienes preocupaciones que necesitan abordarse y que una cuestión así no se habrá resuelto hasta que esto suceda. El ojo por ojo no es un enfoque efectivo para resolver los problemas.

Esforzarse demasiado: Muchos adultos con éxito han logrado sus objetivos en la vida a través de la energía, del esfuerzo y de la persistencia. Todas ellas buenas cualidades. El problema es que cuando sus hijos tienen dificultades para cumplir ciertas expectativas, esos adultos con éxito suelen responder con energía, con esfuerzo y con persistencia, y asumen la responsabilidad de asegurar que las expectativas se cumplan. Esto les lleva con frecuencia a ignorar las habilidades, las preferencias, las creencias, los valores, los rasgos de la personalidad, las metas y el rumbo del niño, y se les pasa por alto lo que está impidiendo que el niño cumpla una determinada expectativa. Recuerda, tu hijo y tú compartís los problemas no resueltos. Tu energía, tu esfuerzo y tu persistencia por si solos no los resolverán. Aún necesitas a tu compañero. Esa energía, ese esfuerzo y esa persistencia también os van a ser útiles cuando resolváis problemas juntos.

Sentir que deberías tener todas las respuestas: Después de todo, tú eres el adulto. La realidad es que es imposible tener todas las respuestas, ¡pero eso no impide que muchos padres lo intenten! Los padres sienten una gran frustración cuando las soluciones unilaterales y desinformadas que imponen a sus hijos no logran su objetivo. No tiene sentido que te enfades a causa de las soluciones unilaterales y desinformadas; nunca tuvieron muchas probabilidades de funcionar. Por suerte, tienes un compañero (tu hijo), y si estás dispuesto a escuchar y a abordar sus preocupaciones –y a darle la oportunidad de escuchar y de abordar las tuyas–, vas a tener muchas más probabilidades con las respuestas a las que vais a llegar juntos.

Miedo de parecer débil: Gran parte de las interacciones humanas se ven a través del prisma de la fuerza frente a la debilidad. Ya sea en los deportes, en los negocios, en la política, en el sistema legal o en los asuntos internacionales, la «fuerza» se admira y la «debilidad» se desprecia. Lamentablemente, la crianza no es una excepción. Sin embargo, esta es una falsa dicotomía. Los seres humanos –padres incluidos– hacemos ciertas cosas contraproducentes cuando nos empeñamos en demostrar lo fuertes que somos. La crianza no consiste en hacer malabarismos entre la fuerza y la debilidad. Y el hecho de colaborar con tu hijo para resolver los problemas que afectan a su vida no demuestra debilidad. En realidad, demuestra fuerza. Y, por todas las razones que has estado leyendo, también es una buena estrategia.

La «fatiga de empatía»: Vivimos en la era de la información, estamos saturados con demandas de empatía –gente hambrienta y que muere a causa de enfermedades en muchas partes del mundo, guerras civiles y atrocidades en muchas otras, refugiados que mueren mientras huyen de sus países, violencia armada, tsunamis, inundaciones, maltrato de animales– y nos hemos acostumbrado a muchas de ellas. Por desgracia, esa fatiga provoca asimismo que, en ocasiones, respondamos con menos compasión y empatía en nuestras interacciones con nuestros hijos.

Amnesia: Aunque todavía puedas acordarte de algunos de los errores que cometiste durante la infancia y la adolescencia, has olvidado que esos errores te enseñaron lecciones realmente importantes. También has olvidado que esas lecciones las aprendiste mejor a través de tus errores que si las hubieras aprendido teniendo a un adulto iluminándote con su sabiduría. Y has olvidado, que, de todos modos, no eras excesivamente receptivo a esa sabiduría. Este podría ser un buen momento para comenzar a recordar. Eso no significa que te quedes parado mientras tu hijo arruina su vida, ni que tu sabiduría vaya a desperdiciarse. Quiere decir que tienes que ser inteligente con respecto al modo en que ayudas a que tu hijo se beneficie de ella. Implica ver el bosque a través de los árboles.

¿De qué manera promueve la tecnología, sobre la que has estado leyendo en este libro, las habilidades que forman parte del lado más positivo de la naturaleza humana? Reflexionemos un poco sobre ello.

Cualidades fomentadas mediante el uso del Plan B

El paso de la Empatía contribuye a que tu hijo reflexione sobre sus preocupaciones y a que las aclare. También le ayuda a comunicar sus preocupaciones de un modo que aumente la probabilidad de que esas preocupaciones se tengan en cuenta y se aborden. ¡Menuda habilidad tan fundamental para la vida! Con frecuencia, los seres humanos –niños incluidos– exhibimos nuestros rasgos menos deseables cuando tenemos una preocupación y no podemos averiguar o señalar de qué se trata. En ocasiones se debe a que estamos convencidos de que nuestras preocupaciones no serán escuchadas, ya que nuestro compañero de interacción no nos está dando la oportunidad de expresarlas. A veces es porque las emociones asociadas con las preocupaciones han llegado demasiado rápido, de suerte que terminamos expresando emociones poderosas en lugar de las preocupaciones que han impulsado esas emociones. Y a veces reaccionamos previendo una batalla. El paso de la Empatía ralentiza las cosas para todo el mundo y ayuda a asegurarnos que estamos centrados en la divisa correcta: las *preocupaciones*, no la fuerza.

¿Qué aprenden los niños en el paso de la Empatía? Que sus preocupaciones son válidas, que se escucharán y se abordarán, y que no se desestimarán, se menospreciarán ni se subestimarán. ¿Qué aprenden los padres en el paso de la Empatía? El modo de empatizar y de tener en cuenta las preocupaciones de otra persona. ¿Por qué los padres se ven sorprendidos con tanta frecuencia por las preocupaciones de sus hijos? Como sabes ahora, a menudo porque nunca las han escuchado… y porque nunca han preguntado por ellas. Los niños cuyas preocupaciones se escuchan y se tienen en cuenta son mucho más receptivos a la escucha y a la toma en consideración de las preocupaciones de los demás. ¿Cómo sabrás si has llegado a ese punto? Una conversación como la siguiente te dirá que es así:

Hadley: Mamá, tengo un problema.

Madre: ¿Quieres hablar de ello?

Hadley: Más o menos.

Madre: Vale, hablemos de ello.

Hadley: Creo que he hecho daño a una de mis amigas, y no sé bien qué hacer al respecto.

Madre: De acuerdo, cuéntame lo que ha pasado.

Hadley: Bueno, ya sabes lo amiga que soy de Luisa y de Marie.

Madre: Sí, lo sé.

Hadley: Y sabes que no se llevan muy bien entre ellas.

Madre: Sí, también me lo has contado.

Hadley: Y que eso me pone en un aprieto en ocasiones.

Madre: Sí.

Hadley: Bueno, Marie me invitó a su casa anoche y no invitó a Luisa. Y me dijo que no le dijese nada a Luisa, ya que no quería tener que invitarla también.

Madre: Vale.

Hadley: Debería haberle dicho a Marie que no quería mentirle a Luisa, pero tenía prisa y le dije que no le diría nada.

Madre: Vale.

Hadley: Y luego me llamó Luisa y me preguntó si podía hacer algo con ella.

Madre: Creo que sé adónde va esto.

Hadley: Sí. Así que le mentí a Luisa sobre dónde estaba. Y ha descubierto que estaba en casa de Marie. Y ahora no quiere hablarme.

Madre: Ya veo.

Hadley: ¿Qué debería hacer?

Madre: Bueno, ¿qué piensas al respecto?

Hadley: Bueno, me sienta mal el hecho de que ella se sienta mal. Y quiero decirle que lo siento mucho. Pero no quiero echarle la culpa a Marie. Eso solo empeoraría aún más las cosas.

Madre: De acuerdo. ¿Existe algún modo de pedirle perdón a Luisa sin echarle la culpa a Marie?

Hadley: Creo que necesito pensar en ello un poco más.

Madre: Vale. Avísame si quieres hablar de ello de nuevo.

He aquí otra:

Emily: Papá, ¿puedo usar el coche el sábado por la mañana?

Padre: Vaya, Em, ¿para que lo necesitas ahora?

Emily: Mmm, me inscribí para servir el desayuno en el refugio para indigentes los sábados por la mañana.

Padre: ¿Puedes repetirlo?

Emily: Estoy sirviendo desayunos en el refugio para indigentes los sábados por la mañana.

Padre: ¿Cuándo decidiste hacer eso?

Emily: No lo sé... he estado pensando en ello durante un tiempo. Me siento mal por esas personas. Algunas de mis amigas dicen cosas malas acerca de ellas... como que son unas vagas... pero muchas de ellas tienen una mala racha o tienen problemas psicológicos. Quiero decir, es bastante obvio.

Padre: No creo que sea tan obvio para muchas personas. Creo que es muy bonito que quieras hacerlo. ¿A qué hora tienes que estar allí?

Emily: Comienzan a servir a las siete de la mañana, así que necesito estar ahí más o menos a las seis y media para prepararlo todo.

Padre: El sábado es el día en que te despiertas más tarde. ¿Estás segura de que quieres hacerlo?

Emily: Esto parece más importante.

La capacidad de tu hijo para comunicar sus problemas es vital, puesto que las preocupaciones son la divisa del Plan B y dado que las soluciones duraderas y mutuamente satisfactorias deben abordar las preocupaciones de ambas partes. Sin embargo, esa capacidad no solo es importante para participar en el Plan B; es importante en la vida.

Hay muchos niños en el mundo –he trabajado con algunos de ellos en prisiones y en centros residenciales– que han sido blanco de las intervenciones más punitivas de la sociedad durante mucho tiempo. Muchos de ellos han renunciado a ser escuchados y comprendidos. Sin embargo, todavía reconocen cuándo alguien está escuchando, tomándose en serio sus preocupaciones y esforzándose por garantizar que esas preocupaciones se aborden. Es entonces cuando comenzamos a ver que todavía tienen la capacidad para captar el lado más positivo de la naturaleza humana.

Nuestra gran dependencia de los terapeutas de la salud mental en la sociedad occidental puede ser un indicador claro de que muchas personas buscan *fuera* de sus relaciones cotidianas alguien que les oiga y les preste atención. ¿Y de qué hablamos con nuestros terapeutas? De nuestras relaciones cotidianas. Es estupendo que haya tantos oyentes profesionales, pero también hay algo triste en el hecho de que dependamos tanto de ellos.

Los niños también aprenden y practican muchas habilidades en el paso de Definir las Preocupaciones de los Adultos, incluidas la empatía, la toma en consideración de la perspectiva de otra persona, y la comprensión del modo en que el comportamiento de uno afecta a los demás. Estas habilidades desempeñan una función importante a la hora de ayudarnos a tratarnos mutuamente con compasión y sensibilidad. Nos ayudan a abstenernos de comportamientos nocivos que resultan dañinos para el resto de personas. En la sociedad occidental dependemos en gran medida de las reglas, de las leyes y de su aplicación estricta. Sin embargo, estos son controles *externos*, y no son muy fiables cuando se trata de fomentar el mejor lado de la naturaleza humana. Como has leído, el objetivo es que los controles sean *internos*, y eso no sucede sin que los niños practiquen la toma en consideración de las preocupaciones de otras personas. Y, aun así, ¡el modo en que solemos resolver los problemas con nuestros hijos no enseña esas habilidades en absoluto! Si estás usando el Plan A, entonces estás enseñando todo lo contrario: no estás siendo empático, no estás teniendo en cuenta la perspectiva de tu hijo, y no estás mostrando un reconocimiento de cómo *le* está afectando *tu* comportamiento.

Los humanos tendemos a estar tan convencidos de la exactitud de nuestra postura que justificamos algunos de nuestros peores comportamientos con la creencia de que estamos en lo *cierto*. Es aquí donde llegamos a confundir la legitimidad de nuestras *preocupaciones* (lo que es un hecho) con la supuesta justificación de las *soluciones* que estamos imponiendo, y perdemos el rastro de nuestra empatía y de nuestra preocupación por los demás. El hecho de imponer soluciones garantiza que las preocupaciones de los demás se están borrando del mapa. ¡Eso no es lo que queremos enseñar a nuestros hijos! Y ese tampoco es el modo en que queremos resolver los problemas con nuestros hijos.

¿Cómo sabrás si tu hijo está avanzando en la dirección correcta en este sentido? Este es un diálogo que tuve la oportunidad de escuchar:

Reed (durante un partido de baloncesto): ¡Falta!

Tucker: ¡Eso no ha sido falta!

Reed: ¡Tío, prácticamente me has arrollado!

Tucker: ¡No seas tan flojo! Este es un deporte de contacto.

Reed: Ya, pero tú has estado empujándome todo el partido.

Tucker: Pues esto es así, acéptalo, flojo.

Reed: ¡Es así y por eso pido falta!

Tucker: ¡Acéptalo como un hombre!

Reed: ¿Qué significa eso?

Tucker: Que aquí mismo si quieres.

Reed: ¿Quieres decir que nos peleemos?

Tucker: Sí, flojo.

Reed: ¿Por un partido de baloncesto?

Tucker: Sí, flojo.

Reed: Tío, lo único que quiero es que no me estés dando leña durante todo el partido. Realmente no estoy interesado en pelear contigo.

Tucker: Flojo.

Reed: Mira, ¿podemos jugar sin que me hagas faltas? De lo contrario, no quiero jugar.

Tucker: Deberías jugar al baloncesto con las chicas.

Reed: Vale, esto no tiene sentido. Creo que he terminado. Avísame cuando puedas hablar de ello sin pelear.

Los padres también aprenden y practican muchas habilidades en el paso de Definir las Preocupaciones de los Adultos. Como has leído, es frecuente que los padres –al igual que los hijos– no sean claros sobre sus preocupaciones, y a menudo se limitan a reafirmar sus expectativas o a imponer soluciones en vez de expresarlas. Los adultos aprenden que sus preocupaciones se escucharán y se abordarán; esta es una experiencia nueva para muchos de ellos, sobre todo fuera del contexto del Plan A.

En la Invitación se practican muchas habilidades adicionales, incluidas la consideración de los resultados o las consecuencias probables de las propias acciones; la consideración de una gama de soluciones a un problema; el cambio del plan, la idea o la solución original; y la toma en consideración de los factores situacionales que sugerirían la necesidad de configurar un plan de acción.

¿Cómo consigue eso la Invitación? Revisemos lo que está sucediendo en este paso. Tu hijo y tú estáis considerando soluciones y evaluando el grado en que las soluciones propuestas son realistas y mutuamente satisfactorias. La parte realista os proporciona a tu hijo y a ti una práctica inestimable para evaluar si ambas partes sois capaces de ejecutar de manera fiable vuestra parte de la solución. Y la parte de la satisfacción mutua os proporciona a tu hijo y a ti la práctica necesaria para asegurar que se abordan las preocupaciones de ambas partes.

¿Cabe la posibilidad de que se ponga en práctica la solución que imaginaste antes de llevar a cabo el Plan B? No, probablemente no. Después de todo, todavía no habías completado el paso de la Empatía cuando imaginaste esa solución y, por consiguiente, la solución no estaba basada en las preocupaciones de tu hijo. ¿Es probable que se adopte la solución que imaginó tu hijo antes de llevar a cabo el Plan B? Probablemente no, ya que la solución que imaginó no estaba basada en tus preocupaciones. Así pues, ambos estáis adquiriendo práctica en alejaros de vuestra solución original. *De hecho, también podrías descubrir que, en realidad, no tiene mucho sentido pensar en las soluciones hasta que las preocupaciones de ambas partes hayan sido escuchadas y aclaradas.*

A menudo me preguntan si alguna vez me he encontrado con problemas que simplemente no pueden resolverse de un modo mutuamente satisfactorio. La respuesta es no. Pero lo que sí me he encontrado son escenarios en los que la gente ha concluido que un problema no puede resolverse porque sus *soluciones contradictorias* no pueden conciliarse. Eso es así porque se saltaron las preocupaciones y pasaron directamente a las soluciones —soluciones *desinformadas* que posiblemente no pudieron tener en cuenta las preocupaciones de ambas partes—. Como sabes, no existe eso a lo que la gente llama las *preocupaciones contradictorias*. Las preocupaciones de una parte no son más imperiosas o más importantes que las de la otra. Las preocupaciones de ambas partes necesitan aclararse y abordarse. Así pues, la única razón por la que un problema podría no tener solución es que no exista el modo de abordar las preocupaciones de ambas partes. Eso debería ser muy poco frecuente.

Preguntas y respuestas

Pregunta: ¿No tiene que ver el mundo real con el poder y el control, más que con la colaboración?

Respuesta: No hay duda de que ciertos aspectos del mundo real tienen que ver con el poder y el control. Determinados centros de trabajo funcionan de esa manera; el sistema legal tiende a funcionar de esa forma; ciertos países y sistemas políticos funcionan también de ese modo; y es innegable que tu hijo va a necesitar saber la manera de solucionar las cosas cuando la vida se incline en esa dirección. Sin embargo, seguramente no eres partidario de usar autocracias o sistemas que se diseñaron para ser conflictivos como tus modelos de la buena crianza. El mundo moderno requiere con más frecuencia procesos colaborativos, no conflictivos ni dictatoriales. Por suerte, si bien todavía hay luchas de poder en el mundo, es más productivo navegar en ellas de manera hábil que mostrándose conflictivo. Asimismo, en el mundo también existe una gran colaboración, y cuando colaboramos brillan las cualidades más admirables de la naturaleza humana.

¿Qué pasa si tu hijo tiene algún día un jefe que emplea el Plan A? En primer lugar, tal vez tu hijo tenga suficiente conciencia de sí mismo como para decidir que no quiere trabajar para un jefe que recurre al Plan A. O quizá tenga la capacidad de previsión necesaria para reconocer que este jefe basado en el Plan A es el medio para alcanzar un fin, y tenga las habilidades de planificación y de resolución de problemas necesarias para tener una buena estrategia para salir de esa situación. Como ha señalado mi amigo Tony Wagner –autor de libros como *Creando innovadores: la formación de los jóvenes que cambiarán el mundo* y *The Global Achievement Gap: Why Even Our Best Schools Don't Teach the New Survival Skills Our Children Need*–, las probabilidades de que tu hijo trabaje algún día para un jefe que emplee el Plan A están disminuyendo. Los negocios valoran cada vez más a los empleados (y a los jefes) que saben cómo colaborar, más que dictar.

¿Va a seguir respondiendo el mundo a tu hijo con el Plan A en ciertas ocasiones? Sí. Si tiene dificultades para cumplir la expectativa de conducir dentro del límite de velocidad, la policía podría pararle y denunciarle. A continuación, el juez podría imponerle una multa. Y su compañía de seguros podría forzarle a pagar una prima más alta. Si tiene dificultades para cumplir la expectativa de apagar su teléfono móvil y de abrocharse el cinturón de seguridad en un avión, nadie llevará a cabo el Plan B con él. En vez de ello, el piloto no despegará hasta que obedezca, los demás pasajeros podrían agitarse y, en última instancia, podrían echarle del avión. Cierto, algunas personas conducen dentro del límite de velocidad y se abrochan los cinturones de seguridad y apagan sus teléfonos móviles en los aviones porque tienen miedo de que las pillen y las castiguen. Sin embargo, otras cumplen esas expectativas porque reconocen que es más seguro hacerlo –para sí mismas y para los demás– y porque son conscientes del modo en que su comportamiento afectará al resto de personas. Esta segunda forma de actuar es más fiable. Las razones de tu hijo para hacer lo correcto dependerán en gran medida de tu manera de educar y de cómo le ayudas cuando tiene dificultades para cumplir las expectativas.

Si tuviéramos que ponderar qué conjunto de habilidades es más importante para la vida en el mundo real –la adherencia ciega a la autoridad, que se enseña en el Plan A, o la identificación y la articulación de las propias preocupaciones, la toma en consideración de las preocupaciones de los demás y la búsqueda de soluciones que sean realistas y mutuamente satisfactorias, que se enseñan en el Plan B–, la respuesta es bastante obvia. Tan solo necesitamos estar seguros de que tu crianza refleja esa realidad.

Pregunta: ¿No se orientan la mayoría de escuelas al Plan A al tratar con los estudiantes?
Respuesta: Sí. Todavía se recurre mucho al Plan A en las escuelas cuando los niños no cumplen las expectativas. Es vergonzoso. Perdemos muchos niños porque la disciplina todavía es muy punitiva en muchas escuelas y porque está basada principalmente en las consecuencias impuestas por los adultos. En los Estados Unidos, expulsamos a más de 100.000 niños de la escuela cada año. Repartimos más de tres millones de expulsiones temporales [*suspensions*] anualmente e imponemos muchos millones de castigos [*detentions*, permanecer en un lugar designado durante el

recreo o después de clase]. Y ya conoces las estadísticas sobre el castigo corporal en las escuelas públicas americanas. Esas cifras astronómicas demuestran varias cosas. En primer lugar, que el Plan A sigue siendo extremadamente popular en muchos lugares. En segundo lugar, que el Plan A no funciona; el hecho de que esos números sean astronómicos es la prueba de ello. Eso ocurre porque los castigos, las suspensiones, las expulsiones y los azotes no solucionan ningún problema. De hecho, esas intervenciones resultan efectivas sobre todo para quitarse a los niños de delante. Las estrategias de disciplina obsoletas no solo son perjudiciales para los estudiantes con problemas conductuales; son contraproducentes para cualquier persona de la escuela.

Por fortuna, puede que te hayas dado cuenta de que algunos estados y escuelas que están tratando de hacer las cosas de manera diferente –tratando de reducir los números de expulsiones y de castigos, de eliminar el uso del castigo corporal y de disminuir la dependencia de los cuartos con paredes acolchadas– están comenzando a ser noticia. También son noticia, aunque se las catalogue de manera negativa, las escuelas que todavía siguen recurriendo a las intervenciones punitivas y conflictivas. Eso es progreso.

Así pues, ¿cómo se relaciona esto con tu crianza? Bueno, es muy probable que, en algún punto a lo largo del camino, recibas una llamada o una nota de alguien de la escuela –un maestro, el orientador escolar, el director– diciéndote que tu hijo está teniendo dificultades para cumplir determinadas expectativas conductuales o académicas. Cuando eso suceda, es posible que sientas también lo que yo llamo «el tirón»: la presión para hacérselo pagar caro, para demostrar que eres un padre duro al que no le tiembla el pulso para imponer disciplina.

Resiste «el tirón». Aunque podrías tratar de demostrar a la gente de la escuela que se te da bien ser duro con tu hijo, también podrías sorprender a todo el mundo y comenzar a pedir información directamente a tu hijo acerca de lo que se está interponiendo en su camino e implicar a la escuela en un esfuerzo colaborativo para resolver el problema. Los educadores, que están extremadamente ocupados y que probablemente reciban más iniciativas que cualquier otra profesión, son tan propensos a querer arreglar las cosas *ya mismo* como cualquier otra persona. Ayúdales a conseguir que, por el bien de tu hijo, se lo tomen con más calma. *Tratar de arreglar las cosas rápidamente requiere mucho tiempo.* Esto se debe a que las soluciones rápidas no suelen funcionar.

El proceso de resolver los problemas de manera colaborativa con las personas en la escuela comienza habitualmente con una reunión en la que aclaras que el primer paso consiste en llegar a un entendimiento acerca de lo que está interponiéndose en el camino de tu hijo. Asegúrate de que la escuela sepa que no estás tratando de *excusar* a tu hijo –estás intentando *comprender* por qué está teniendo dificultades–, y de que los acuerdos, las adaptaciones, las estrategias motivacionales y el apoyo que podrían haberse aplicado hasta ahora han fracasado porque pasaron por alto la información que necesitaban. Asegúrate de que las personas de la escuela sepan que piensas que sus preocupaciones son importantes y válidas, que te tomas en serio esas preocupaciones y que quieres estar seguro de que se abordan. Asegúrate de que tu hijo participa en el proceso de resolución de los problemas.

¿Podrían mostrarse las escuelas mucho más colaborativas de lo que lo son a la hora de tratar a los estudiantes que tienen dificultades para cumplir las expectativas conductuales y académicas? Absolutamente. Esa es la razón por la que escribí los libros *Lost at School* y *Lost and Found*.

Pregunta: ¿No se enseñan muchas de las habilidades de las que has hablado en este capítulo a través de la religión? El hecho de que estemos viendo que las personas se traten unas a otras con menos empatía, ¿se debe parcialmente al menor interés y a la menor participación en la religión en el mundo occidental?

Respuesta: Sí, es cierto que la mayoría de religiones –cuando se interpretan de manera adecuada– hacen hincapié en tratar a las personas con compasión, amor y perdón. En algunos casos, era el «temor de Dios» el que favorecía ese comportamiento; ahora bien, esa mentalidad solo sería efectiva si una persona creyese en Dios y le temiese (e incluso en ese caso, la gente pecaba). Sin embargo, creo que muchas personas llegaron a sentir que su religión les hizo pasar por demasiados aros para conseguir aquello que estaban buscando en realidad: inspiración y orientación directa acerca de las relaciones humanas, ayuda para resolver los problemas que surgen entre nosotros, y promoción de las habilidades que constituyen el lado más positivo de la vida humana. No basta con hablar de esas habilidades una vez por semana; tienen que incorporarse a la estructura de la vida cotidiana. La religión puede ayudar a que la gente persevere en esa mentalidad, pero esto también puede lograrse sin la religión. Por supuesto, también hemos visto religiones interpretadas de modos que sacaban lo peor de los seres humanos, y eso es extremadamente desafortunado.

Pregunta: ¿No es verdad que la mayoría de los mensajes con que los niños se ven bombardeados en la actualidad tratan más del ensimismamiento que del altruismo?

Respuesta: Depende de dónde mires. Aunque hay ejemplos de colaboración, de empatía y de magnanimidad que salen en las noticias, la mayoría de los mensajes que nos llegan —sobre todo en la publicidad— están orientados al ensimismamiento, a la satisfacción de las propias necesidades (¡*ya mismo!*) y a salir victoriosos en lo que nos han dicho (o vendido) que consiste ese juego de «ganar o perder» llamado vida.

No necesitamos más ganadores o perdedores; necesitamos más gente orientada hacia resultados mutuamente satisfactorios. No necesitamos más «yo tengo razón, tú te equivocas»; necesitamos más personas que sepan el modo de escucharse unas a otras y de reconocer los puntos de vista de los demás. El pensamiento en «blanco y negro» puede dar lugar a buenos titulares, pero el gris es el color de las mentes que buscan el consenso. Tenemos problemas que tienen que resolverse, y vamos a necesitar acceder a nuestra humanidad –a nuestros instintos humanos más admirables– para conseguirlo. Esos instintos están ahí, pero deben ser fomentados.

Pregunta: Solo quiero que mi hijo viva una vida feliz y con sentido. Y yo quiero ser feliz con mi hijo. Son buenos objetivos, ¿no?
Respuesta: Es probable que necesites pensar un poco a qué te refieres al decir feliz y con sentido. Recurramos una vez más a Harari, que cita esta frase de Nietzsche: *Si tienes un* porqué *para vivir, puedes soportar casi cualquier* cómo. *Una vida con sentido puede ser extremadamente satisfactoria incluso en medio de la adversidad, mientras que una vida sin sentido es una experiencia terrible sin que importe lo cómoda que sea.* Y, por si te lo estuvieses preguntando, los indicadores que mejor predicen en la infancia que se disfrute de la vida en la edad adulta son la salud emocional y el comportamiento prosocial. El indicador menos importante es el éxito académico. Ser feliz con tu hijo va a depender en gran parte de la coincidencia entre lo que esperabas de tu hijo y lo que conseguiste. Si tienes ideas predeterminadas y rígidas sobre quién debería ser tu hijo, es muy posible que seas infeliz con la mano de cartas que te han repartido. Si no tienes ideas rígidas –si estás de acuerdo en jugar la mano de cartas que te han repartido y en mantener un equilibrio entre tener influencia y averiguar quién es tu hijo, sentirte cómodo con ello y, a continuación, ayudarle a vivir una vida congruente con eso mismo–, entonces es probable que estés bien.

Pregunta: Me he dado cuenta de que las primeras letras de cinco habilidades que has priorizado forman la palabra EARTH[1] (*tierra*). ¿Lo hiciste a propósito?

---

[1]   La palabra EARTH se forma a partir de las primeras letras de las siguientes cinco habilidades, en su versión inglesa, enumeradas anteriormente: *Empathy* (empatía), *Appreciation of how one's actions are affecting others* (comprensión de cómo las acciones de uno afectan a los demás), *Resolving disagreements in ways that do not cause conflict* (resolver los desacuerdos de modos que no ocasionen conflicto), *Taking another's perspective* (adoptar la perspectiva del otro), *Honesty* (honestidad, sinceridad) (NdT).

Respuesta: Bueno, es fantástico que haya resultado así. A propósito, colocadas en diferente orden, forman la palabra HEART (*corazón*). Pero creo que es importante que la Empatía vaya en primer lugar.

* * *

Kayla estaba esperando a que Brandon llegara del colegio. «Tenemos que hablar», dijo ella.

«Lo sé».

«No creo que nuestro acuerdo actual sobre los deberes esté funcionando del todo bien», dijo Kayla.

Brandon estaba de acuerdo.

«Así que necesitamos averiguar qué vamos a hacer».

Brandon asintió. «Siento haber causado una pelea entre Tony y tú».

«No creo que tú causases la pelea. Creo que hay ciertos problemas que he estado dejando de lado durante mucho tiempo y que finalmente han alcanzado un punto crítico».

«No voy a permitir que te ponga las manos encima», dijo Brandon.

«Agradezco que me defiendas. Pero eso es cosa mía. Y Tony nunca antes lo ha hecho. Me ha prometido que nunca volverá a suceder. Se sentía muy mal al respecto. Así que quiero que dejes que yo me preocupe de esa parte. Sin embargo, tú y yo –y quizá Tony– necesitamos solucionar el problema de los deberes».

Brandon asintió.

«Entonces, hablemos de ello. Ayúdame a comprender por qué te resulta tan difícil que Tony te ayude con tus deberes».

«En realidad no me ayuda. Se limita a gritarme y me dice que no me esfuerzo lo suficiente. Pero hay muchas cosas que no entiendo. Que él me esté gritando no me ayuda a comprender nada. Solo lo empeora».

Kayla asintió. «¿Hay ciertos deberes con los que necesites de manera especial ayuda?».

«Historia», dijo Brandon decididamente.

«Vale, eso ya lo sabía. ¿Qué más?».

«Matemáticas».

«Eso también lo sabía. ¿Qué estás haciendo en matemáticas en este momento?».

«Ecuaciones de segundo grado».

Kayla se rio. «Sí, bueno, eso es demasiado para mí».

Brandon no acababa de apreciar el humor de la situación. «Tony dice que también es demasiado para él».

«¿Algo más?», preguntó Kayla.

«No, principalmente esas dos cosas».

«¿Y con qué necesitas ayuda en historia?».

«Con todo. Necesito ayuda para estudiar los exámenes, necesito ayuda para organizar los trabajos», dijo Brandon. «Tengo que entregar un trabajo cada dos semanas».

«¿Y Tony no puede ayudarte con esas cosas?».

«Él no intenta ayudarme. Únicamente se enfada y me dice que soy un vago. No soy un vago».

Kayla gesticuló. «Cierto. Bueno, yo tampoco creo que seas un vago. Lo que me preocupa es que, si no recibes la ayuda que necesitas en matemáticas y en historia, tus notas en esas asignaturas no serán muy buenas. Y si seguimos dejando que Tony te ayude, seguiréis peleándoos y no recibirás la ayuda que necesitas». Kayla hizo una pausa. Brandon todavía estaba escuchando. «Así que me pregunto si existe algún modo de que recibas la ayuda que necesitas en matemáticas y en historia para que Tony y tú no sigáis peleándoos y para que mejoren tus notas en esas asignaturas».

Brandon reflexionó sobre esto. «Hay un club de matemáticas en horario extraescolar», dijo. «Pero no voy porque después del colegio tengo béisbol».

«¿Cuándo tienes entrenamiento de béisbol? ¿Dos días por semana? ¿Y un partido a la semana?».

«Sí».

«¿Y cada cuánto se reúne el club de matemáticas?».

«No lo sé».

«¿Es algo que podamos averiguar? Quiero decir, ¿podrías ir al club de matemáticas los dos días por semana que no tienes béisbol?».

Brandon accedió a verificar esa posibilidad. «Pero todavía queda historia».

«Sí, así es. ¿Qué podemos hacer al respecto?».

«Podrías ayudarme».

«¿Yo? Pero si yo tengo que trabajar, cariño».

«¿Qué hay de los días que no trabajas? Eso son dos días por semana... a veces tres. Podrías ayudarme esos días. Por la noche. Después del béisbol... y después del club de matemáticas».

Kayla pensó en ello. «Creo que podría funcionar. ¿Es suficiente ayuda?».

«Creo que sí». Brandon parecía satisfecho con esa solución. «¿Quién va a decirle a Tony que ya no me ayudará con los deberes?».

«Yo se lo diré cuando vuelva a casa del trabajo», dijo Kayla. «Pero quiero que los tres hablemos de ello juntos».

Esa noche, durante la cena, Kayla comenzó la discusión. «Voy a ayudar a Brandon con sus deberes a partir de ahora», anunció.

Tony levantó la mirada de su plato de pasta. «¿Cuándo vas a hacer eso?».

«Los días que no trabaje. Por la noche».

Tony se rio por lo bajo y sacudió su cabeza. «Mamá al rescate de nuevo».

«No, "mamá al rescate" no», dijo Kayla. «Solo pienso que podríamos adoptar una solución diferente con respecto a los deberes».

«Eh, genial», dijo Tony. «Si lo quieres, es tuyo. Me alegra que pruebes algo de sus tonterías».

«Bueno, supongo que veremos cómo va», dijo Kayla, esperando que la conversación terminase ahí.

Tony no había acabado. «No siempre va a tener a su mamá para salvar la situación por él».

«No pensaba que estaba salvando la situación por él», dijo Kayla. «Simplemente buscaba modos de ayudarle con sus deberes».

«¿Le salvarás cuando tenga un jefe como yo?», preguntó Tony.

De repente, Brandon habló por sí mismo: «No tendría un jefe como tú».

Tony permaneció en silencio mientras asimilaba esta afirmación. Masticó su comida lentamente, mirando fijamente a Brandon. Entonces, sonrió ligeramente. Kayla y Brandon se miraron el uno al otro, sin saber qué pensar. La sonrisa de Tony se ensanchó más y asintió con la cabeza. «No, supongo que no», se rio entre dientes.

Kayla y Brandon miraron a Tony, esperando que dijera algo más.

«Brandon, tengo que reconocerlo, no dejas que nadie te chulee». Tony se rio. «Supongo que te respetaré por esto. Si le hubiese dicho eso a mi viejo, me habría lanzado a la otra punta de la habitación. Ahora que pienso en ello, no respetaba mucho a mi padre por hacerme mantener la boca cerrada».

Kayla respiró. Brandon parecía estar en estado de *shock*.

«Tío, te diré algo», dijo Tony. «No voy a renunciar a echarte una mano con tus deberes. Si a ti te parece bien, estaré mirando mientras tu madre te ayuda. Y mantendré la boca cerrada. Veremos si ella lo hace mejor que yo. Si es así, entonces lo intentaré de nuevo, pero haciéndolo a su manera. No quiero ser tu enemigo. Y quiero asegurarme de que lo que sucedió ayer nunca más vuelva a pasar».

* * *

Unos meses después de haber comenzado a emplear el Plan B con Hank y Charlotte, Denise se despertó un día de colegio más pronto que de costumbre. Estaba lista para ir a trabajar diez minutos antes de despertar a sus hijos, y aprovechó ese tiempo adicional para sentarse tranquilamente en la cocina con una taza de café. Tras dos minutos disfrutando del lujo de no pensar en nada en particular, su lista de tareas mental le vino a la cabeza.

El problema sin resolver que tenía Hank de saltarse el desayuno se había solucionado. Había averiguado que tenía dolores de estómago después de comer cereales por la mañana, y más tarde había descubierto que la culpa era de la intolerancia a la lactosa. Después de experimentar con varios sustitutos de la leche, Hank se tomaba ahora sus cereales con leche de almendra. *Problema resuelto*, pensó Denise.

La solución al problema no resuelto de las dificultades de Hank y Charlotte para compartir la televisión había requerido ligeros ajustes de la programación, pero también eso estaba yendo bastante bien.

Denise había aplicado un Plan B con Nick a causa de sus dificultades para encontrar cosas que hacer además de jugar a los videojuegos y ver YouTube en su ordenador. También descubrió que había estado mirando páginas web con contenido violento. Nick estaba de acuerdo en no volver a visitar esas páginas web y en respetar el límite de sesenta minutos de navegación por Internet entre semana y setenta y cinco minutos los fines de semana. También accedió a no eliminar su historial de navegación, y ambos averiguaron el modo de desactivar el modo incógnito, para que Denise pudiese comprobar las páginas web que había visitado. Esas soluciones estaban yendo bien. Sin embargo, Nick todavía tenía dificultades para encontrar cosas que hacer –dijo que no tenía amigos en el vecindario–, así que ahora veía la televisión con Charlotte cuando no estaba delante del ordenador. *Hay que seguir trabajando en ello*, pensó Denise. *Esta noche, a la hora de dormir.*

¿Y ahora?, sopesó Denise. Las notas de Hank en geometría y en historia mundial no había sido buenas en su último boletín de calificaciones. *Tengo que hablar con él este fin de semana*, pensó Denise. *Solo necesito convenir con él el mejor momento para hacerlo.* Hank todavía no estaba muy entusiasmado por resolver los problemas de forma colaborativa, pero participaba, aunque fuera a regañadientes.

Charlotte le había dicho que no quería ir a la fiesta de cumpleaños de su amiga Andrea ese fin de semana. Denise había resistido la tentación de decirle a Charlotte que ir a la fiesta de cumpleaños no era opcional. *Tengo que averiguar más sobre eso*, pensó Denise. *Esta noche, cuando la acueste.*

Sus pensamientos regresaron a Nick. *No está vaciando el lavavajillas sin que se lo pida.* Denise decidió que esa era una prioridad baja. *Por ahora,* cíñete al problema de encontrar cosas que *pueda hacer además de sentarse enfrente de una pantalla*, pensó. *Ese chico necesita un amigo.* Se rio por lo bajo. *Acabas de decidir la solución para él*, pensó. *Todavía no he perdido la costumbre.* Entonces pensó en algo más. Últimamente *llega muy deprimido cuando viene de casa de su padre. Ahora eso se ha convertido en una prioridad alta. A la hora de dormir, esta noche.*

Miró el reloj y respiró hondo. *Que empiece la fiesta*, pensó.

* * *

Un mes después de la discusión sobre los mensajes de texto –la solución estaba funcionando bien–, Kristin y Taylor estaban en casa una tarde después del colegio. Durante las últimas semanas, Kristin había sido una observadora oficial mientras Dan resolvía algunos problemas adicionales con Taylor –uno sobre la hora de llegar a casa, otro sobre una fiesta a la que quería ir en casa de una compañera a cuyos padres no conocían Dan ni Kristin–. Cuando Kristin pasó al lado de la puerta cerrada de la habitación de Taylor, se sobresaltó al oír lo que parecía un llanto. Se detuvo y escuchó. Sin duda, Taylor estaba llorando.

La reacción inmediata de Kristin fue de pánico. Deseaba que Dan estuviese en casa. Pero Dan estaba de viaje. *¿Qué hago?*, pensó Kristin. *No va a decirme lo que le pasa.*

Kristin permaneció junto a la puerta, paralizada. *Si sale de la habitación y sigo aquí, se pondrá como loca*, pensó Kristin. *No puedo quedarme aquí.*

Empezó a alejarse. A continuación, se detuvo, dio media vuelta y tocó la puerta suavemente.

Los lloros se detuvieron. «¿Qué?», respondió de manera cortante.

«¿Estás bien?», preguntó Kristin.

«Sí», dijo Taylor mientras se sorbía la nariz.

«No parece que estés bien».

«¿Qué? ¡¿Estás escuchando detrás de la puerta?!».

«No. Solo pasaba por aquí».

«Estoy bien».

«¿Puedo entrar?».

«Como quieras», dijo Taylor.

Kristin abrió la puerta lentamente. Taylor se secó los ojos con su manga.

«¿Cuál es el problema, cariño?», preguntó Kristin.

«No es nada», dijo Taylor.

«No sonaba como si no fuera nada».

«Sí, bueno, podría no ser nada, pero no quiero que enloquezcas», dijo Taylor.

«¿Quieres hablar de ello con papá?», preguntó Kristin. «Puedes llamarle».

«Quizá más tarde», dijo Taylor.

«¿Y no quieres contármelo a mí?».

«No. No me gusta contarte cosas. Siempre te pones como loca con todas las cosas. Crees que todo es un desastre».

«Lo hago, ¿no es así?», dijo Kristin.

A Taylor le sorprendió que lo reconociera. «Sí, lo haces».

«Y eso impide que me cuentes las cosas».

«Contarte las cosas lo empeora. Además, puedo ocuparme de mis problemas por mí misma».

«Siento que el hecho de contarme las cosas solo las empeore. En realidad, estoy esforzándome mucho por no reaccionar de manera exagerada. ¿Crees que he hecho un buen trabajo limitándome a escuchar cuando hablas con papá?».

«Supongo», dijo Taylor, sorbiéndose todavía la nariz.

«Sé que no crees que pueda hacerlo, pero ahora podría limitarme a escuchar».

«Estás en lo cierto, no creo que pudieses hacerlo», se burló Taylor.

Kristin se sentó en la cama de Taylor. «Quiero intentarlo».

Taylor no se lo tragaba. «¿Qué es esto? ¿Algún tipo de experimento psicológico?».

«No, solo una madre que echa de menos a su hija».

«¿Qué quieres decir? ¿Me echas de menos?».

«Quiero decir, tú y yo solíamos estar muy unidas hace mucho tiempo. Y entonces se me fue un poco la mano con el hecho de preocuparme por ti, y dejaste de hablarme. Y siento que haya pasado. Quiero que seas capaz de confiar en mí».

Taylor no estaba segura de qué hacer con esta versión de Kristin. «Mmm, vale».

«Sé que esto es cursi, pero pienso que ahora puedo escuchar».

Taylor no se lo acababa de creer. «¿Has leído otro libro?».

«No, últimamente no he leído nada», sonrió Kristin. «Pero he leído muchos libros sobre cómo ser padre, y todavía no se me da muy bien».

No había empatía por parte de Taylor. «Y entonces, ¿quieres que comience a hablarte porque crees que ahora puedes escuchar?».

«No lo sé… supongo que estoy esperando a que quizás algún día me des la oportunidad».

Kristin sintió que Taylor estaba deseando comprobar su teléfono móvil en busca de mensajes de texto, su recurso habitual para las situaciones incómodas. «Mmm, vale», dijo Taylor.

Kristin se puso de pie. «Entonces, sea lo que sea lo que te moleste, estoy preparada para escuchar si en algún momento sientes ganas de hablar de ello». Se dio la vuelta para salir de la habitación.

«¿Mamá?».

«¿Sí?», dijo Kristin, volviéndose hacia Taylor.

«No eres una mala madre».

«Es muy amable de tu parte», dijo Kristin, sintiendo que le brotaban las lágrimas, pero esforzándose por mantener la compostura.

«Solo es que te preocupas demasiado por mí».

«Quiero que todo te vaya bien».

«Sí, bueno, cuanto más te preocupas porque todo me vaya bien, más difícil es que las cosas vayan bien entre tú y yo. Estoy bien, aunque no todo vaya completamente bien en mi vida. Tú tienes cosas que van mal en tu vida y sigues adelante. También yo puedo hacerlo. ¿Recuerdas esa canción que solíamos cantar en tu coche? ¿Cómo era la letra? *Lloras,*

*aprendes... gritas, aprendes... pierdes, aprendes... sangras, aprendes...
¿recuerdas?».*

Kristin asintió. «Supongo que necesito dejar que aprendas. Solo asegúrate de avisarme si alguna vez me necesitas. Creo que ahora puedo escuchar». Kristin salió apresuradamente de la habitación y cerró la puerta. Mientras bajaba las escaleras, exhaló y pensó para sí misma, *puedo hacerlo*.

CAPÍTULO 10

Educar para ser personas

Al leer este libro, has examinado quién eres como padre, las características que estás tratando de fomentar en tu hija y tu papel en su vida. Cargan a los padres con tantos consejos que es comprensible que decidas encender el piloto automático y planear con tus instintos. Sin embargo, si piensas en lo que es importante, en lo que no, en cuáles son tus prioridades y en lo que realmente estás tratando de lograr, puedes evitar sentirte abrumado por las influencias externas. En este punto, deberías haber comenzado a tener una idea bastante clara de cuáles son tus prioridades y tus expectativas.

Hemos mostrado que la tarea más crucial del desarrollo de tu hija consiste en que averigüe quién es –sus habilidades, sus preferencias, sus creencias, sus valores, los rasgos de su personalidad, sus metas y su rumbo–, que se sienta cómoda con ello y, a continuación, que persiga y logre vivir una vida que sea congruente con eso mismo. Y hemos determinado que, como padre, tienes que mantener un equilibrio: sentirte cómodo con quién es tu hija y ayudarle a vivir una vida en armonía con ello, y al mismo tiempo asegurarte de que se beneficia de tu sabiduría, de tu experiencia y de tus valores. También hemos mostrado que es poco probable que los métodos tradicionales para disciplinar a las hijas –los que hacen hincapié en el uso del poder y del control– te ayuden a mantener ese equilibrio, y que un nuevo rol (el de socio o compañero del equipo de resolución de problemas) y un enfoque diferente (la resolución colaborativa de los problemas) te llevarán más lejos.

Vimos las innumerables expectativas sociales, académicas y conductuales depositadas en tu hija durante el transcurso de su desarrollo a través del prisma de la compatibilidad y la incompatibilidad. Cuando existe compatibilidad –entre las expectativas y la capacidad de tu hija para cumplirlas–, la vida va bien. Cuando hay incompatibilidad, existen problemas que hay que resolver. El modo en que enfocas la resolución de esos problemas tiene una influencia significativa en si se resuelven o no y en la naturaleza de tu relación con tu hija. Mientras que la compatibilidad es algo maravilloso, es la incompatibilidad –y su resolución– la que alimenta la mayor parte del crecimiento.

Hemos dejado claro que *las niñas lo hacen bien si pueden*, y que *hacerlo bien es preferible*, y que el factor clave involucrado en hacerlo bien son las *habilidades*, no la motivación. Como sabes ahora, las habilidades son el motor que impulsa el tren; la motivación es el furgón de cola.

Has leído bastante sobre el modo de resolver los problemas de forma colaborativa. Esos tres pasos del Plan B simplemente formalizan algunos de los aspectos más importantes de ser padre: comprender la preocupación de tu hija, su perspectiva o su punto de vista; hacer que se tengan en cuenta tus preocupaciones y tu punto de vista; y trabajar juntos hacia soluciones realistas y mutuamente satisfactorias. La resolución colaborativa de los problemas puede ser dura –podría ser una desviación de la forma en que te criaron–, pero es muy importante. Y tú puedes hacerlo.

Hemos descrito una de las características más importantes que debe tener un buen compañero de equipo: la de ser un *ayudador*. Los ayudadores no empeoran las cosas; *ayudan*. Los ayudadores tienen la piel curtida y se esfuerzan mucho por no dejar que sus sentimientos interfieran con la ayuda. La ansiedad de los padres puede interferir con la ayuda, pero hemos hablado de cómo ayudarte a conservar la perspectiva de modo que la ansiedad que acompaña a la preocupación intensa por el bienestar de tu hija no saque lo peor de ti. Y existen muchos factores adicionales que pueden provocar que llames a la puerta del Plan A. Es bueno ser consciente de ellos para que puedas pensar si es la mejor dirección que puedes tomar.

En resumen, hemos aprendido que existe un terreno fértil –los Territorios Colaborativos– en la península que se sitúa entre el Reino Dictatorial y las Provincias Pusilánimes. No resulta sencillo llegar ahí; el camino tiene muchos baches y no hay vuelos directos. Es complicado permanecer en él; el Reino Dictatorial intenta atraernos continuamente desde el horizonte. Sin embargo, merece la pena el esfuerzo de seguir cultivando la tierra y plantando las semillas de lo que estás tratando de cosechar: influencia en la vida de tu hija, así como la relación y la comunicación que la hacen posible. Los problemas que afectan a las vidas de las niñas no necesitan provocar conflictos. Tan solo son problemas que hay que resolver.

El enfoque colaborativo de la crianza, que contribuye a mantener el equilibrio entre tener influencia y ayudar a que tu hija descubra y viva una vida congruente con su modo de ser, ayuda también a fomentar las mejores cualidades de los seres humanos: la empatía, la honestidad, la colaboración, la resiliencia, la independencia, la comprensión de cómo las acciones de uno afectan a los demás, la toma de perspectiva y la resolución de los desacuerdos de modos que no ocasionen conflicto. Quieres que tu hija posea estas características, que sea la mejor versión de sí misma posible, y que sea la mejor amiga, esposa, madre, vecina y ciudadana posible. Tu crianza a lo largo de su infancia le proporcionará las cualidades y la capacidad de satisfacer las demandas de esos roles. Eso es lo que el mundo real va a requerir. Estas son las características que el mundo real necesita en más seres humanos.

Todo comienza con el modo en que criamos a nuestros hijos. ¿Estamos criando a nuestros hijos de modos que fomentan lo mejor de la naturaleza humana? A decir verdad, no tan a menudo como podríamos. Sin embargo, no sabemos lo que necesitamos hacer de modo diferente. El enfoque que has estado leyendo en este libro te servirá a ti, a tu hija y a todos nosotros. La respuesta a la pregunta de Hilel —«Y, si no es ahora, ¿cuándo?»— nunca ha estado tan clara.

Hemos llegado al final del libro. Tus hijas te están esperando.

Agradecimientos

Fueron muchas las personas que formularon observaciones a los primeros borradores de este libro. Estoy especialmente en deuda con mi editora en Simon & Schuster, Shannon Welch, y con mi editora de por vida, Samantha Martin, por su sabiduría, su orientación y su paciencia.

Este libro refleja la sabiduría de las muchas personas que han influenciado mi pensamiento a lo largo de los años, comenzando, por supuesto, por mi familia. Mi abuela materna, Clara (Neber) Snider, fue una mujer liberada mucho antes de su tiempo, y tuvo firmes opiniones sobre numerosos temas; sin embargo, lo que más le interesaba era su familia. Mi abuelo materno, Herman Snider, me enseñó sobre la resiliencia; su vida tuvo muchos altibajos –perdió todo su dinero con tanta facilidad como lo consiguió, y sobrevivió a un incendio–, pero él siguió adelante. Mi abuelo paterno, Henry Greene, me enseñó el valor del humor y a no tomarse a uno mismo demasiado en serio. Y mi abuela paterna, Lenore (Sigal) Greene, era dura como una piedra, juzgaba muy bien a las personas, y llamaba a las cosas por su nombre. Ninguno de ellos continúa entre los vivos, pero todos ellos están en este libro.

Mi padre, Irving Greene, murió hace veinticinco años; no nos dimos cuenta de que era el pegamento que mantenía unida a la familia hasta que se fue. Mi madre es un espíritu libre y compasivo que me enseñó el modo de preocuparme de las personas menos afortunadas y, más tarde en la vida, la forma de superar la adversidad. Mi estrecha relación con mis dos hermanos, Jill Ammerman y Greg Greene –que podría no haber sido fácil de predecir en nuestra infancia– es la prueba de que soy un hermano afortunado. Siempre están ahí cuando los necesito. Mi mujer, Melissa, es otra alma compasiva cuyo coraje y resiliencia al lidiar con las luchas de la vida han sido para mí toda una inspiración.

Mi buena fortuna se extiende más allá de mi familia. El modelo de crianza descrito en este libro –denominado ahora Soluciones Colaborativas y Proactivas (CPS, *Collaborative & Proactive Solutions*)– es un híbrido de muchas influencias distintas, incluidos la teoría del aprendizaje social; el enfoque sistémico de la familia; los modelos de desarrollo transaccionales/recíprocos; la teoría de la bondad del ajuste; la neuropsicología y la psicopatología del desarrollo. He tenido muy buenos profesores a lo largo de los años que me han expuesto estos modelos y a las mentes brillantes que se hallan detrás de ellos. Soy psicólogo porque, cuando era estudiante universitario en la Universidad de Florida, la doctora Betsy Altmaier me ayudó a encontrar mi camino en la materia. En la escuela de posgrado de Virginia Tech, muchos otros tomaron el relevo de la doctora Altmaier, incluidos mi mentor, el doctor Thomas Ollendick, y uno de mis supervisores clínicos, el doctor George Clum. Tom me inició en los temas de la transparencia, la imparcialidad y la devoción, así como en el modo de pensar de manera crítica. George me adentró en el tema de las personas. Muchos otros compañeros en todo el mundo han ejercido también un poderoso impacto sobre mí, son demasiados para mencionarlos aquí. Pero vosotros sabéis quiénes sois.

También he aprendido muchas cosas de los miles de padres, maestros e hijos con los que he tenido la suerte de trabajar a lo largo de los años. Qué gran placer y honor ha sido trabajar con vosotros. Gracias por vuestra confianza.

Agradecimientos

Ahora bien, mis propios hijos, Talia y Jacob, han sido mis mejores maestros. Ser su padre ha supuesto la mayor emoción de mi
vida. Han conseguido que continúe riendo y aprendiendo durante
mucho tiempo. Aunque los mencione en último lugar, ellos saben
que son los números uno.

Índice analítico y de nombres

Academia Americana de la Psiquiatría Infantil y del Adolescente, 52
Academia Americana de Pediatría, 52
Acciones. *Ver* Comportamiento
Acoso escolar, 204-207
Acrónimo EARTH, 251. *Ver también* Comportamiento, reconocimiento de los efectos en los demás; Conflicto, resolver los desacuerdos sin; Empatía; Honestidad; Toma de perspectiva
Adivinar, 105
Adolescencia temprana, 202-208
Adolescentes, 208-213. *Ver también* Adolescencia temprana
«Adultificación» de los niños, 15
Adultos jóvenes, 214
«Aleccionar», 45, 94
Amnesia, 238-239
Amor «con mano firme», 45-46
Amor, 45, 173
Angustia parental, 159-79, 236
    beneficios de las pequeñas dosis, 163
    causas comunes de, 159-160
    comunicación contraproducente y, 166-168
    diferencias conyugales en, 172

indicadores de una angustia parental excesiva, 164
    mantener la perspectiva, 161-162
Ansiedad por la separación, 190-195
Aristóteles, 15
Autoactualización, 21
Autoestima, 221
Autoritarismo, 16, 18
Autorrespeto, 222
Ayuda profesional
    en la adolescencia temprana, 208
    para bebés, 183-184
    para niños de primaria, 197, 202
    para niños en edad de caminar / niños de preescolar, 190
Azotar. *Ver* Castigo corporal

Bebés
    asociarse con, 33-34
    expectativas de, 25-26, 181-184
Ben Solomon, Elijah, 54, 67
Berrinches, 27
Brooks, David, 36, 235-236
Butler, Samuel, 53

Capitulación, 72, 75
Características (habilidades, preferencias, creencias, valores, ras-

gos de la personalidad, metas, rumbo), 11, 14, 21-23, 27, 34, 49, 161, 236, 237, 261. *Ver también* Incompatibilidad
de adolescentes, 203
de adultos jóvenes, 214
de los niños de infantil, 191
fuentes de, 32-33
Plan A y, 66
Plan B y, 74, 121, 166, 222
Plan C y, 75, 76, 123
Casos
conflicto madre-hija, 38-39, 70-72, 156-158, 175-179, 228-232, 257-260
conflicto madre-hijo-padrastro, 55-57, 84-88, 223-224, 252-255
madre soltera agotada, 19-20, 79-81, 124-129, 152-155, 174-175, 225-228, 255-257
Castigo corporal, 16, 52-54, 248
Castigo, 45-48, 54. *Ver también* Consecuencias; Castigo corporal
Colaboración, 12, 47-48, 171-172, 201, 263. *Ver también* Plan B
Compañero para Resolver Problemas, 91, 114, 133, 262
Comportamiento irrespetuoso, 222
Comportamiento
énfasis excesivo en, 28-29, 60, 137
enmendar, 145
expectativas de la escuela con respecto a, 198-202
irrespetuoso, 222
oposición a lo comunicado por el Plan B, 149

pedir perdón por, 145
perjudicial para con uno mismo o para con los demás, 28
reconocimiento de los efectos en los demás, 12, 28, 151, 204-205, 233, 242-243, 247, 263
restarle importancia en los problemas sin resolver, 61-62, 92
Conflicto, 71, 106
castigo y, 45
evitar, posibilidad de, 162-163
Plan A y, 67
prácticas que aumentan la probabilidad de, 166-168
receta para, 163
resolver los desacuerdos sin, 12, 151, 233, 263
Confusión de roles, 15-20
Consecuencias antinaturales o artificiales, 50
Consecuencias naturales, 50-51
Consecuencias, 44-48, 50-52. *Ver también* Castigo
Consejo, intentar aclararlo todo, 172-173
Consumo de alcohol, 208-209
Consumo de drogas, 209-210
Consumo de marihuana, 209
Contratos, 148-149
Control, 245-247, 261. *Ver también* Poder
Controles externos, 242-243
Controles internos, 243
Covey, Stephen, 121
Creando innovadores: la formación de los jóvenes que cambiarán el mundo (Wagner), 246
Creencias. *Ver* Características

Debate naturaleza frente a educación, 32

Debilidad, miedo a, 238

Decisión, 82

Desarrollo del lenguaje, 26, 184

Descripciones específicas frente a globales, 62, 92

Deshonestidad, 222. *Ver también* Honestidad

Diagnósticos psiquiátricos, 29, 197

Dicotomía ensimismamiento/altruismo, 235, 250-251

Difusión de la identidad, 35

Disculpas forzadas, 145

Egoísmo, 123-124

El niño explosivo (Greene), 13

Embargo de la identidad, 34-35

Emociones, expresión de, 170-171

Empatía, 12, 151, 233, 242-243, 263
  carencia por parte de los acosadores, 204
  niños de primaria y, 201
  niños en edad de caminar / niños de preescolar y, 28, 185
  religión y, 249

Enfoque «hundirse o nadar», 83, 203

Enmendar, 145

Epigenética, 32

Equilibrio, 12, 16, 37, 161, 261-262

Erikson, Erik, 34

Escrituras, 18, 53-54. *Ver también* Religión

Escucha reflexiva, 94-95, 105, 135, 176

Escuchar
  «aleccionar» frente a, 45, 94
  Covey sobre, 121

perforar en busca de información y, 94

quejas sobre la falta de, 75

Escuela, 195-205
  castigo corporal en, 53, 248
  desafíos académicos en, 195-198
  expectativas conductuales en, 198-202
  Plan A en, 247-249
  primaria, 195-202
  secundaria, 202-203

Esfuerzo, 41, 198

Establecimiento de límites, 114, 148

Estrategias de la exhortación y la extorsión, 41-44, 59

Estrés, 236

Estudiantes universitarios y adultos jóvenes, 214

Expectativas. *Ver también* Incompatibilidad; Problemas sin resolver / Problemas no resueltos
  ámbitos incluidos en, 21-22
  animar al niño para, 43
  baja prioridad, 76, 123
  capacidad del niño de cumplir, 49
  cumplimiento intermitente de, 62, 95-96
  de adolescentes, 208-213
  de estudiantes universitarios y adultos jóvenes, 215
  de la adolescencia temprana, 202-208
  de los bebés, 25-26, 181-184
  de los niños de infantil, 190-195
  de mayor prioridad, 78-79, 123
  de niños de primaria, 195-203
  de niños en edad de caminar / niños de preescolar, 26-27, 184-190

deseo del niño de cumplir, 48, 63, 198, 262

disposición del niño a cumplir, 48-49, 63, 198, 262

en el mundo real, 245-247

esforzarse demasiado en cumplir con, 237

estrategias de la exhortación y la extorsión para, 41-44, 59

explicar la importancia de, 42

imponerlas a una edad temprana, 37

indicarle al niño que no está cumpliendo, 41-42

insistencia en cumplir, 42-43

percibida como crucial, 33

realista e irrealista, 63, 78, 123

reglas en comparación con, 33

reprender al niño por no haber cumplido, 43

Experiencia de los padres. *Ver* Experiencia, sabiduría y valores de los padres

Experiencia, sabiduría y valores de los padres, 12, 21, 37, 49, 203, 208, 215, 238-239, 261

Escrituras sobre, 54

Plan A y, 66

Plan B y, 74, 108, 121, 161, 166, 222

Plan C y, 76

uso correcto e incorrecto de, 236

Fatiga de empatía, 238

Felicidad, 251

Figura de autoridad, padre como, 17

Forjar el carácter, 151

Funciones ejecutivas, 27

Global Achievement Gap, The (Wagner), 246

Habilidades frente a motivación, 47, 198, 262. *Ver también* Características

Habilidades locomotrices, desarrollo de, 26-27, 184

Hablar; alentado por el Plan B, 122, interrogar frente a, 93-94

Harari, Yuval Noah, 234, 251

Hilel, 17, 18, 264

Honestidad, 12, 107, 151, 222, 233, 263

Imágenes de Google, 189

Impotencia, sentimientos de, 161

Incertidumbre, vivir con, 170

Incompatibilidad, 21-39

beneficios de, 25, 34-36, 38, 262

de las propias expectativas de los niños, 83-84

niños culpados de, 29-30

reconocer, 59

respuesta temprana a, 33-34

rol parental en, 30-31

Independencia, 24, 77, 122-123, 195, 215, 264. *Ver también* Plan C

Influencia parental, 11-12, 21-22, 37, 72, 160-161. *Ver también* Paso de Definir las Preocupaciones de los Adultos

deseo de los niños de, 17-18

límites de, 50, 160

Influencia. *Ver* Influencia parental

Influencias ambientales, 32-33

Influencias genéticas, 32-33

Información, 47. *Ver también* Perforar en busca de información

avalancha de, 147
carencia por parte del Plan A, 67
consecuencias frente a, 50
recopilar sin palabras, 189-190
Interrogar frente a perforar, 93, 137
Interrumpir, 168

Leer la mente, 166-167
Límites, establecimiento de, 114, 148
Lives in the Balance, 189
Logro de la identidad, 35
Los 7 hábitos de la gente altamente efectiva (Covey), 121
Los ángeles que llevamos dentro: el declive de la violencia y sus implicaciones (Pinker), 234
Lost and Found (Greene), 249
Lost at School (Greene), 249
Luchas de poder, 47, 108, 217-218

Marcia, James, 34
Medicación psicotrópica, 202
«Maldición de la certeza», 170
Metas. *Ver* Características
Miedo a los padres, 83
Motivación, 48-49, 96, 198, 262
Mundo real, 12, 16-17, 30, 143, 149, 172, 220, 263;
    escuela como preparación para, 201
    poder y control en, 245-247

Narcisismo, 235
Negatividad refleja, 187
Nietzsche, Friedrich, 251
Niños de preescolar, 190-195
Niños de preescolar. *Ver* Niños en edad de caminar / niños de preescolar

Niños de primaria, 195-202
Niños en edad de caminar / niños de preescolar, 14-16, 184-190
«No» (uso del niño de), 186-187

Observaciones discrepantes, 98

Paciencia, 173
Padres helicóptero, 82-83
Paso de Definir las Preocupaciones de los Adultos (Plan B), 73, 89, 91, 99, 133, 143, 167, 179, 244
    cualidades fomentadas mediante el uso de, 242-244
    ejemplo de, 105, 111
    implementar, 108-111
    omisión, 140-142
    propósito de, 74
Paso de la Empatía (Plan B), 73, 90, 121, 143, 167, 179
    adentrarte con suposiciones, 132
    cualidades fomentadas mediante el uso de, 239-243
    ejemplos de, 92, 99-100, 110-111, 115-116
    escepticismo inapropiado en, 136-138
    implementar, 90-108
    lo que no hay que hacer, 101-102, 105
    niños en edad de caminar / niños de preescolar y, 184
    objetivos de, 74-75, 90, 92-93, 103
    omisión, 140
    posibles respuestas a, 93-108
Paso de la Invitación (Plan B), 73, 89, 91, 133, 143
    cualidades fomentadas mediante el uso de, 244-245

ejemplo de, 117-119
implementar, 112-119
objetivo de, 74
omisión, 142
Perfeccionismo, 36
Perforar en busca de información, 93-102, 105, 137
dificultades con, 134-136
estrategias para, 94-99
objetivo principal de, 94
Permisividad, 16
Perspectiva
consejos para el mantenimiento, 161-162
pérdida, 216-217
Pinker, Steven, 234
Plan A, 65-72, 75, 82, 88, 101, 103, 107, 113-114, 120, 131, 140, 141, 218, 234
adolescentes y, 210, 211
angustia parental y, 161-163, 165, 170, 172
carácter y valor no promovidos por, 151
comportamiento irrespetuoso y, 222
confusión sobre, 120
desacuerdo conyugal sobre, 220-221
descripción, 65
deshonestidad y, 222
desventajas de, 65-67, 148
ejemplo de, 70-72
en el mundo real, 245-247
en la adolescencia temprana, 204-205
en las escuelas, 247-249
mensaje comunicado por, 243
para el acoso escolar, 204-205

para niños de infantil, 192
para niños de primaria, 195, 199
para niños en edad de caminar / niños de preescolar, 186, 190
Plan B en comparación con, 101, 113, 120-121, 145
razones de la popularidad de, 68
regresar desde el Plan B, 131-132
resumen de, 65-72
uso habitual de, 88, 215, 220-221
Plan B de emergencia, 73, 102, 133-134, 146-147
Plan B proactivo, 64, 83-84, 95, 103, 129-30, 143
Plan B, 72, 73, 89-130, 131-158, 262. *Ver también* Paso de Definir las Preocupaciones de los Adultos; Paso de la Empatía; Paso de la Invitación
adaptarse a, 120-121
adentrarse con una solución pre-establecida, 133
angustia parental y, 161, 162, 165-166
autoestima y, 221
autorrespeto y, 222
beneficios más allá de la resolución de problemas, 121
como último recurso, 134
confundido con la pasividad, 149
consumación prematura de, 140
conversación alentada por, 122
cualidades fomentadas mediante el uso de, 239-245
de emergencia, 73, 102, 133-134, 146-147

desacuerdo conyugal sobre, 220-221

descripción, 65

dificultad para implementar, 89, 215-216

ejemplos de, 124-129, 152-158, 174-179, 225-232, 252-260

en el mundo real, 247

en la adolescencia temprana, 204-207

evaluar la disposición para, 143

fracaso del primer intento, 143-144

incapacidad del niño para generar soluciones, 139

indiferencia del niño a las preocupaciones de los padres, 138-139

límites de, 169

mal momento en, 133-134

omitir pasos en, 140-141

oposición al comportamiento comunicado mediante, 149

para adolescentes, 209, 211-213

para bebés, 182-183

para el acoso escolar, 204-207

para estudiantes universitarios y adultos jóvenes, 214

para niños de preescolar, 190-191

para niños de primaria, 196-197, 199-201

para niños en edad de caminar / niños de preescolar, 186-190

para problemas entre niños, 152-155, 174-175, 225-228

primer intento incompleto, 147

proactivo, 74, 92-93, 102, 110, 133-134, 146-147

regresar desde el Plan A, 131-132

resiliencia y, 221

resumen de, 72-75

soluciones conflictivas en, 108, 217-219, 245

tiempo requerido para, 121, 171

transparencia en, 150

Plan C

descripción, 65

ejemplo de, 79-81

en la adolescencia temprana, 205, 207

para adolescentes, 209, 210

para bebés, 182

para el acoso escolar, 205, 207

para niños de infantil, 192

para niños de primaria, 195, 199

para niños en edad de caminar / niños de preescolar, 184-185

razones para usar, 76-79, 123

resumen de, 75-79

Planes, 64-82. *Ver también* Plan A; Plan B; Plan C

Poder, 46-48, 239

búsqueda de una verdadera clase de, 236

dependencia excesiva de, 18, 235, 262

en el mundo real, 245-247

información frente a, 46-47

«Porque lo digo yo» (eliminar), 147

Preferencias. *Ver* Características

Preguntas «por qué», evitar, 95

Preguntas informativas, 95-96

Preocupaciones. *Ver también* Paso de Definir las Preocupaciones de los Adultos; Paso de la Empatía contradictorias/conflictivas (inexistencia de), 108, 217-219, 245

dejar de lado y preguntar por más, 98

escepticismo inapropiado sobre, 136-137

indiferencia de los niños a las preocupaciones de los padres, 138-139

representaciones no verbales de, 189-190

respeto mutuo por, 122

resumir y preguntar por más, 98-99

supuesta justificación confundida con, 244

Prioridades, 64, 76, 78, 123

Problemas de sueño (durante la infancia), 181-182

Problemas sin resolver / Problemas no resueltos, 59-79. *Ver también* Planes

determinar la causa de, 63-64

dividir en partes componentes, 96-98

efectos en el niño y en los demás, 109-110

identificar, 59-61

introducción a, 92

listado, 60-62

mejor momento para abordar, 122-123

pensamientos del niño en medio de, 96

previsibilidad de, 73, 88

redacción de, 61-62

variabilidad situacional de, 95-96

Provincias Pusilánimes, 16, 263

Pubertad, 203

Puntos de vulnerabilidad, 26

Rasgos de la personalidad. *Ver* Características

Recompensas, 44, 46, 51-52

Regla de Oro, 53

Reglas frente a expectativas, 33

Reino Dictatorial, 16, 47, 67, 75, 159, 263

Relaciones entre iguales, 202, 208

Religión, 249-250. *Ver también* Escrituras

Rendición de cuentas, 55

Resiliencia, 221, 263

Resolución de problemas unilateral. *Ver* Plan A

Respuesta más tóxica, 52, 54

Respuesta menos tóxica, 52

Río abajo, 29, 199

Río arriba, 29, 199

Road to Character, The (Brooks), 36, 235

Rogers, Carl, 21

Rol de ayudador, 23-24, 262

Rumbo. *Ver* Características

Sabiduría. *Ver* Experiencia, sabiduría y valores de los padres

Sapiens: de animales a dioses: una breve historia de la humanidad (Harari), 234

Ser catastrofista, 167

Sexo, 208, 210-213

Soluciones Colaborativas y Proactivas (CPS, *Collaborative & Proactive Solutions*), 13

Soluciones

aplicación de soluciones no requeridas, 145

contrapuestas/conflictivas, 108, 217-219, 245
fracaso de la primera, 143-144
imponer, 43-44, 108, 244
incapacidad del niño para generar, 139
menos de un 100 por cien de adherencia a, 144-145
negativa del niño a adherirse a, 144
no duraderas, 119
prestablecidas, 133
realistas y mutuamente satisfactorias, 113, 140, 144, 165, 247, 262
recordatorios de, 145-146

Suecia, 52
Superioridad, presunción parental de, 236

Teorías, 61, 92, 104
Test psicoeducativos, 63

Territorios Colaborativos, 47, 67, 75, 263
Tomar en consideración (o adoptar) la perspectiva del otro, 12, 28, 151, 172, 201, 204, 233, 242, 243, 263

UNICEF, 52
Universidades, preocupaciones de, 171-172
Uso del orinal, 185-190

Valores. *Ver* Características; Experiencia, sabiduría y valores de los padres
Vergüenza, 169
Vida con sentido, 251
Vida Libre de Suposiciones, 132, 151
«Virtudes del currículum,» 236
Vulnerabilidad, puntos de, 26

Wagner, Tony, 246

Sobre el autor

El doctor Ross Greene es el fundador y director de *Lives in the Balance* (www.livesinthebalance.org), y el creador del enfoque Soluciones Colaborativas y Proactivas (CPS, *Collaborative & Proactive Solutions*). Prestó sus servicios en la Facultad de Medicina de Harvard durante más de veinte años, y ahora es profesor asociado adjunto en el Departamento de Psicología en Virginia Tech. El doctor Greene colabora ampliamente como consultor en escuelas de enseñanza general y de educación especial, en unidades de hospitalización psiquiátrica, así como en centros residenciales y de detención de menores. Pronuncia conferencias por todo el mundo. Su investigación ha sido financiada por el Departamento de Educación de los Estados Unidos, por el Instituto Nacional sobre el Abuso de Drogas, por el Instituto Stanley de Investigación Médica y por el Grupo Asesor de Justicia Juvenil de Maine. Reside en Maine.